함께 배워요 한국어 1B

English • 中文 • Tiếng Việt

Workbook

동국대학교 국제어학원 편

동국대학교출판부

집필위원 소개 About the Authors 编辑委员介绍 Giới thiệu Ban biên soạn

최은경 Choi, Eun-Kyung 崔恩慶
동국대학교 국어국문학과 문학박사
Ph.D. in Korean Education as a Foreign Language, Dongguk University
东国大学国语国文系文学博士
Tiến sĩ Văn học, Khoa Ngôn ngữ và Văn học Hàn Quốc, Trường Đại học Dongkuk.

이경주 Lee, Kyoung-Ju 李京柱
한국외국어대학교 국어국문학과 박사과정
Ph.D. candidate in Korean Education as a Foreign Language, Hankuk University of Foreign Studies
韩国外国语大学国语国文系博士过程
Đang học Tiến sĩ, Khoa Ngôn ngữ và Văn học Hàn Quốc, Trường Đại học Ngoại Ngữ Hàn Quốc.

엄수진 Um, Soo-jin 嚴繡珍
동국대학교 국어국문학과 문학석사
Master degree in Korean Education as a Foreign Language, Dongguk University
东国大学国语国文系文学硕士
Thạc sĩ Văn học, Khoa Ngôn ngữ và Văn học Hàn Quốc, Trường Đại học Dongkuk.

황지유 Hwang, Jiyou 潢志有
연세대학교 한국학협동과정 박사과정 수료
Ph.D. course completion in The Interdisciplinary Graduate Program in Korean Studies, Korean Education, Yonsei University
延世大学韩国学协同过程博士过程结业
Đang bảo vệ luận án Tiến sĩ, Khoa hợp tác Hàn Quốc Học, Trường Đại Học Yonsei.

홍진선 Hong, Jin-seon 洪振善
동국대학교 국어국문학과 박사과정 수료
Ph.D. course completion in Korean Language, Dongguk University
东国大学国语国文系博士过程结业
Đang bảo vệ luận án Tiến sĩ, Khoa Ngôn ngữ và Văn học Hàn Quốc, Trường Đại học Dongkuk.

함께 배워요
한국어 1B Workbook
English · 中文 · Tiếng Việt

2016년 9월 20일 1쇄 발행 2020년 9월 10일 6쇄 발행

편저자 동국대학교 국제어학원 **집필위원** 최은경, 이경주, 엄수진, 황지유, 홍진선
펴낸이 윤성이 **펴낸곳** 동국대학교출판부

주소 100-715 서울시 중구 필동로 1길 30 **전화** 02-2264-4714 **팩스** 02-2268-7851
Homepage http://dgpress.dongguk.edu **E-mail** book@dongguk.edu
출판등록 제2-163(1973. 6. 28.)
인쇄처 네오프린텍(주)

ISBN 978-89-7801-468-7 14710
ISBN 978-89-7801-445-8 (세트)

값 9,500원

Preface

머리말

『함께 배워요 한국어 1A · 1B Workbook』은 『함께 배워요 한국어 1A · 1B』의 부교재로서 주교재에서 학습한 내용을 내재화, 실용화할 수 있도록 체계적인 연습과 활용으로 구성하였습니다.

『함께 배워요 한국어 1A · 1B Workbook』은 한글 자모와 여덟 개의 과로 되어 있으며 각 과는 네 개의 '소단원'과 '종합 연습'으로 구성되어 있습니다. '소단원'과 '종합 연습'은 주교재에서 학습한 내용을 단계적으로 연습할 수 있도록 제시하였습니다. '소단원'은 정확성 및 실제성에 초점을 두어 주교재에서 학습한 내용을 문장이나 대화에서 유의미하게 구성해 보도록 하였습니다. '종합 연습'은 각 과의 핵심문형 및 주요 표현을 다시 한 번 점검할 수 있도록 다양한 유형의 문제들로 구성하였습니다.

이 책이 『함께 배워요 한국어 1A · 1B』로 학습하는 학습자의 한국어 능력 향상에 보탬이 되며, 학습자나 교수자에게 한국어 교수 · 학습의 즐거움을 선사하게 될 것으로 기대합니다.

끝으로 이 책의 완성을 위하여 노력해 주신 집필진과 국제어학원 선생님들, 동국대학교 출판부 선생님들께 감사드립니다. 이외에도 이 책이 출판되기까지 도움을 주신 많은 분들께 진심으로 감사드립니다.

2016년 9월

동국대학교 국제어학원

일러두기 How to use this book 前言 Phương pháp sử dụng quyển sách này

『함께 배워요 한국어 1A · 1B Workbook』은 『함께 배워요 한국어 1A · 1B』의 부교재로, 한글 자모와 여덟 개의 과로 구성되어 있으며 각 과는 네 개의 '소단원'과 '종합 연습'으로 이루어져 있다. 『함께 배워요 한국어 1A · 1B』를 학습한 후 내용을 복습하고 점검할 수 있도록 개발하였으며, 모범 답안을 제공하여 자율학습 시 도움을 주고자 하였다.

『Let's Learn Korean 1A·1B Workbook』 is a workbook for the textbook 『Let's Learn Korean 1A·1B』. It consists of an introduction to the Korean alphabet and eight units. Each unit consists of four 'Small Units' and a 'Unit Review'. The main purpose of this book is to help students review the main textbook 『Let's Learn Korean 1A·1B』. This book includes an answer sheet to aid students who study by themselves.

『一起学韩语1A·1B练习册』是『一起学韩语1A·1B』的辅助教材，由韩语辅音、元音与8课内容构成，每课又分为四个'小单元'与'综合练习'。为了便于对教材『一起学韩语1A·1B』的复习与检测，练习册还提供了标准答案，以帮助自学者。

Sách luyện tập 『Cùng nhau học Tiếng Hàn 1A·2B Workbook』 là giáo trình phụ của sách 『Cùng nhau học Tiếng Hàn 1A·2A』, được biên soạn thành 8 bài học, và Nguyên Phụ âm Tiếng Hàn. Mỗi bài có 4 phần 'Mục nhỏ' và 'Mục tổng hợp'. Chúng tôi đã nghiên cứu và biên soạn sách để sau khi học giáo trình 『Cùng nhau học Tiếng Hàn 1A·2A』, các bạn có thể luyện tập và kiểm tra năng lực. Có sẵn đáp án mẫu để giúp ích cho việc tự học.

소단원 구성 Small Unit Components 小单元组成 Kết cấu Mục nhỏ

1. 형태 연습 / Conjugation Practice / 形态练习 / Luyện tập hình thái
2. '핵심문형' 연습 / Primary Grammar Exercise / "核心句型"练习 / Luyện tập ngữ pháp quan trọng thứ nhất
3. '표현' 연습 / Secondary Grammar Exercise / "重点语法"练习 / Luyện tập ngữ pháp quan trọng thứ hai
4. 활용 연습 I / Advanced Exercise I / 活用练习 I / Luyện tập thực hành 1
5. 활용 연습 II / Advanced Exercise II / 活用练习 II / Luyện tập thực hành 2

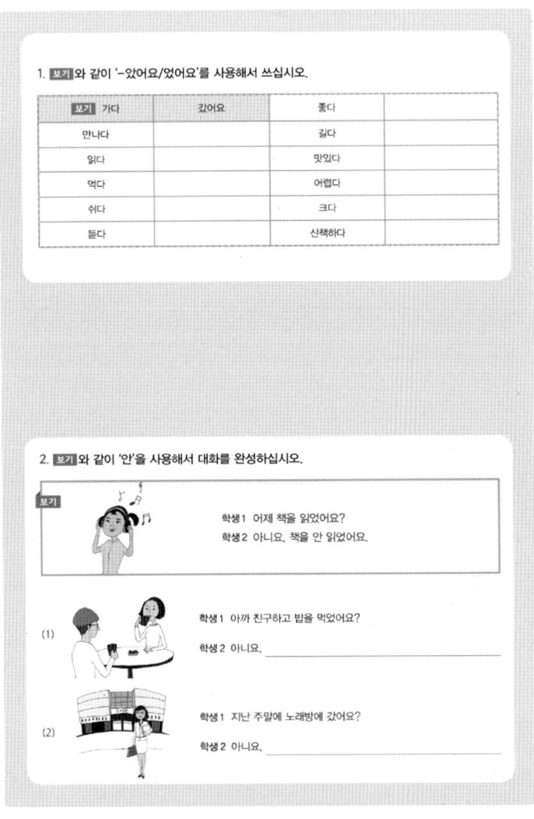

1. 보기와 같이 '-았어요/었어요'를 사용해서 쓰십시오.

보기 가다	갔어요	좋다	
만나다		길다	
읽다		맛있다	
먹다		어렵다	
쉬다		크다	
듣다		산책하다	

2. 보기와 같이 '안'을 사용해서 대화를 완성하십시오.

보기
학생1 어제 책을 읽었어요?
학생2 아니요, 책을 안 읽었어요.

(1) 학생1 아까 친구하고 밥을 먹었어요?
학생2 아니요, ____________

(2) 학생1 지난 주말에 노래방에 갔어요?
학생2 아니요, ____________

1번은 '핵심문형'의 활용 형태 연습이다. 학습자들이 동사, 형용사, 명사 및 불규칙에 따른 형태 변화에 익숙해지도록 구성하였다.

1. Conjugation Practice: This part is designed to help students get used to the conjugation of verbs, adjectives, nouns and irregular forms.

1号是"核心句型"的活用形态练习。目的在于帮助学习者熟悉动词、形容词、名词及不规则变化的形态变化。

Số 1 là phần luyện tập hình thái thực hành của 'Mẫu câu chính'. Được biên soạn nhằm giúp bạn học có thể làm quen với sự thay đổi hình thái tùy theo bất qui tắc, danh từ, tính từ hay động từ.

2번은 '핵심문형' 연습이다. 주어진 그림이나 단어를 활용하여 문장이나 대화를 완성하도록 구성하였다.

2. Primary Grammar Exercise: In this part, students create sentences or conversations with given pictures or words.

2号是"核心句型"练习。通过活用图片或单词来完成句子或对话。

Số 2 là phần luyện tập 'Mẫu câu chính'. Được biên soạn nhằm giúp bạn học sử dụng từ vựng và hình ảnh để hoàn thành hội thoại hoặc câu văn.

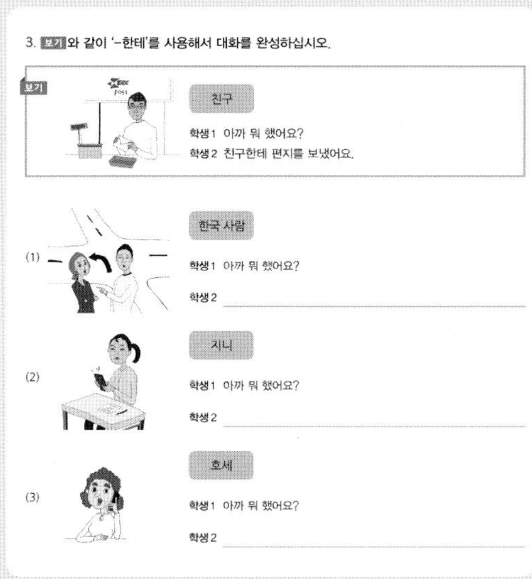

3. 보기 와 같이 '-한테'를 사용해서 대화를 완성하십시오.

보기

친구

학생1 아까 뭐 했어요?
학생2 친구한테 편지를 보냈어요.

(1) 한국 사람

학생1 아까 뭐 했어요?
학생2 ____________

(2) 지니

학생1 아까 뭐 했어요?
학생2 ____________

(3) 호세

학생1 아까 뭐 했어요?
학생2 ____________

3번은 '표현' 연습이다. 주어진 그림이나 단어를 활용하여 문장이나 대화를 완성하도록 구성하였다.

3. Secondary Grammar Exercise: In this part, students create sentences or conversations with given pictures or words.

3号是"重点语法"练习。通过活用图片或单词来完成句子或对话。

Số 3 là phần 'Luyện tập biểu hiện'. Được biên soạn nhằm giúp bạn học sử dụng từ vựng và hình ảnh để hoàn thành hội thoại hoặc câu văn.

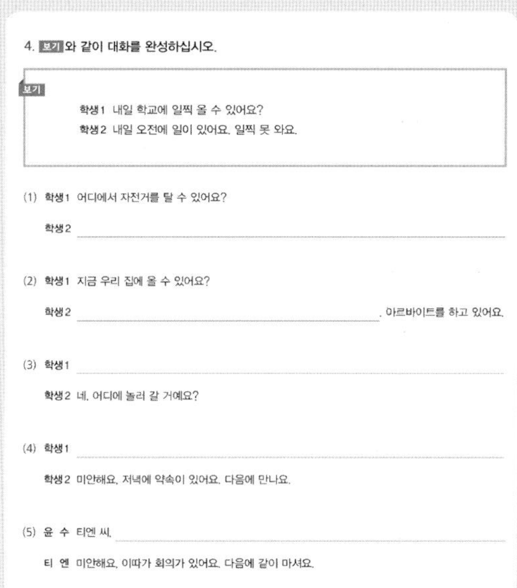

4. 보기 와 같이 대화를 완성하십시오.

보기

학생1 내일 학교에 일찍 올 수 있어요?
학생2 내일 오전에 일이 있어요. 일찍 못 와요.

(1) 학생1 어디에서 자전거를 탈 수 있어요?
학생2 ____________

(2) 학생1 지금 우리 집에 올 수 있어요?
학생2 ____________. 아르바이트를 하고 있어요.

(3) 학생1 ____________
학생2 네, 어디에 놀러 갈 거예요?

(4) 학생1 ____________
학생2 미안해요. 저녁에 약속이 있어요. 다음에 만나요.

(5) 윤 수 티엔 씨, ____________
티 엔 미안해요. 이따가 회의가 있어요. 다음에 같이 마셔요.

4번은 '핵심문형'과 '표현'의 활용 연습이다. 기본 연습에서 한 단계 발전하여 학습자가 유창성을 발휘하도록 구성하였다.

4. Advanced Exercise I: This part aims to build students' fluency by going one step further from the Grammar Exercises.

4号是"核心句型"与"重点语法"的活用练习。在基本练习的基础上更加深化一步，从而使学习者能够更加流利地进行表达。

Số 4 là phần luyện tập thực hành của 'Biểu hiện' và 'Mẫu câu chính'. Được biên soạn nhằm giúp bạn học nâng cao năng lực ở phần luyện tập cơ bản và phát huy tính thành thạo.

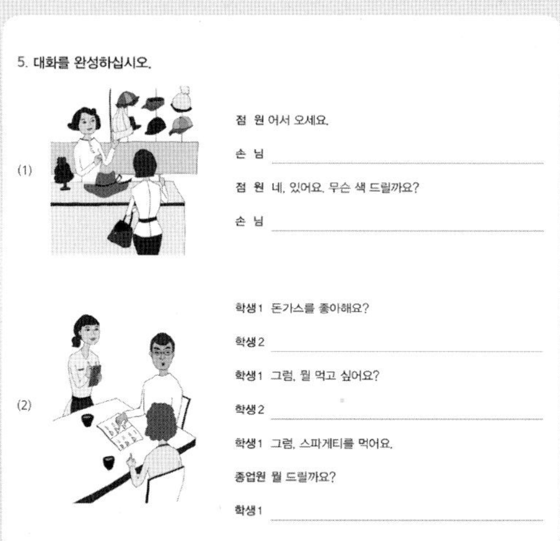

5. 대화를 완성하십시오.

(1)
점 원 어서 오세요.
손 님 ____________
점 원 네, 있어요. 무슨 색 드릴까요?
손 님 ____________

(2)
학생1 돈가스를 좋아해요?
학생2 ____________
학생1 그럼, 뭘 먹고 싶어요?
학생2 ____________
학생1 그럼, 스파게티를 먹어요.
종업원 뭘 드릴까요?
학생1 ____________

5번은 '핵심문형'과 '표현'의 활용 연습이다. 각 과의 주제에 맞는 상황 중심의 담화를 제시하여 학습자 스스로 긴 대화문을 완성하도록 하였다.

5. Advanced Exercise II: This part offers situation-based conversations which is relevant to the theme of the unit. Students create sentences to complete the conversation on their own.

5号是"核心句型"与"重点语法"的活用练习。通过与各课主题相符合的语境对话，使学习者能够在对话中独立完成相对较长的句子。

Số 5 là phần luyện tập thực hành của 'Biểu hiện' và 'Mẫu câu chính'. Được biên soạn trình bày đàm thoại chính phù hợp với chủ đề của mỗi bài học, nên bạn học có thể tự luyện tập hoàn thành câu văn nói dài.

종합 연습 구성 Unit Review Components 综合练习组成 Kết cấu luyện tập tổng hợp

1	2	3	4	5	6
어휘 연습 Vocabulary Exercise 词汇练习 Luyện tập từ vựng	핵심문장 연습 Key Sentence Exercise 核心句子练习 Luyện tập câu văn chính	'핵심문형' 및 '표현' 연습 Primary & Secondary Grammar Exercise "核心句型"及"重点语法"练习 Luyện tập 'Biểu hiện' và 'Mẫu câu chính'	활용 연습 I Advanced Exercise I 活用练习 I Luyện tập thực hành 1	활용 연습 II Advanced Exercise II 活用练习 II Luyện tập thực hành 2	활용 연습 III Advanced Exercise III 活用练习 III Luyện tập thực hành 3

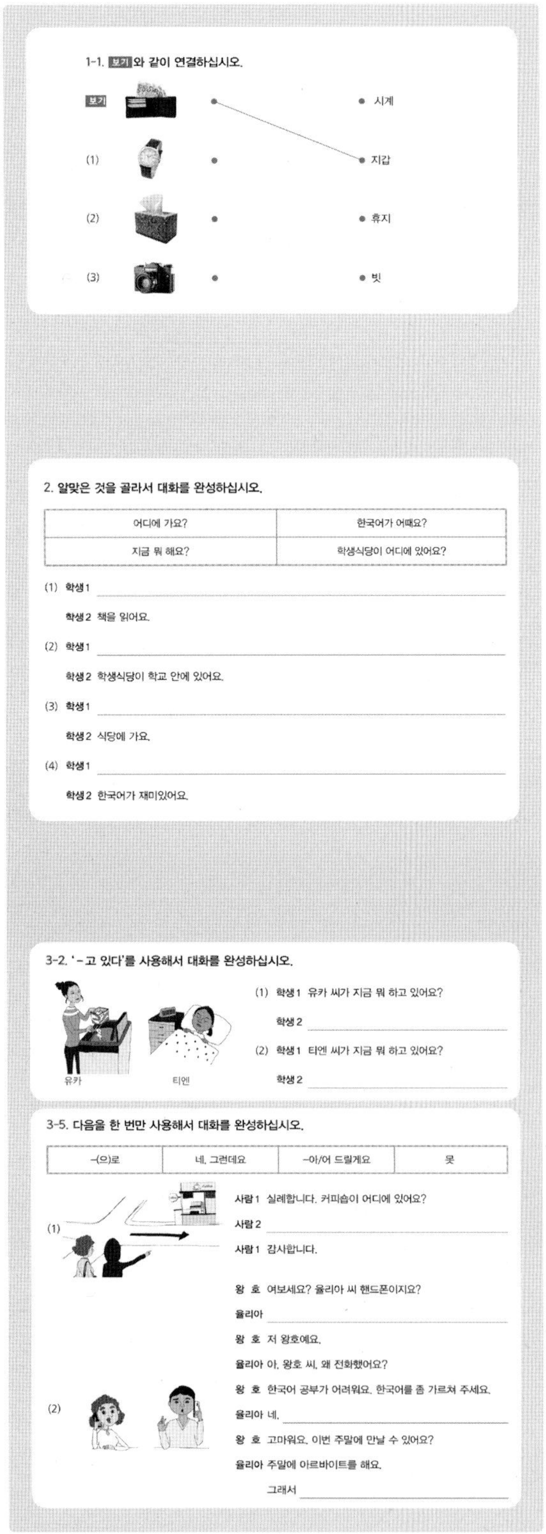

1-1. 보기 와 같이 연결하십시오.

보기 · 시계
(1) · 지갑
(2) · 휴지
(3) · 빗

2. 알맞은 것을 골라서 대화를 완성하십시오.

어디에 가요?	한국어가 어때요?
지금 뭐 해요?	학생식당이 어디에 있어요?

(1) 학생1 ______
학생2 책을 읽어요.
(2) 학생1 ______
학생2 학생식당이 학교 안에 있어요.
(3) 학생1 ______
학생2 식당에 가요.
(4) 학생1 ______
학생2 한국어가 재미있어요.

3-2. '-고 있다'를 사용해서 대화를 완성하십시오.

(1) 학생1 유카 씨가 지금 뭐 하고 있어요?
학생2 ______
(2) 학생1 티엔 씨가 지금 뭐 하고 있어요?
학생2 ______

유카 티엔

3-5. 다음을 한 번만 사용해서 대화를 완성하십시오.

-(으)로	네, 그런데요	-아/어 드릴게요	못

(1) 사람1 실례합니다. 커피숍이 어디에 있어요?
사람2 ______
사람1 감사합니다.

(2) 왕 호 여보세요? 율리아 씨 핸드폰이지요?
율리아 ______
왕 호 저 왕호예요.
율리아 아, 왕호 씨, 왜 전화했어요?
왕 호 한국어 공부가 어려워요. 한국어를 좀 가르쳐 주세요.
율리아 네, ______
왕 호 고마워요. 이번 주말에 만날 수 있어요?
율리아 주말에 아르바이트를 해요.
그래서 ______

1번은 어휘 연습이다. 그림과 어휘 연결하기, 그림 보고 알맞은 어휘 쓰기, 빈 칸에 알맞은 어휘 쓰기 등 다양한 유형의 문제들을 통해 주요 어휘를 연습하도록 구성하였다.

1. Vocabulary Exercise: This part consists of various exercises on key vocabulary, such as matching pictures and vocabulary, describing pictures and "fill in the blank" exercises.

1号是词汇练习。通过"连接图片与词汇"，"看图填写恰当的词汇"，"在空格填写适当的词汇"等多种方式来练习对主要词汇的使用。

Số 1 là phần luyện tập từ vựng. Sách được biên soạn thành nhiều loại bài tập đa dạng nhằm giúp bạn học có thể luyện tập phần từ vựng như: Kết nối từ vựng với hình ảnh, xem hình ảnh và viết từ vựng thích hợp, viết từ vựng thích hợp vào ô trống,…

2번은 핵심문장 연습이다. 각 소단원의 제목을 사용해 대화문을 완성하도록 구성하였다. 소단원의 제목은 초급 수준의 일상 구어에서 자주 노출되어 학습이 필요한 문형을 포함한 문장이다.

2. Key Sentence Exercise: In this part, students use the title of the small units to create a conversation. The title includes frequented patterns in entry-level daily conversation.

2号是核心句子练习。以小单元的题目来完成对话。小单元的题目是由初级者在日常对话中使用频度最高的且需要掌握的句型构成。

Số 2 là phần luyện tập câu văn chính. Được biên soạn để bạn học sử dụng tiêu đề của mỗi Mục nhỏ, để hoàn thành câu văn hội thoại. Tiêu đề của Mục nhỏ là câu văn thường sử dụng trong văn nói hàng ngày của trình độ Sơ cấp, gồm các hình mẫu câu cần thiết phải học.

3번은 '핵심문형' 및 '표현' 연습이다. 학습자가 실생활에서 자주 접하는 내용으로 대화문을 구성하였다.

3. Primary & Secondary Grammar Exercise: This part consists of conversations which students would commonly face in daily life.

3号是"核心句型"及"重点语法"练习。对话是由学习者在实际生活中经常接触的内容构成。

Số 3 là phần luyện tập 'Biểu hiện' và 'Mẫu câu chính'. Được biên soạn thành các câu văn hội thoại, nhằm giúp bạn học có thể tiếp cận với nội dung thường sử dụng trong sinh hoạt hàng ngày.

3-1~3-4번은 각 소단원의 '핵심문형' 연습이다.

3-1~3-4. These parts are exercises for Small Units' Primary Grammar

3-1~3-4是每个小单元的"核心句型"练习。

Số 3-1~3-4 là phần luyện tập 'Mẫu câu chính' của các Mục nhỏ.

3-5번은 각 소단원의 '표현' 연습이다.

3-5. This part is an exercise for Small Units' Secondary Grammar.

3-5是每小单元的"重点语法"练习。

Số 3-5 là phần luyện tập 'Biểu hiện' của các Mục nhỏ.

4. 보기 와 같이 틀린 것을 고치십시오.

보기 이쪽으로 와세요.
○ 이쪽으로 오세요.

(1) 술을 마셨어요. 그래서 못 운전해요.
○

(2) 창문을 닫아세요.
○

(3) 어머니께서 텔레비전을 봐고 계세요.
○

(4) 호세 씨가 편지를 써고 있어요.
○

(5) 집에 빵이 많아요. 그래서 빵을 못 살 거예요.
○

4번은 '핵심문형'과 '표현'의 활용 연습이다. '핵심문형'과 '표현' 중 학습자가 자주 실수하는 것들을 제시하여 학습 내용을 재확인할 수 있도록 구성하였다.

4. Advanced Exercise I: In order to review the content, common errors among learners regarding Primary & Secondary Grammar are presented.

4号是"核心句型"与"重点语法"的活用练习。在"核心句型"与"重点语法"部分中，通过列举学习者经常出现的失误，从而再次巩固学习内容。

Số 4 là phần luyện tập thực hành của 'Biểu hiện' và 'Mẫu câu chính'. Trong 'Biểu hiện' và 'Mẫu câu chính' có trình bày các lỗi mà bạn học thường xuyên mắc phải, và có thể kiểm tra lại nội dung học.

5. 보기 와 같이 쓰십시오.

보기 내일 / ~1시 / 오다 -(으)세요
○ 내일 1시까지 오세요.

(1) 수업 시간 / 휴대폰 / 보다 -지 마세요
○

(2) 지금 / 친구 / 음식 / 만들다 -고 있다
○

(3) 여기 / 전화번호 / 쓰다 -아/어 주세요
○

(4) 편의점 / 약 / 사다 -(으)ㄹ 수 있다
○

5번은 '핵심문형'과 '표현'의 활용 연습이다. 조사 및 어미 사용에서의 쓰기 정확성을 높일 수 있도록 구성하였다.

5. Advanced Exercise II: This part aims for more precise usage of particles and endings in writing.

5号是"核心句型"与"重点语法"的活用练习。目的在于在书面写作时，提高助词与词尾的使用正确性

Số 5 là phần luyện tập thực hành của 'Biểu hiện' và 'Mẫu câu chính'. Được trình bày nhằm giúp bạn học nâng cao tính chính xác của văn viết khi sử dụng đuôi từ và trợ từ.

6. 보기 와 같이 쓰십시오.

보기 지금 김밥을 만들고 있어요.

(1)

(2)

(3)

(4)

6번은 '핵심문형'과 '표현'의 활용 연습이다. 각 과의 학습 내용을 바탕으로 제시된 그림 상황에 어울리는 문장을 쓰도록 구성하였다.

6. Advanced Exercise III: In this part, students create sentences which fits well with the given situation, based on the unit's content.

6号是"核心句型"与"重点语法"的活用练习。以每课的学习内容为基础，写出与图片中语境相符的句子。

Số 6 là phần luyện tập thực hành của 'Biểu hiện' và 'Mẫu câu chính'. Được trình bày trên cơ sở nội dung của các bài học, nhằm giúp bạn học có thể viết câu văn phù hợp với hình ảnh cho sẵn.

Contents ● 차례

함께 배워요
한국어
1B
Workbook

5과 날씨

6과 교통

7과 취미 생활

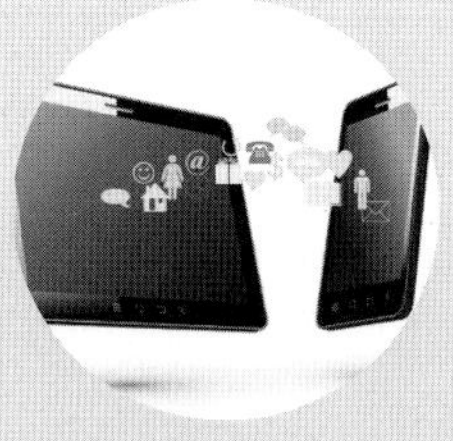

8과 컴퓨터와 휴대전화

1과 학교생활 (1)

2과 수와 생활

3과 쇼핑

4과 학교생활 (2)

교재 구성표 Scope and Sequence

한글 자모	한글 자모 1	한글 자모 2	한글 자모 3	한글 자모 4	한글 자모 5	종합 연습

단원	주제	소단원	제목	핵심문형	표현	어휘
1과	학교생활 (1)	01	어디에 가요?	–에 가요	네, 아니요	장소 명사
		02	한국어가 어때요?	–이 / 가	누가? 뭐가? 어디가?	형용사
		03	지금 뭐 해요?	–아요 / 어요 –을 / 를	–하고	동사
		04	학생식당이 어디에 있어요?	–에 있어요 –고 ①	–도	위치 명사
		종합 연습 1				
2과	수와 생활	01	어느 나라 사람이에요?	–이에요 / 예요	수 ① 날짜 표현	소지품
		02	언제 한국에 왔어요?	–았어요 / 었어요	–에	시간 명사 요일
		03	2시에 친구를 만나러 가요.	–(으)러 가다 / 오다	수 ② 시간 표현	
		04	주말에 뭐 할 거예요?	–(으)ㄹ 거예요	–에서 ①	
		종합 연습 2				
3과	쇼핑	01	명동에 가고 싶어요.	–고 싶다 –고 ②	–한테	과일
		02	쇼핑하러 갈까요?	–(으)ㄹ까요? ①	–부터, –까지	음료 분식
		03	노란색을 안 좋아해요.	안	주세요	색
		04	얼마예요?	그래서, 그런데	**단위명사** 명, 개, 잔, 병, 권, 원	옷
		종합 연습 3				
4과	학교생활 (2)	01	수업 시간에 늦지 마세요.	–(으)세요, –지 마세요	–(으)로 ①	학교생활
		02	학생식당에서 밥을 먹고 있어요.	–고 있다	전화 표현 ①	
		03	선생님, 다시 설명해 주세요.	–아 / 어 주세요	–아 / 어 드릴게요	
		04	도서관에서 책을 빌릴 수 있어요?	–(으)ㄹ 수 있다	못	
		종합 연습 4				

단원	주제	소단원	제목	핵심문형	표현	어휘
5과	날씨	01	우리 고향이 한국보다 더워요.	–보다 (더)	별로	날씨
		02	날씨가 맑아서 기분이 좋아요.	–아서 / 어서 ①	제일	계절
		03	비가 올 때 음악을 들어요.	–(으)ㄹ 때	–에서 ②	감정(기분)
		04	감기에 걸려서 따뜻한 차를 마시고 싶어요.	관형형 ① –(으)ㄴ	어떻게 오셨어요?	감기 증상 맛
		종합 연습 5				
6과	교통	01	명동에 어떻게 가요?	–아서 / 어서 ②	–(으)로 ②	교통수단
		02	갈아타는 곳이 어디예요?	관형형 ② –는	잘못	**지하철 안내 문구** –는 곳
		03	지금 길이 막힐까요?	–(으)ㄹ까요? ②	중에서	세계의 명소
		04	KTX로 가면 세 시간쯤 걸려요.	–(으)면	훨씬 (더)	지역별 음식
		종합 연습 6				
7과	취미 생활	01	책을 읽거나 음악을 들어요.	–거나	에 ~번	여가 활동
		02	피아노를 칠 줄 알아요?	–(으)ㄹ 줄 알다	잘하다, 잘 못하다, 못하다	운동 악기
		03	인사동에 가 봤어요?	–아 / 어 보다	아직 ①	서울의 명소
		04	이 영화는 재미있는데 좀 슬퍼요.	–(으)ㄴ데 / 는데 ①	거의, 전혀	가족
		종합 연습 7				
8과	컴퓨터와 휴대전화	01	거기 동국대학교지요?	–지요?	통화 중, 수업 중, 운전 중, 회의 중 전화 표현 ②	전화
		02	통화하면서 문자메시지도 보낼 수 있어요.	–(으)면서	–(으)로 ③	스마트폰 기능
		03	휴대전화를 새로 사야 돼요.	–아야 / 어야 되다	–한테(서)	
		04	친구가 컴퓨터를 고쳐 줬어요.	–아 / 어 주다	–게	
		종합 연습 8				

5과

날씨

01 우리 고향이 한국보다 더워요.

1. **보기** 와 같이 '-보다 (더)'를 사용해서 쓰십시오.

보기

수박이 사과보다 커요.

(1) 

저는 ____________ 야구를 더 좋아해요.

(2) 

지니　　상미

지니가 ____________ 머리가 더 길어요.

2. **보기** 와 같이 '-보다 (더)'를 사용해서 쓰십시오.

보기

① 백화점이 약국보다 더 커요.
② 약국이 백화점보다 더 작아요.

(1) 

한라산　　남산

① ____________________

② ____________________

(2) 

① ______________________

② ______________________

(3) 

① ______________________

② ______________________

(4) 

① ______________________

② ______________________

3. 보기 와 같이 '별로'를 사용해서 대화를 완성하십시오.

> **보기**
>
> 학생 1 오늘 더워요?
>
> 학생 2 아니요, 별로 안 더워요.

(1) 학생 1 요즘 바빠요?

학생 2 아니요, ______________________

(2) 학생 1 그 옷이 커요?

학생 2 아니요, ______________________

(3) 학생 1 한국 친구가 많아요?

학생 2 ______________________

(4) 학생 1 이 떡볶이가 매워요?

학생 2 ______________________

(5) 학생 1 저 영화가 재미있어요?

학생 2 ______________________

이름 ____________________

4-1. 보기 와 같이 대화를 완성하십시오.

보기

유카 장위

학생 1 누가 발이 더 커요?

학생 2 유카 씨가 장위 씨보다 더 커요.

(1) 

학생 1 ____________________

학생 2 ____________________

(2) 

하노이: 33℃ 서울: 28℃

학생 1 ____________________

학생 2 ____________________

(3) 

알렉스 윤수

학생 1 ____________________

학생 2 ____________________

4-2. 보기 와 같이 대화를 완성하십시오.

보기

학생 1 오늘 서울 날씨가 어때요?

학생 2 바람이 불고 어제보다 추워요.

도시	오늘		어제
보기 서울		-5℃	0℃
(1) 도쿄		25℃	20℃
(2) 베이징		10℃	15℃
(3) 울란바토르		18℃	22℃

(1) 학생 1 오늘 도쿄 날씨가 어때요?

학생 2 ____________________

(2) **학생1** 오늘 베이징 ______________________________

학생2 ______________________________

(3) **학생1** ______________________________

학생2 ______________________________

5. 대화를 완성하십시오.

(1) 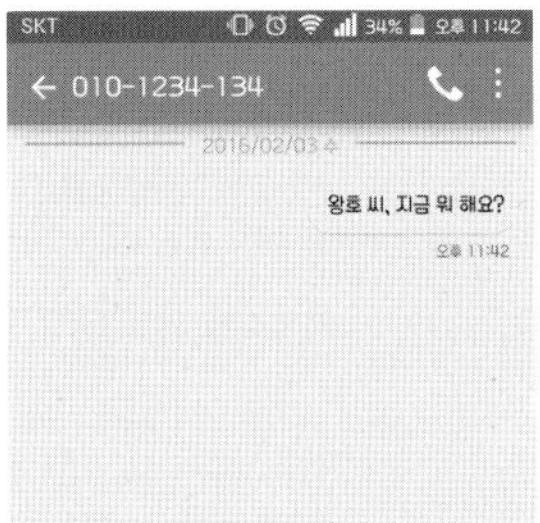

학생1 친구한테 이메일을 자주 보내요?

학생2 아니요, ______________________________

학생1 그래요? 저는 이메일을 자주 보내요.

(2) 

학생1 팥빙수 먹을까요?

학생2 오늘 날씨가 추워요.

____

학생1 네, 핫초콜릿도 괜찮아요.

(3) 

학생1 고향이 어디예요?

학생2 ______________________________

학생1 요즘 날씨가 어때요? 한국보다 더워요?

학생2 ______________________________

02 날씨가 맑아서 기분이 좋아요.

1. 보기 와 같이 '–아서/어서'를 사용해서 쓰십시오.

보기 가다	가서	맑다	
읽다		많다	
막히다		흐리다	
듣다		춥다	
쓰다		아프다	
청소하다		쌀쌀하다	

보기 학생	학생이어서
외국인	
의사	

2. 보기 와 같이 연결하고 쓰십시오.

보기 날씨가 맑다 ●	● 학교에 못 가다
(1) 날씨가 좋다 ●	● 선물을 사러 가다
(2) 다리를 다치다 ●	● 밥을 먹으러 식당에 가다
(3) 배가 고프다 ●	● 공원에 놀러 가다
(4) 친구 생일 ●	● 기분이 좋다
(5) 방학 ●	● 학교에 사람이 별로 없다

날씨가 맑아서 기분이 좋아요.

(1) ______

(2) ______

(3) ______

(4) ______

(5) ______

3. 보기 와 같이 '제일'을 사용해서 대화를 완성하십시오.

보기

학생 1 무슨 과일을 제일 좋아해요?
학생 2 사과를 제일 좋아해요.

(1) **학생 1** 무슨 운동을 제일 좋아해요?

학생 2 ______________________________

(2) **학생 1** 무슨 요일에 제일 피곤해요?

학생 2 ______________________________

(3) **학생 1** 무슨 음식을 제일 잘 만들어요?

학생 2 ______________________________

(4) **학생 1** 우리 반에서 누가 제일 재미있어요?

학생 2 ______________________________

(5) **학생 1** 우리 반에서 누가 제일 키가 커요?

학생 2 ______________________________

4. 보기 와 같이 대화를 완성하십시오.

보기

학생 1 왜 봄을 좋아해요?
학생 2 따뜻해서 봄을 좋아해요.

(1) 학생 1 왜 이사했어요?

학생 2 ______________

(2) 학생 1 어제 왜 집에 일찍 갔어요?

학생 2 ______________

(3) 학생 1 점심을 먹었어요?

학생 2 아니요, ______________

(4) 학생 1 요즘 바빠요?

학생 2 네, ______________

(5) 에 릭 안녕하세요? 저는 에릭이에요.

유 카 안녕하세요? 저는 유카예요. ______________

(6) 학 생 ______________

선생님 자리에 앉으세요. 내일부터 늦지 마세요.

5. 대화를 완성하십시오.

(1)

지니 따뜻해서 봄을 좋아해요. 티엔 씨는요?

티엔 저는 단풍이 ______________________________

수빈 저도 봄하고 가을을 좋아해요. 그런데 ______________________________

(2)

상미 날씨가 좋아서 밖에 나가고 싶어요.

지니 그럼, 우리 ______________________________

상미 저는 수영을 ______________________________.

____

지니 산책도 괜찮아요. 나가요.

(3)

명동

홍대입구

상미 쇼핑하러 어디에 자주 가요?

왕호 저는 ______________________________ 명동에 자주 가요.

상미 그래요? 저는 ______________________________ 명동은 별로 안 좋아해요.

왕호 그럼, 상미 씨는 ______________________________

상미 저는 홍대입구에 자주 가요.

이름 ______________

03 비가 올 때 음악을 들어요.

1. 보기 와 같이 '-(으)ㄹ 때'를 사용해서 쓰십시오.

보기 먹다	먹을 때	좋다	
오다		아프다	
사다		덥다	
기다리다		외롭다	
놀다		피곤하다	
듣다		심심하다	

보기 학생	학생일 때
회사원	
의사	

2. 보기 와 같이 '-(으)ㄹ 때'를 사용해서 대화를 완성하십시오.

보기

학생 1 언제 티엔 씨가 전화했어요?

학생 2 점심을 먹을 때 전화했어요.

(1)

학생 1 시간이 ______________________________ 뭐 해요?

학생 2 집에서 텔레비전을 봐요.

(2)

학생 1 ______________________________

학생 2 영화를 봐요.

(3) 

학생 1 언제 전화가 왔어요?

학생 2 ______________________ 전화가 왔어요.

(4) 

학생 1 언제 호세 씨가 왔어요?

학생 2 ______________________ 호세 씨가 왔어요.

(5) 

학생 1 언제 지니 씨가 왔어요?

학생 2 ______________________ 지니 씨가 왔어요.

3. 보기 와 같이 연결하고 쓰십시오.

보기 경주	•	• 나오다	8시에 ______________________
(1) 집	•	• 내리다	지금 ______________________
(2) 베트남	•	• 오다	저는 ______________________
(3) 지하철	•	• 출발하다	아침에 경주에서 출발했어요.

4-1. 보기 와 같이 대화를 완성하십시오.

보기

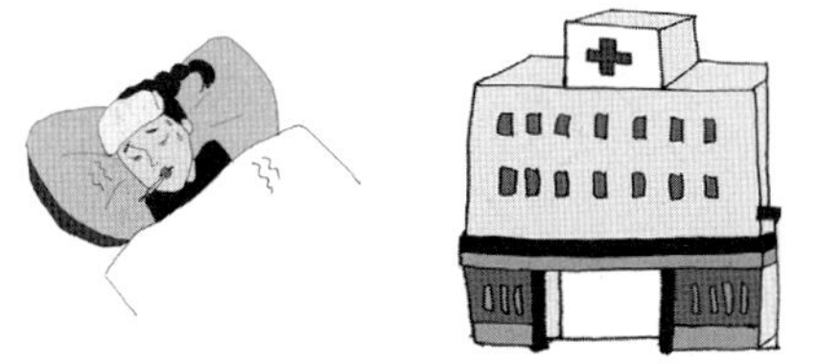

학생1 아플 때 어떻게 해요?

학생2 병원에 가요.

(1)

학생1 화가 ______________________ 어떻게 해요?

학생2 ______________________

(2)

학생1 ______________________ 어떻게 해요?

학생2 ______________________

(3)

학생1 ______________________

학생2 ______________________

(4)

학생1 ______________________

학생2 ______________________

4-2. 보기 와 같이 대화를 완성하십시오.

보기

학생1 이게 뭐예요?
학생2 음악 CD예요. 심심할 때 들으세요.

~~심심하다~~	졸리다	배가 고프다	춥다	기분이 안 좋다	우울하다

(1) 

학생1 이게 뭐예요?

학생2 ______________________________

(2) 

학생1 이게 뭐예요?

학생2 ______________________________

(3) 

학생1 이게 뭐예요?

학생2 ______________________________

(4) 

학생1 이게 뭐예요?

학생2 ______________________________

이름 ____________________

5. 대화를 완성하십시오.

(1)

티엔 오늘 학생증을 받았어요.

왕호 그래요? 저도 학생증을 만들고 싶어요. 그런데 언제 학생증이 필요해요?

티엔 ____

왕호 학생증을 ______________________________ 뭐가 필요해요?

티엔 사진이 한 장 필요해요.

왕호 고마워요.

(2)

윤수 유카 씨, 이거 받으세요.

유카 ____

윤수 빵이에요. ______________________________________

유카 고마워요.

04 감기에 걸려서 따뜻한 차를 마시고 싶어요.

1. 보기 와 같이 '–(으)ㄴ'을 사용해서 쓰십시오.

보기 작다	작은	두껍다	
높다		춥다	
얇다		길다	
크다		따뜻하다	
비싸다		깨끗하다	

보기 재미있다	재미있는
맛있다	
맛없다	

2. 보기 와 같이 –(으)ㄴ'을 사용해서 쓰십시오.

보기

따뜻한 차를 마셨어요.

(1)  ______________________

(2)  ______________________

(3) 

____

(4) 

(5) 

(6) 

3. 보기 와 같이 대화를 완성하십시오.

보기

약사 어떻게 오셨어요?

손님 어제부터 목이 아파서 왔어요.

(1) 

의 사 어떻게 오셨어요?

손 님 ______

(2) 

은행원 어떻게 오셨어요?

손 님 ______

(3) 

우체국 직원 ______

손 님 소포를 보내러 왔어요.

(4) 

사무실 직원 ____________________

학　　생 ____________________

4. 보기 와 같이 대화를 완성하십시오.

보기

학생1 어떤 음식을 좋아해요?
학생2 매운 음식을 좋아해요.

(1) 

학생1 어떤 음식을 좋아해요?

학생2 ____________________

(2) 

학생1 어떤 사람을 좋아해요?

학생2 ____________________

(3) 

학생1 ____________________

학생2 친절한 사람을 좋아해요.

(4) 

학생1 어떤 사람을 안 좋아해요.?

학생2 ____________________

(5) 

학생1 어떤 사람을 좋아해요?

학생2 ____________________

5. 대화를 완성하십시오.

(1)

유카 같이 쇼핑하러 가요.

호세 좋아요. 저도 쇼핑하러 가고 싶었어요. 뭘 살 거예요?

유카 ______________________________

호세 저는 날씨가 더워서 ______________________

유카 쇼핑하러 명동에 갈까요?

호세 ______________________________

유카 동대문도 괜찮아요. 동대문에 가요.

(2)

왕호 지니 씨, ______________________________

지니 저는 매운 음식을 좋아해요.

왕호 그래요? 그럼 비빔냉면도 좋아해요?

지니 네, 좋아해요.

왕호 __________ 시원한 냉면을 먹고 싶어요. 같이 먹으러 갈까요?

지니 네, 좋아요. 왕호 씨도 비빔냉면을 먹을 거예요?

왕호 아니요, 저는 __________ 음식을 별로 안 좋아해서 물냉면을 먹을 거예요.

지니 네. 빨리 먹으러 가요.

(3)

약사 어서 오세요. ______________________________

손님 ____________________ 왔어요.

약사 __________ 기침이 났어요?

손님 어제 저녁부터 기침이 났어요.

약사 밥을 먹고 이 약을 드세요.

손님 네, ______________________________

약사 3,500원입니다.

종합 연습 5

1-1. 보기 와 같이 쓰십시오.

보기 맑다

1-2. 그림을 보고 다음을 완성하십시오.

(1)

(2)

(3)

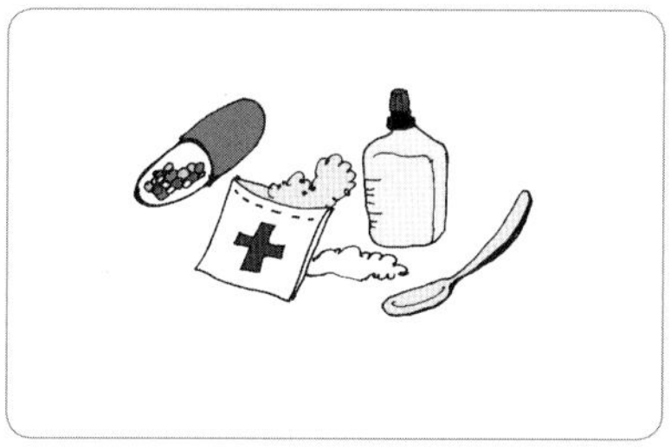

저는 (1) ______________ 음식을 좋아해요. 그래서 초콜릿을 자주 먹어요.

떡볶이는 (2) ______________ 안 좋아해요. 어제 저는 불고기를 먹었어요.

많이 먹어서 배가 아팠어요. 그래서 약을 먹었어요. 약이 너무 (3) ______________

1-3. 보기 와 같이 연결하십시오.

보기 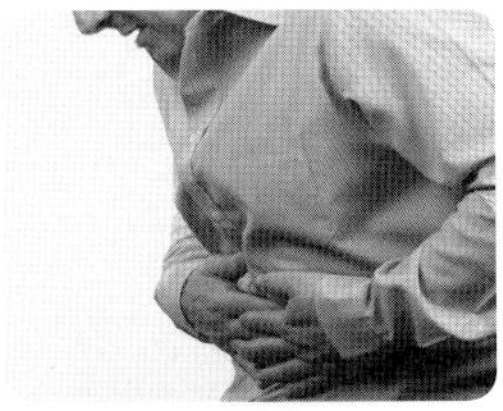 ● — ● 목이 아프다

(1)  ● ● 기침이 나다

(2) 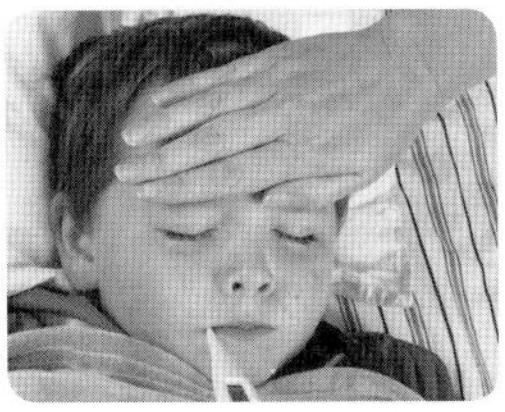 ● ● 콧물이 나다

(3)  ● ● 배탈이 나다

(4)  ● ● 열이 나다

1-4. 보기 와 같이 쓰십시오.

보기

학생 1 오늘 날씨가 어때요?

학생 2 어제보다 추워요. 두꺼운 옷을 입으세요.

~~두껍다~~	필요하다	가깝다	시끄럽다
냄새가 나다	길이 막히다	보통	기분

(1) 학생 1 집이 멀어요?

학생 2 아니요, ____________________

이름 ______

(2) **학생1** 왜 밖이 ______

학생2 지금 쉬는 시간이에요. 그래서 학생들이 친구들하고 이야기해요.

(3) **학생1** ______ 안 좋을 때 어떻게 해요?

학생2 친구한테 전화해요.

(4) **학생1** 왜 늦었어요?

학생2 ______ 늦었어요.

(5) **학생1** 방에서 ______

학생2 미안해요. 제가 요리할 때 창문을 안 열었어요.

(6) **학생1** 외로울 때 ______ 어떻게 해요?

학생2 재미있는 영화를 봐요.

2. 알맞은 것을 골라서 대화를 완성하십시오.

우리 고향이 한국보다 더워요.	날씨가 맑아서 기분이 좋아요.
비가 올 때 음악을 들어요.	감기에 걸려서 따뜻한 차를 마시고 싶어요.

(1) **학생1** 우리 시원한 주스를 마실까요?

학생2 아니요, 저는 ______

(2) **학생1** 저는 ______

학생2 그래요? 무슨 음악을 들어요?

(3) **학생1** 기분이 어때요?

학생2 ______

(4) **지 니** 티엔 씨, 고향 날씨가 어때요?

티 엔 ______

3-1. '-보다 (더)'를 사용해서 대화를 완성하십시오.

(1)

학생 1 드라마를 자주 봐요?

학생 2 아니요. ______________________________

(2)

학생 1 콜라를 자주 마셔요?

학생 2 아니요, ______________________________

(3)

동대문

학생 1 쇼핑하러 명동에 자주 가요?

학생 2 아니요, ______________________________

(4)

학생 1 비빔냉면을 자주 먹어요?

학생 2 아니요, ______________________________

(5)

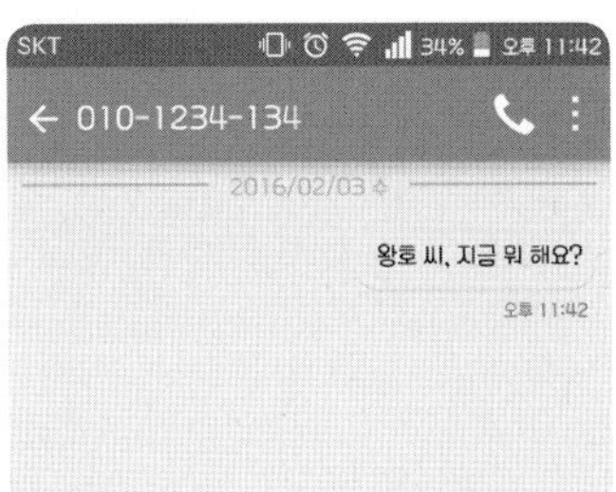

학생 1 친구한테 이메일을 자주 보내요?

학생 2 아니요, ______________________________

(6)

어제 ➡ 오늘
4℃ 12℃

학생 1 오늘 추워요?

학생 2 아니요, ______________________________

이름 ______

3-2. '-아서/어서'를 사용해서 문장을 완성하십시오.

(1) ______ 약속 시간에 늦었어요.

(2) ______ 명동을 별로 안 좋아해요.

(3) ______ 길이 막혀요.

(4) ______ 밖에 안 나가고 싶어요.

3-3. '-(으)ㄹ 때'를 사용해서 문장을 완성하십시오.

(1) ______ 친구한테 전화를 해요.

(2) ______ 운동을 해요.

(3) ______ 커피를 마셔요.

(4) ______ 휴대폰을 사용해요.

3-4. '-(으)ㄴ'을 사용해서 대화를 완성하십시오.

(1) **학생 1** 알렉스 씨, 안 추워요?

학생 2 네, 저는 ______ 옷을 입어서 안 추워요.

(2) **학생 1** 뭘 마실까요?

학생 2 날씨가 더워서 ______ 주스를 마시고 싶어요.

(3) **학생 1** 이 한국어 책을 살 거예요?

학생 2 아니요, 이 책은 좀 어려워요. 더 ______ 책을 사고 싶어요.

(4) **학생 1** 왜 김치를 안 먹어요?

학생 2 매워서 안 먹어요. 저는 ______ 음식을 안 좋아해요.

(5) **점 원** 옷이 어때요?

손 님 예뻐요. 그런데 좀 커요. 더 ______ 옷을 보여 주세요.

4. 보기 와 같이 틀린 것을 고치십시오.

보기

오늘은 별로 ~~더워요.~~

➡ 오늘은 별로 안 더워요.

(1) 토요일라서 약속이 있어요.

➡ ______________________________

(2) 오늘 몇 시에 집에 나왔어요?

➡ ______________________________

(3) 비가 올 때 우산을 필요해요.

➡ ______________________________

(4) 저는 재미있는 영화가 좋아해요.

➡ ______________________________

5. 보기 와 같이 쓰십시오.

보기

오늘 / 바쁘다 / 못 / 만나다 –아서/어서

➡ 오늘은 바빠서 못 만나요.

(1) 어제 / 많이 / 걷다 / 다리 / 아프다 –아서/어서

➡ ______________________________

(2) 아침 / 배 / 아프다 / 학교 / 지각하다 –아서/어서

➡ ______________________________

이름 ____________________

(3) 저 / 머리 / 길다 / 사람 / 좋아하다 -(으)ㄴ

➡ ____________________

(4) 시간 / 있다 / 뭐 / 하다 -(으)ㄹ 때

➡ ____________________

6. 보기 와 같이 쓰십시오.

보기

친구하고 이야기할 때 버스가 왔어요.

(1)  ____________________

(2)  ____________________

(3)  ____________________

(4)  ____________________

6과

교통

버스

이름 ______________________

01 명동에 어떻게 가요?

1. 보기 와 같이 '-아서/어서'를 사용해서 쓰십시오.

보기 오다	와서	건너다	
사다		내리다	
만나다		만들다	
나가다		걷다	
일어나다		전화하다	

2-1. 보기 와 같이 '-아서/어서'를 사용해서 대화를 완성하십시오.

보기

학생 1 저녁에 집에 가서 뭐 해요?

학생 2 집에 가서 책을 읽어요.

(1)

학생 1 저녁에 집에 가서 뭐 해요?

학생 2 ______________________

(2)

학생 1 어제 집에 가서 뭐 했어요?

학생 2 ______________________

(3)

학생 1 이따가 집에 가서 뭐 할 거예요?

학생 2 ______________________

(4)

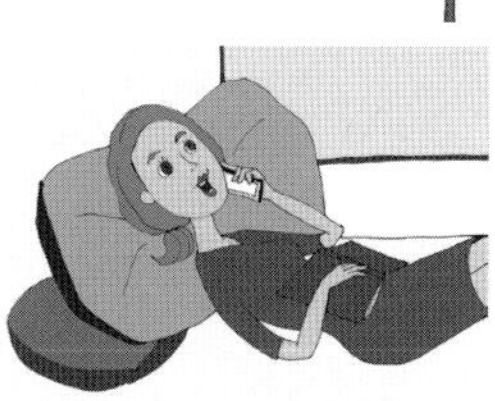

학생 1 수업이 끝나고 집에 가서 뭐 할 거예요?

학생 2 ______________________

2-2. 보기 와 같이 '-아서/어서'를 사용해서 대화를 완성하십시오.

보기

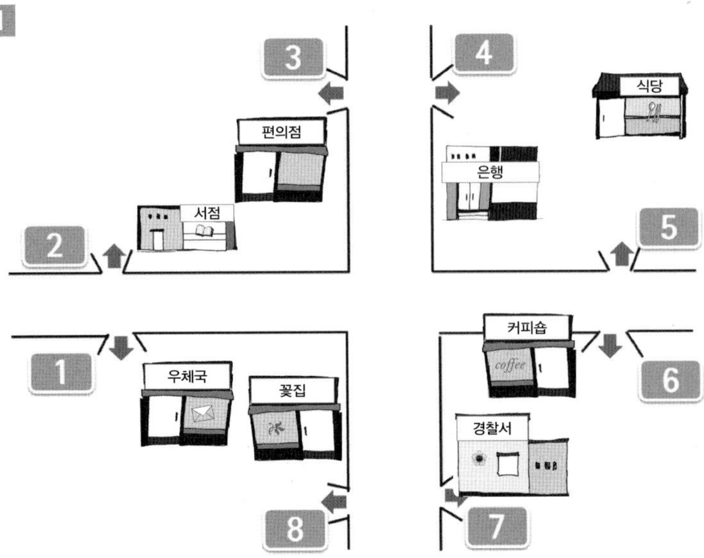

학생 1 우체국이 어디에 있어요?

학생 2 1번 출구로 나가서 왼쪽으로 가세요.

(1)

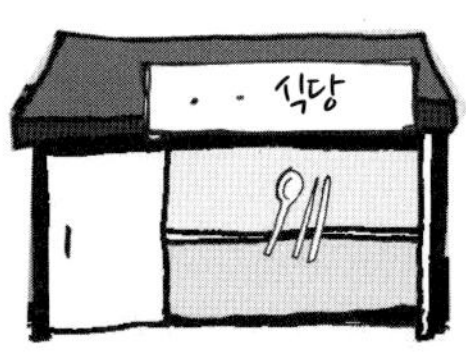

학생 1 식당이 어디에 있어요?

학생 2 ______________________________

(2)

학생 1 꽃집이 어디에 있어요?

학생 2 ______________________________

(3)

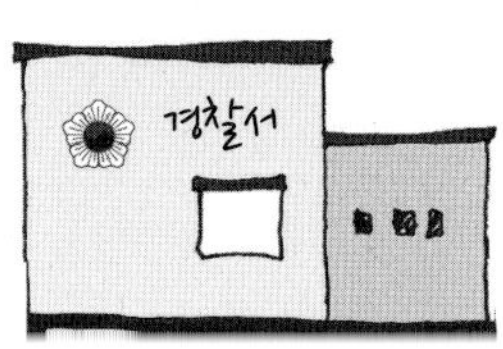

학생 1 ______________________________

학생 2 ______________________________

(4)

학생 1 ______________________________

학생 2 ______________________________

(5)

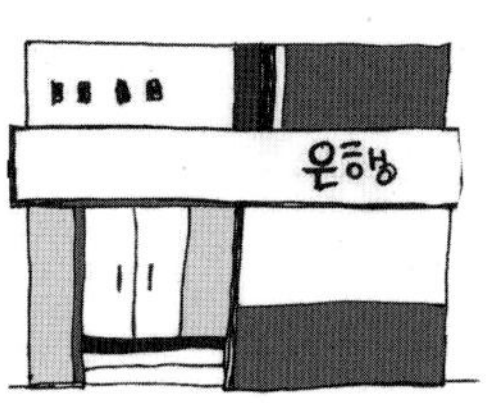

학생 1 ______________________________

학생 2 ______________________________

이름 ____________________

3. 보기 와 같이 '-(으)로'를 사용해서 대화를 완성하십시오.

보기

학생 1 버스를 탈까요?
학생 2 가방이 무거워요. 택시로 가요.

(1) 

학생 1 부산에 어떻게 가요?
학생 2 ____________________. 세 시간이 걸려요.

(2) 

학생 1 방학에 고향에 가고 싶어요. 그런데 비행기 표가 없어요.
학생 2 ____________________. 배 표는 많아요.

(3) 

학생 1 운동을 하고 싶어요. 그런데 시간이 없어요.
학생 2 그럼 학교에 올 때 ____________________

(4) 

학생 1 학교에 어떻게 와요?
학생 2 ____________________. 20분쯤 걸려요.

(5) 

학생 1 동대문에 어떻게 가요?
학생 2 ____________________. 지하철이 버스보다 빨라요.

4. 보기 와 같이 대화를 완성하십시오.

보기

학생1 아침에 일어나서 제일 먼저 뭐 해요?
학생2 일어나서 제일 먼저 샤워해요.

(1) 

학생1 아침에 일어나서 제일 먼저 뭐 해요?
학생2 ______________________

(2) 

학생1 오늘 아침에 일어나서 제일 먼저 뭐 했어요?
학생2 ______________________

(3) 

학생1 보통 친구를 만나서 뭐 해요?
학생2 ______________________

(4) 

학생1 주말에 친구를 만나서 뭐 했어요?
학생2 ______________________

(5) 

학생1 내일 친구를 만나서 뭐 할 거예요?
학생2 ______________________

이름 ______

5. 대화를 완성하십시오.

(1)

티엔 어제 친구를 ______ 어디에 갔어요?

지니 영화를 보러 갔어요.

티엔 ______

지니 아주 재미있었어요. 친구도 좋아했어요.

티엔 씨는 뭐 했어요?

티엔 집에 가서 ______

지니 배달시켜서 먹었어요?

티엔 아니요. ______

지니 요리를 자주 해요?

티엔 네, 자주 해요.

(2)

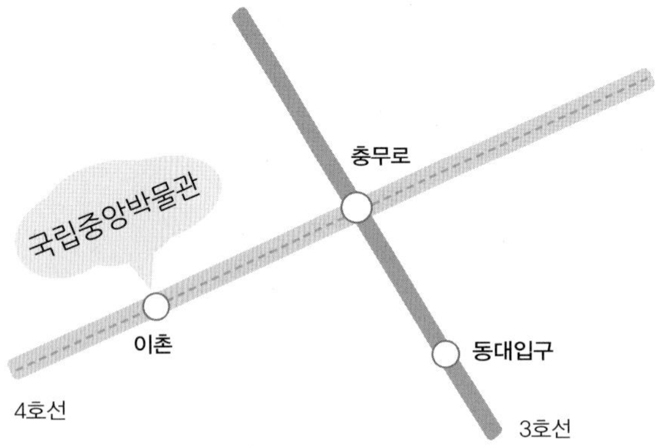

학생 1 주말에 뭐 할 거예요?

학생 2 국립중앙박물관에 ______________________________

학생 1 혼자 갈 거예요?

학생 2 네.

학생 1 ______________________________

학생 2 좋아요. 같이 가요.

학생 1 국립중앙박물관에 ______________________________

학생 2 동대입구역에서 ______________________________.

그리고 ______________________________.

그리고 이촌역에서 내려요.

학생 1 ______________________________

학생 2 40분쯤 걸려요.

02 갈아타는 곳이 어디예요?

1. 보기 와 같이 '-는'을 사용해서 쓰십시오.

보기 읽다	읽는	열다	
찾다		살다	
갈아타다		듣다	
내려가다		공부하다	
나가다		충전하다	

2-1. 보기 와 같이 '-는'을 사용해서 대화를 완성하십시오.

보기

학생 1 갈아타는 곳이 어디예요? 갈아타다

학생 2 앞으로 쭉 가세요.

(1) 학생 1 ______________ 곳이 어디예요? 나가다

학생 2 오른쪽으로 쭉 가세요.

(2) 학생 1 ______________ 곳이 어디예요? 교통카드를 충전하다

학생 2 왼쪽으로 가세요.

(3) 학생 1 ______________ 곳이 어디예요? 4호선을 타다

학생 2 앞으로 쭉 가세요.

(4) 학생 1 ______________ 곳이 어디예요? 교통카드를 사다

학생 2 오른쪽으로 가세요.

2-2. 보기 와 같이 '-는'을 사용해서 대화를 완성하십시오.

보기

학생1 책을 읽는 학생이 누구예요?

학생2 티엔이에요.

(1) 학생1 ______________________ 학생이 누구예요?

학생2 상미예요.

(2) 학생1 ______________________ 학생이 누구예요?

학생2 장위예요.

(3) 학생1 ______________________

학생2 수빈이에요.

(4) 학생1 ______________________

학생2 에릭이에요.

(5) 학생1 ______________________

학생2 지니예요.

3. 보기 와 같이 '잘못'을 사용해서 대화를 완성하십시오.

보기

학생1 종로5가역에 왔어요?
학생2 아니요, 잘못 내렸어요. 지금 종로3가역이에요.

(1) 학생1 왜 늦었어요?

학생2 늦어서 미안해요. 지하철을 ____________________

(2) 학생1 호세 씨!

학생2 네? 누구예요?

학생1 죄송합니다. 사람을 ____________________

(3) 선생님 에릭 씨, 숙제에 이름을 ____________________.

다시 쓰세요.

에 릭 아, 네. 죄송합니다.

(4) 학생1 여보세요? 윤수 씨, 시청역에서 내리세요.

학생2 신촌역요?

학생1 아니요. 시청역요.

학생2 미안해요. ____________________

4-1. 보기 와 같이 대화를 완성하십시오.

보기

학생1 좋아하는 과일이 뭐예요?
학생2 사과를 좋아해요.

(1) 학생1 ____________________

학생2 노란색을 좋아해요.

(2) **학생 1** ________________________________

학생 2 비빔밥을 자주 먹어요.

(3) **학생 1** ________________________________

학생 2 저는 요즘 태권도를 배워요.

(4) **학생 1** ________________________________ 누구예요?

학생 2 ________________________________ 배우가 없어요.

4-2. 보기 와 같이 대화를 완성하십시오.

보기

학생 1 여기는 뭐 하는 곳이에요?

학생 2 샤워하는 곳이에요.

(1) 

학생 1 여기는 뭐 하는 곳이에요?

학생 2 ________________________________

(2) 

학생 1 여기는 뭐 하는 곳이에요?

학생 2 ________________________________

(3) 

학생 1 ________________________________

학생 2 ________________________________

(4) 

학생 1 ________________________________

학생 2 ________________________________

5. 대화를 완성하십시오.

타쿠야　　지니

지 니 저 사람이 누구예요?

타쿠야 누구요? 전화를 ____________________ 사람요?

지 니 아니요, ____________________ 사람요.

타쿠야 아, 알렉스 씨예요. 우리 반에서 같이 ____________________ 친구예요. 왜요?

지 니 알렉스 씨가 멋있어요.

타쿠야 그래요? 그럼 제가 소개해 드릴게요.

지 니 고마워요. 타쿠야 씨는 어떤 사람을 만나고 싶어요?

타쿠야 저는 여행을 좋아해요. 그래서 ____________________

03 지금 길이 막힐까요?

1. 보기 와 같이 '-(으)ㄹ까요?'를 사용해서 쓰십시오.

보기 먹다	먹을까요	좋다	
입다		싸다	
만나다		길다	
만들다		덥다	
듣다		재미있다	
좋아하다		조용하다	

2-1. 보기 와 같이 '-(으)ㄹ까요?'를 사용해서 대화를 완성하십시오.

보기

학생 1 길이 막힐까요?
학생 2 주말이라서 아마 막힐 거예요.

(1) **학생 1** 오늘 오후에 비가 ______

학생 2 날씨가 맑아요. 아마 비가 안 올 거예요.

(2) **학생 1** 유카 씨가 ______

학생 2 유카 씨는 매운 음식을 못 먹어요. 그래서 안 좋아할 거예요.

(3) **학생 1** ______

학생 2 아마 지금 집에 없을 거예요. 에릭 씨는 수업이 끝나고 보통 도서관에 가요.

(4) **학생 1** ______

학생 2 아니요, 내일은 안 더울 거예요. 아침에 일기예보를 들었어요.

(5) **학생 1** ______

학생 2 네, 아주 재미있을 거예요. 기다리는 사람들이 많아요.

2-2. 보기 와 같이 '-(으)ㄹ까요?'를 사용해서 대화를 완성하십시오.

보기

학교 → 서울역 , 버스/30분

학생 1 학교에서 서울역까지 얼마나 걸릴까요?
학생 2 버스로 30분쯤 걸릴 거예요. 안 멀어요.

학교 → 시청, 지하철/30분

(1) **학생 1** ______________________________

학생 2 시청까지 지하철로 30분쯤 걸릴 거예요

학교 → 명동, 택시/10분

(2) **학생 1** ______________________________

학생 2 학교에서 명동까지 택시로 10분쯤 걸릴 거예요.

기숙사 → 교실, 걸어서/5분

(3) **학생 1** ______________________________

학생 2 기숙사에서 교실까지 걸어서 5분쯤 걸릴 거예요. 가까워요.

동대문 → 국립극장, 버스/20분

(4) **학생 1** 동대문에서 국립극장까지 얼마나 걸릴까요?

학생 2 ______________________________

서울 → 제주도, 비행기/한 시간

(5) **학생 1** ______________________________

학생 2 ______________________________

이름 ____________________

3. 보기 와 같이 '중에서'를 사용해서 대화를 완성하십시오.

보기

커피

녹차

학생 1 커피하고 녹차 중에서 뭘 더 자주 마셔요?
학생 2 커피를 더 자주 마셔요.

(1)

짜장면

스파게티

학생 1 ______________________________

학생 2 스파게티를 더 좋아해요.

(2)

명동

동대문

학생 1 ______________________________

학생 2 명동에 더 자주 가요.

(3)

영어

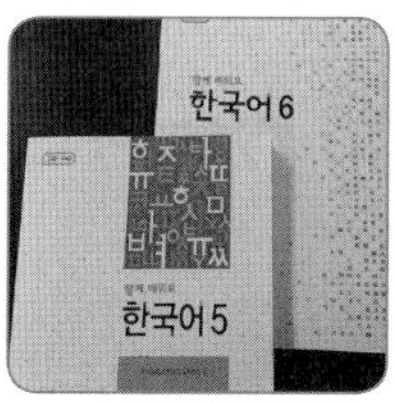

한국어

학생 1 ______________________________

학생 2 저는 영어가 더 어려워요.

(4)

운동화

구두

학생 1 ______________________________

학생 2 ______________________________

4. 보기 와 같이 대화를 완성하십시오.

보기

학생 1 주말에 등산을 가고 싶어요. 주말에 날씨가 좋을까요?
학생 2 네, 좋을 거예요.

~~좋다~~	어렵다	사람이 많다
재미있다	좋아하다	길이 막히다

(1) 학생 1 일본어를 배우고 싶어요. ________________

학생 2 네, ________________

(2) 학생 1 수빈 씨한테 주고 싶어서 꽃을 샀어요. ________________

학생 2 꽃이 아주 예뻐요. ________________

(3) 학생 1 다음 주에 시험을 봐요. 시험이 ________________

학생 2 네, ________________. 집에 가서 공부하세요.

(4) 학생 1 주말에 옷을 사러 백화점에 갈 거예요. 백화점에 ________________

학생 2 지금 세일이에요. 그래서 ________________

(5) 학생 1 내일 버스를 타고 강남에 갈 거예요. ________________

학생 2 토요일이라서 ________________

5. 대화를 완성하십시오.

(1)

왕호 지니 씨가 지금 ______________________

윤수 ______________________

왕호 어떻게 알아요?

윤수 ______________________

(2)

출발	도착	좌석
서울	대구	
18:00	20:00	
19:00	21:00	매진
20:00	22:00	
21:00	23:00	
22:00	24:00	매진

서울역

에릭 7시에 대구에 ______________ KTX 표가 있어요?

직원 ______________________

에릭 그럼, ______________________

직원 8시하고 9시에 ______________________

에릭 그럼, 8시 표 한 장 ______________________

04 KTX로 가면 세 시간쯤 걸려요.

1. 보기 와 같이 '-(으)면'을 사용해서 쓰십시오.

보기 먹다	먹으면	좋다	
오다		싸다	
만나다		아프다	
듣다		덥다	
열다		멀다	
출발하다		깨끗하다	

보기 학생	학생이면
외국인	
가수	

2-1. 보기 와 같이 '-(으)면'을 사용해서 대화를 완성하십시오.

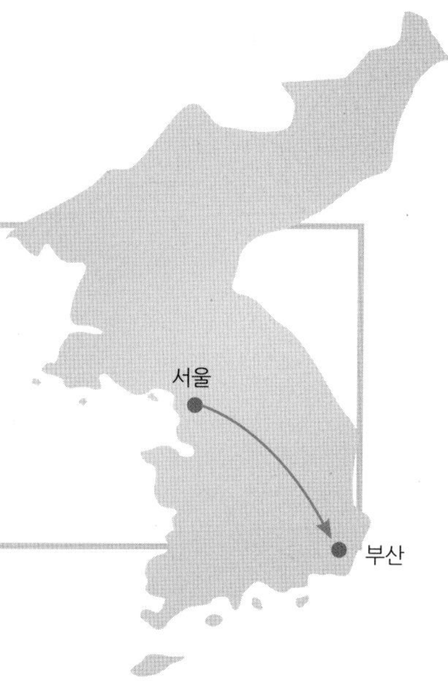

보기

두 시간 40분

학생 1 부산까지 얼마나 걸려요?
학생 2 KTX로 가면 두 시간 40분쯤 걸려요.

(1)

다섯 시간

학생 1 부산까지 얼마나 걸려요?

학생 2 ______________________ 다섯 시간쯤 걸려요.

(2) 

네 시간 30분

학생1 부산까지 얼마나 걸려요?

학생2 ______________________ 네 시간 30분쯤 걸려요.

(3) 

45분

학생1 부산까지 얼마나 걸려요?

학생2 ______________________

2-2. 보기 와 같이 '-(으)면'을 사용해서 쓰십시오.

보기

많이 아프면 집에서 쉬세요.

~~아프다~~	가다	모르다	먹다	타다
없다	고프다	졸리다	출발하다	늦다

(1) 부산까지 비행기로 ______________________ 45분쯤 걸려요.

(2) 배가 ______________________ 이 빵을 좀 드세요.

(3) 문법을 ______________________ 선생님께 물어보세요.

(4) 택시를 ______________________ 훨씬 더 빨리 갈 수 있어요.

(5) 이 약을 ______________________ 괜찮을 거예요.

(6) 비가 올 때 우산이 ______________________ 친구한테 전화해요.

(7) 일찍 ______________________ 안 늦을 거예요.

(8) 수업 시간에 ______________________ 커피를 마셔요.

3. 보기 와 같이 '훨씬 (더)'를 사용해서 대화를 완성하십시오.

보기

학생1 지하철하고 버스 중에서 뭐가 더 빨라요?
학생2 버스보다 지하철이 훨씬 더 빨라요.

(1) 학생1 친구하고 같이 커피숍에서 공부할 거예요.

학생2 커피숍보다 ____________________

(2) 학생1 바나나하고 포도 중에서 뭘 더 좋아해요?

학생2 저는 바나나를 좋아해요. ____________________

(3) 학생1 말하기하고 쓰기 중에서 뭐가 더 어려워요?

학생2 ____________________

(4) 학생1 쇼핑하러 갈 거예요. 동대문하고 명동 중에서 어디가 더 싸요?

학생2 ____________________

(5) 학생1 산하고 바다 중에서 어디를 더 좋아해요?

학생2 ____________________

4. 보기 와 같이 대화를 완성하십시오.

보기

학생 1 아프면 이 약을 드세요.

학생 2 고마워요.

(1)

학생 1 ______________________ 이 스웨터를 입으세요.

학생 2 고마워요.

(2)

학생 1 ______________________

학생 2 감사합니다.

(3)

학생 1 너무 매워요.

학생 2 ______________________

(4)

학생 1 ______________________

학생 2 네, 내일 선생님한테 물어볼 거예요.

5. 대화를 완성하십시오.

학생 1 이번 주말에 뭐 할 거예요?

학생 2 날씨가 ____

학생 1 그래요? 남이섬에 가서 뭐 할 거예요?

학생 2 ____

학생 1 남이섬까지 어떻게 갈 거예요?

학생 2 ____

학생 1 버스보다 기차가 ____

학생 2 아, 그래요? 고마워요.

종합 연습 6

1-1. 보기 와 같이 쓰십시오.

보기 자전거

1-2. 그림을 보고 글을 완성하십시오.

(1)

(2)

(3)

(4)

(5)

아침에 (1) ________________ 제일 먼저 시계를 봐요. (2) ________________

버스로 학교에 가요. 집 앞에서 2260번 버스를 (3) ________________. 그리고 서울역에서 3473

번 버스로 (4) ________________. 동국대학교 앞에서 (5) ________________.

1-3. 보기 와 같이 연결하십시오.

보기 

● 갈아타는 곳

(1) 

● 나가는 곳

(2) 
● 물 마시는 곳

(3) 

● 카드 대는 곳

(4) 
● 교통카드 충전하는 곳

(5) 
● 타는 곳

이름 ____________________

1-4. 보기 와 같이 쓰십시오.

보기

학생 1 은행이 멀어요?

학생 2 가까워요. 길을 건너서 왼쪽으로 가세요.

~~건너다~~	출구	세수하다	배달시키다	매진
올라가다	건강하다	아마	신다	여권

(1) **손 님** 7시에 부산에 가는 KTX 표가 있어요?

직 원 죄송합니다. 7시 표는 ____________________

(2) **학생 1** 왜 운동을 좋아하는 사람을 좋아해요?

학생 2 운동을 좋아하는 사람이 ____________________

(3) **학생 1** 실례합니다. 은행이 어디에 있어요?

학생 2 은행은 5층에 있어요. 엘리베이터를 타고 5층으로 ____________________

(4) **학생 1** 구두하고 운동화 중에서 뭘 더 자주 ____________________

학생 2 구두요.

(5) **학생 1** 많이 졸리면 화장실에 가서 ____________________

학생 2 네, 알겠어요.

(6) **학생 1** 경찰서는 동대입구역 6번 ____________________ 옆에 있어요.

학생 2 감사합니다.

(7) **학생 1** 에릭 씨가 지금 집에 있을까요?

학생 2 일요일이라서 ____________________ 집에서 쉬고 있을 거예요.

2. 알맞은 것을 골라서 대화를 완성하십시오.

명동에 어떻게 가요?	갈아타는 곳이 어디예요?
지금 길이 막힐까요?	KTX로 가면 세 시간쯤 걸려요.

(1) 학생 1 ______________________

학생 2 충무로역에서 4호선을 타세요.

(2) 학생 1 ______________________

학생 2 네, 비가 와서 아마 막힐 거예요.

(3) 학생 1 ______________________

학생 2 오른쪽으로 쭉 가세요.

(4) 학생 1 부산까지 얼마나 걸려요?

학생 2 ______________________

3-1. '-아서/어서'를 사용해서 대화를 완성하십시오.

(1) 학생 1 ______________________

학생 2 숙제하고 쉬었어요.

(2) 학생 1 주말에 동대문에 갔어요.

학생 2 ______________________

학생 1 옷을 사고 밥을 먹었어요.

이름 ____________________

(3) **학생 1** 방학에 고향에 갈 거예요.

학생 2 고향에 ______________________________

학생 1 고향 친구들하고 여행을 갈 거예요.

(4) **학생 1** 보통 수업이 끝나고 집에 가서 뭐 해요?

학생 2 ______________________________

(5) **학생 1** 보통 친구를 만나서 뭐 해요?

학생 2 ______________________________

3-2. '-는'을 사용해서 대화를 완성하십시오.

(1) **학생 1** ____________________ 과일이 뭐예요?

학생 2 딸기를 제일 좋아해요.

(2) **학생 1** 제일 잘 ____________________ 음식이 뭐예요?

학생 2 불고기를 잘 만들어요.

(3) **학생 1** 지금 ____________________ 곳이 어디예요?

학생 2 학교 앞에서 살아요.

(4) **학생 1** 여기가 어디예요?

학생 2 제가 ____________________ 학교예요.

(5) **학생 1** 이게 뭐예요?

학생 2 제가 기분이 안 좋을 때 ____________________ 책이에요.

3-3. '-(으)ㄹ까요?'를 사용해서 대화를 완성하십시오.

(1) **학생 1** 영화관에 ____________________

학생 2 오늘 주말이라서 사람이 많을 거예요.

(2) **학생 1** 왕호 씨가 지금 ____________________

학생 2 오늘은 일요일이라서 집에 있을 거예요.

(3) **학생 1** 에릭 씨가 유카 씨 전화번호를 ____________________

학생 2 알 거예요. 에릭 씨한테 물어보세요.

(4) **학생 1** 수빈 씨가 ____________________

학생 2 길이 막혀서 늦을 거예요.

(5) **학생 1** 비행기표가 ____________________

학생 2 방학이라서 아마 없을 거예요.

3-4. '-(으)면'을 사용해서 문장을 완성하십시오.

(1) ____________________ 공원에 갈 거예요.

(2) ____________________ 안 살 거예요.

(3) ____________________ 지하철을 타세요.

(4) ____________________ 선생님께 전화하세요.

(5) ____________________ 밤에 잠을 못 잘 거예요.

4. 보기 와 같이 틀린 것을 고치십시오.

> **보기**
> 물~~를~~ 마셔요.
> ➡ 물을 마셔요.

(1) 친구를 만나고 같이 영화를 봤어요.

➡ ______________________________

(2) 창문을 열는 사람이 장위예요.

➡ ______________________________

(3) 걸어서로 가면 30분쯤 걸려요.

➡ ______________________________

(4) 오늘 날씨가 춥을까요?

➡ ______________________________

(5) 지하철로 타고 가요.

➡ ______________________________

5. 보기 와 같이 쓰십시오.

> **보기**
> 집 / 가다 / 숙제 / 하다 `-아서/어서`
> ➡ 집에 가서 숙제를 해요.

(1) 여기 / 시청 / 얼마나 / 걸리다 `-(으)ㄹ까요?`

➡ ______________________________

(2) 8시 / 출발하다 / 표 / 있다 `-는`

➡ ______________________________

(3) 아침 / 일어나다 / 제일 / 먼저 / 세수하다 -아서/어서

➡ ______________________________

(4) 여권 / 없다 / 비행기 / 못 타다 -(으)면

➡ ______________________________

(5) 학교 / 시청 / 버스 / 30분쯤 / 걸리다 -(으)로

➡ ______________________________

6. 보기 와 같이 쓰십시오.

보기

이 영화가 재미있을까요?

(1)

____

이름 ____________________

(2) 

____

(3) 

____

(4) 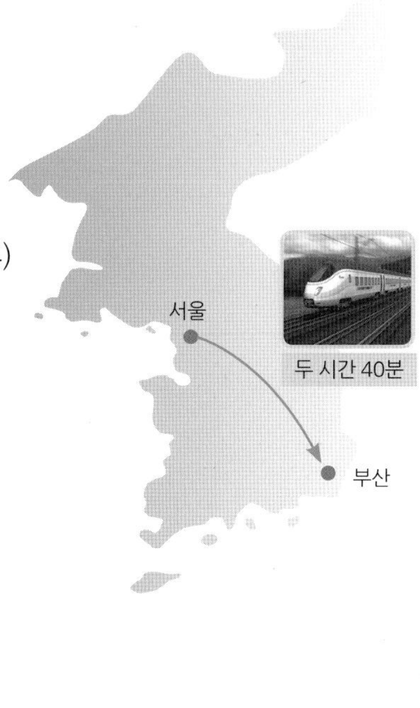

____

7과

취미 생활

01 책을 읽거나 음악을 들어요.

1. 보기 와 같이 '-거나'를 사용해서 쓰십시오.

보기 먹다	먹거나	작다	
읽다		크다	
살다		예쁘다	
운동하다		덥다	

2-1. 보기 와 같이 '-거나'를 사용해서 대화를 완성하십시오.

보기

학생1 시간이 있을 때 뭐 해요?
학생2 청소를 하거나 산책해요.

(1)

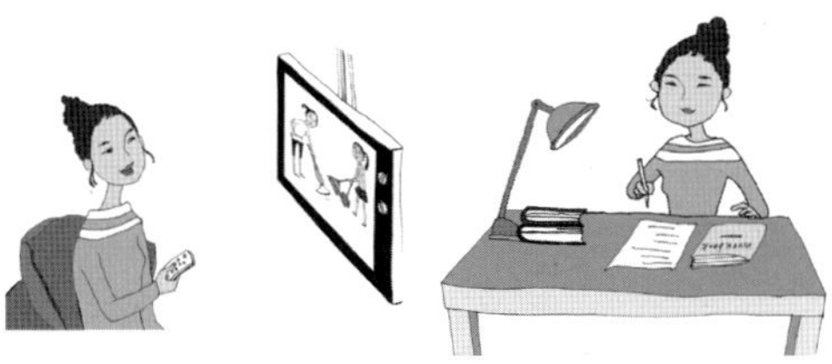

학생1 집에 혼자 있을 때 뭐 해요?

학생2 ____________________

(2)

학생1 심심할 때 뭐 해요?

학생2 ____________________

(3)  

학생1 가족이 보고 싶을 때 어떻게 해요?

학생2 ______________________________

(4)  

학생1 수업이 끝나고 뭐 해요?

학생2 ______________________________

(5)  

학생1 보통 주말에 뭐 해요?

학생2 ______________________________

2-2. 보기 와 같이 '-거나'를 사용해서 대화를 완성하십시오.

보기

학생1 시간이 있을 때 뭐 해요?
학생2 책을 읽거나 운동을 해요.

(1) 학생1 돈이 없을 때 어떻게 해요?

학생2 ______________________________

(2) 학생1 스트레스를 받을 때 어떻게 해요?

학생2 ______________________________

(3) 학생1 모르는 단어가 있을 때 어떻게 해요?

학생2 ______________________________

(4) 학생1 수업 시간에 자고 싶을 때 어떻게 해요?

학생2 ______________________________

(5) 학생1 이번 방학에 뭐 할 거예요?

학생2 ______________________________

3. 보기 와 같이 '-에 ~번'을 사용해서 대화를 완성하십시오.

보기

학생1 한국 음식을 자주 먹어요?
학생2 네, 한국 음식을 좋아해서 자주 먹어요. 일주일에 세 번쯤 먹어요.

(1) 학생1 한국 드라마를 자주 봐요?

학생2 ______________________

(2) 학생1 부모님께 자주 전화해요?

학생2 ______________________

(3) 학생1 명동에 자주 가요?

학생2 ______________________

(4) 학생1 운동을 자주 해요?

학생2 ______________________

(5) 학생1 매운 음식을 자주 먹어요?

학생2 ______________________

4. 보기 와 같이 대화를 완성하십시오.

보기

학생1 수업이 끝나고 뭐 해요?
학생2 도서관에서 공부하거나 친구들하고 밥을 먹어요.
학생1 도서관에 자주 가요?
학생2 네, 공부하러 자주 가요. 일주일에 세 번쯤 가요.

(1)

학생1 친구를 만나서 보통 뭐 해요?

학생2 ______________________

학생1 영화를 자주 봐요?

학생2 ______________________

(2)  

학생 1 방학에 보통 뭐 해요?

학생 2 ____________________

학생 1 여행을 자주 해요?

학생 2 ____________________

5. 대화를 완성하십시오.

학생 1 토요일에 어디에 갈 거예요?

학생 2 ____________________

학생 1 친구 집에 자주 가요?

학생 2 ____________________

학생 1 친구하고 뭐 할 거예요?

학생 2 ____________________

02 피아노를 칠 줄 알아요?

1. 보기 와 같이 '-(으)ㄹ 줄 알다'를 사용해서 쓰십시오.

보기 읽다	읽을 줄 알다	걷다	
치다		만들다	
타다		운전하다	

2-1. 보기 와 같이 '-(으)ㄹ 줄 알다'를 사용해서 쓰십시오.

보기

O 기타를 칠 줄 알아요.

X 기타를 못 쳐요.

(1)  O ______________________

(2)  O ______________________

(3)  X ______________________

(4)  X ______________________

(5)  O ______________________

(6)  X ______________________

(7)  O ______________________

2-2. 보기 와 같이 '-(으)ㄹ 줄 알다'를 사용해서 대화를 완성하십시오.

보기

학생1 태권도를 할 줄 알아요?

학생2 아니요, 못해요.

(1) 학생1 하모니카를 불 줄 알아요?

학생2 네, ______________________

(2) 학생1 스케이트를 ______________________

학생2 네, 잘 타요.

(3) 학생1 무슨 운동을 할 줄 알아요?

학생2 저는 탁구를 ______________________

(4) **학생 1** 피아노를 ____________________

학생 2 아니요, 안 배웠어요.

(5) **학생 1** ____________________

학생 2 아니요, 한국 음식을 못 만들어요.

(6) **학생 1** ____________________

학생 2 저는 농구하고 수영을 할 줄 알아요.

(7) **학생 1** 무슨 악기를 연주할 줄 알아요?

학생 2 ____________________

3. 보기 와 같이 '잘하다(O), 잘 못하다(△), 못하다(X)'를 사용해서 쓰십시오.

		장위	유카	호세
	볼링	O	X	O
(1)	스케이트	X	X	O
(2)	농구	O	△	△
(3)	배드민턴	O	O	X
(4)	바이올린	△	O	△
(5)	하모니카	△	O	O

보기 장위 씨하고 호세 씨는 볼링을 잘 쳐요. 그런데 유카 씨는 볼링을 못 쳐요.

(1) ____________________

(2) ____________________

(3) ____________________

(4) ____________________

(5) ____________________

4. 보기 와 같이 대화를 완성하십시오.

보기

X

O

학생 1 우리 스케이트를 타러 갈까요?
학생 2 저는 스케이트를 못 타요.
학생 1 그래요? 그럼 무슨 운동을 할 줄 알아요?
학생 2 저는 탁구를 잘 쳐요. 탁구는 어때요?
학생 1 좋아요. 탁구를 치러 가요.

(1)

X

O

학생 1 우리 당구를 치러 갈까요?
학생 2 저는 ________
학생 1 그래요? 그럼 무슨 운동을 할 줄 알아요?
학생 2 ________.
수영은 어때요?
학생 1 좋아요. ________

(2)

X

O

학생 1 ________
학생 2 저는 축구를 못해요.
학생 1 그래요? ________
학생 2 ________. 테니스는
어때요?
학생 1 좋아요. ________

5. 대화를 완성하십시오.

(1)

학생 1 취미가 뭐예요?

학생 2 ______________________________

학생 1 그래요? 언제부터 스키를 탔어요?

학생 2 ______________________________

학생 1 스키를 잘 타요?

학생 2 ______________________________

(2)

학생 1 ______________________________

학생 2 저는 수영하는 걸 좋아해요.

학생 1 그래요? 수영을 자주 해요?

학생 2 ______________________________

학생 1 저는 수영을 못해요. 그래서 수영을 배우고 싶어요.

학생 2 ______________________________

03 인사동에 가 봤어요?

1. 보기 와 같이 '-아/어 보다'를 사용해서 쓰십시오.

보기 가다	가 보다	먹다		쓰다	
타다		마시다		듣다	
살다		사귀다		운전하다	

2-1. 보기 와 같이 '-아/어 보다'를 사용해서 쓰십시오.

보기
인사동에 가다 (O , X) ➔ 인사동에 가 봤어요.
인사동에 가다 (O , X) ➔ 인사동에 안 가 봤어요.

(1) 혼자 밥을 먹다 ➔ ______________________
(O , X)

(2) 소주를 마시다 ➔ ______________________
(O , X)

(3) 제주도에 가다 ➔ ______________________
(O , X)

(4) 김치를 만들다 ➔ ______________________
(O , X)

(5) 한국 음악을 듣다 ➔ ______________________
(O , X)

(6) 한국어로 편지를 쓰다 ➔ ______________________
(O , X)

2-2. 보기 와 같이 '-아/어 보다'를 사용해서 쓰십시오.

> **보기** 어제 막걸리를 마셨어요. 아주 맛있었어요. 에릭 씨도 마셔 보세요.

(1) 방학에 부산에 갔어요. 아주 좋았어요. 에릭 씨도 부산에 ______________________

(2) 어제 닭갈비를 먹었어요. 아주 맛있었어요. 에릭 씨도 닭갈비를 ______________________

(3) 어제 친구하고 한강공원에서 자전거를 탔어요. 기분이 좋았어요. 에릭 씨도 한강공원에서 자전거를

____

(4) 영어를 공부할 때 영어 신문을 자주 읽었어요. 에릭 씨도 한국어 신문을 ______________________

(5) 저는 태권도를 배우고 있어요. 태권도가 재미있어요. 에릭 씨도 ______________________

3. 보기 와 같이 '아직'을 사용해서 대화를 완성하십시오.

> **보기**
> 학생 1 여자 친구가 있어요?
> 학생 2 아니요, 아직 없어요.

(1) 학생 1 밥을 먹었어요?

학생 2 아니요, ______________________

학생 1 그럼, 같이 먹으러 가요.

(2) 학생 1 그 영화를 봤어요?

학생 2 아니요, 시간이 없어서 ______________________

(3) 학생 1 숙제를 했어요?

학생 2 아니요, ______________________

(4) 학생 1 김치를 만들어 봤어요?

학생 2 아니요, ______________________

(5) 학생 1 언제 고향에 돌아갈 거예요?

학생 2 ______________________

이름 ____________________

4-1. 보기 와 같이 대화를 완성하십시오.

보기

학생 1 당구를 쳐 봤어요?
학생 2 (O) 네, 쳐 봤어요.
(△) 네, 쳐 봤어요. 그런데 잘 못 쳐요.
(X) 아니요, 아직 한 번도 못 쳐 봤어요. 아직 기회가 없었어요.

(1)

(O)

학생 1 드럼을 ____________________

학생 2 네, ____________________

(2)

(△)

학생 1 태권도를 ____________________

학생 2 네, ____________________

(3)

(X)

학생 1 스키를 ____________________

학생 2 아니요, ____________________

4-2. 보기 와 같이 대화를 완성하십시오.

보기

한강공원에 가다 / 자전거를 타다	학생 1 한강공원에 아직 못 가 봤어요. 가 보고 싶어요. 학생 2 한강공원에 가면 자전거를 타 보세요.

(1) 인사동에 가다 / 한복을 입다

학생 1 인사동에 ____________________. 가 보고 싶어요.

학생 2 인사동에 가면 ____________________

(2) 경복궁에 가다 / 사진을 찍다

학생 1 ____________________. 가 보고 싶어요.

학생 2 경복궁에 가면 ____________________

(3) 야구장에 가다 / 치킨을 먹다

학생 1 ____________________

학생 2 야구장에 가면 ____________________

5. 대화를 완성하십시오.

(1)

학생 1 남산에서 케이블카를 타 봤어요?

학생 2 아니요, ____________________

학생 1 한번 타 보세요. ____________________

(2)

학생 1 식혜를 마셔 봤어요?

학생 2 아니요, ____________________

학생 1 ____________________. 달고 맛있어요.

이름 ______________________

(3) 

학생1 이 가수 노래를 들어 봤어요?

학생2 아니요, ______________________.

노래가 좋아요?

학생1 노래를 아주 잘해요. ______________________

(4) 

학생1 인사동에 가 봤어요?

학생2 아니요, ______________________.

____

학생1 인사동에 가면 한국 전통 음식을 먹어 보세요.

____

04 이 영화는 재미있는데 좀 슬퍼요.

1. 보기 와 같이 '-(으)ㄴ데/는데'를 사용해서 쓰십시오.

보기 가다	갔는데	가는데	갈 건데	싸다	쌌는데	싼데
마시다				좋다		
쓰다				예쁘다		
알다				멀다		
듣다				춥다		
좋아하다				깨끗하다		

보기 재미있다	재미있었는데	재미있는데
맛없다		
맛있다		

보기 학생	학생이었는데	학생인데
선생님		
요리사		

2-1. 보기 와 같이 '-(으)ㄴ데/는데' 사용해서 쓰십시오.

보기
영화는 좋아하다 / 드라마는 안 좋아하다
➡ 영화는 좋아하는데 드라마는 안 좋아해요.

(1) 냉장고는 있다 / 텔레비전은 없다

➡ ______

(2) 소주는 마셔 보다 / 막걸리는 안 마셔 보다

➡ ______

(3) 춤은 잘 추다 / 노래는 못하다

➡ ______

(4) 말하기는 쉽다 / 쓰기는 어렵다

➡ ______________________________

(5) 기타는 칠 줄 알다 / 피아노는 못 치다

➡ ______________________________

2-2. 보기 와 같이 '-(으)ㄴ데/는데'를 사용해서 쓰십시오.

보기

오빠

동생

오빠는 자전거를 못 타는데 동생은 잘 타요.

(1)

호세

에릭

____

(2)

비행기

배

____

(3)

바나나

사과

____

(4)

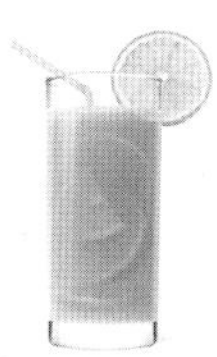

자주
주스

가끔
우유

____

3. 알맞은 것을 골라서 대화를 완성하십시오.

전혀	자주	거의	가끔

(1) **학생 1** 한국은 과일이 싸고 맛있어서 ________________ 먹어요.

학생 2 네. 고향은 과일이 비싼데 한국은 정말 싸요.

(2) **학생 1** 커피를 좋아해요?

학생 2 별로 안 좋아해요. 그런데 너무 피곤하면 ________________ 마셔요.

(3) **학생 1** 율리아 씨는 한국어를 할 줄 알아요?

학생 2 아니요, 율리아 씨는 어제 한국에 와서 한국어를 ________________

(4) **회사원 1** 요즘 스트레스를 많이 받아서 밤에 잠이 잘 안 와요.

회사원 2 그래요? 어제도 못 잤어요?

회사원 1 네, ________________. 한 시간 잤어요.

4. 보기 와 같이 대화를 완성하십시오.

> **보기**
>
> **학생 1** 지금 사는 집이 어때요?
> **학생 2** 방은 큰데 화장실은 작아요.

(1) **학생 1** 떡볶이가 어때요?

학생 2 ________________ 너무 매워요.

(2) **유 카** 에릭 씨는 한국 드라마를 자주 보세요?

에 릭 한국 영화는 자주 ________________ 한국 드라마는 거의 안 봐요.

(3) **학생 1** 커피를 자주 마셔요?

학생 2 아니요, 녹차는 자주 ________________ 커피는 전혀 안 마셔요.

(4) **학생 1** 구두를 자주 신어요?

학생 1 아니요, 운동화는 자주 ________________ 구두는 불편해서 거의 안 신어요.

(5) **학생 1** 저는 부산에는 ________________ 제주도에는 아직 못 가 봤어요.

학생 2 그래요? 방학에 제주도에 꼭 가 보세요. 아주 좋아요.

(6) **학생 1** 주말에 여자 친구하고 영화를 보세요. 영화 '집으로'가 어때요?

학생 2 저는 그 영화를 ________________ 여자 친구는 봤어요.

5. 대화를 완성하십시오.

(1)

장위

지니 노래를 자주 들어요?

장위 ________________

지니 그럼, 노래방에 자주 가요?

장위 아니요, ________________.

1년에 두 번쯤 가요.

(2)

유카

어머니

아버지

왕호 영어를 할 줄 알아요?

유카 저는 열 살 때 미국에서 살았어요.

____

왕호 부모님도 영어를 잘하세요?

유카 ________________

왕호 아버지는 왜 영어를 못하세요?

유카 아버지는 영어를 안 배웠어요. 그래서

____

이름

종합 연습 7

1-1. 보기 와 같이 쓰십시오

보기 축구를 해요

1-2. 보기 와 같이 연결하십시오.

보기 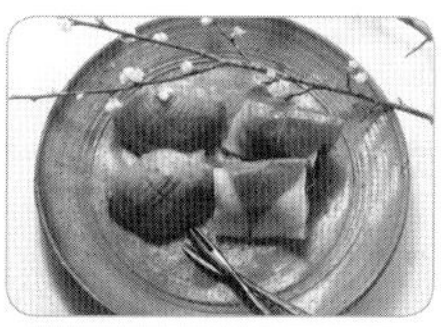 ● ● 식혜

(1)  ● ● 떡

(2)  ● ● 냉면

(3)  ● ● 소주

(4)  ● ● 막걸리

(5)  ● ● 삼겹살

1-3. **보기** 와 같이 쓰십시오.

이름 ______________________

1-4. 보기 와 같이 쓰십시오.

보기

학생 1 한복을 입어 봤어요?

학생 2 아니요, 못 입어 봤어요. 아직 기회가 없었어요.

~~기회~~	졸다	연락하다	고민
계획	슬프다	시작하다	싫어하다

(1) **손 님** 6시쯤에 ______________________ 영화가 있어요?

직 원 네, 6시 5분 영화가 있어요.

(2) **학생 1** 왜 떡볶이를 ______________________

학생 2 너무 매워서 안 좋아해요.

(3) **학생 1** 그 드라마가 재미있어요?

학생 2 네, 재미있는데 조금 ______________________

(4) **학생 1** 어제 혼자 이사했어요?

학생 2 네, 정말 힘들었어요. 그래서 수업 시간에 ______________________

(5) **학생 1** 고향 친구들하고 어떻게 ______________________

학생 2 전화를 하거나 문자메시지를 보내요.

(6) **학생 1** 주말에 ______________________ 있어요?

학생 2 네, 친구하고 인사동에 갈 거예요.

2. 알맞은 것을 골라서 대화를 완성하십시오.

책을 읽거나 음악을 들어요.	피아노를 칠 줄 알아요?
인사동에 가 봤어요?	이 영화는 재미있는데 좀 슬퍼요.

(1) **학생 1** ____________________

학생 2 네, 잘 쳐요.

(2) **학생 1** ____________________

학생 2 네, 지난주에 친구들하고 같이 갔어요.

(3) **학생 1** 이 영화가 어때요?

학생 2 ____________________

(4) **학생 1** 주말에 보통 뭐 해요?

학생 2 ____________________

3-1. '-거나'를 사용해서 대화를 완성하십시오.

(1) **학생 1** 스트레스를 받을 때 어떻게 해요?

학생 2 ____________________

(2) **학생 1** 보통 수업이 끝나고 집에 가서 뭐 해요?

학생 2 ____________________

(3) **학생 1** 시간이 있을 때 뭐 해요?

학생 2 ____________________

(4) **학생 1** 수업 시간에 졸리면 어떻게 해요?

학생 2 ____________________

(5) **학생 1** 고향 친구가 보고 싶을 때 어떻게 해요?

학생 2 ____________________

이름 ____________________

3-2. '-(으)ㄹ 줄 알다'를 사용해서 대화를 완성하십시오.

(1) **학생 1** ______________________________

학생 2 네, 중학교 때 피아노를 배웠어요.

(2) **학생 1** ______________________________

학생 2 네, 불고기하고 김밥을 잘 만들어요.

(3) **학생 1** ______________________________

학생 2 네, 바이올린을 켤 줄 알아요. 그런데 잘 못 켜요.

(4) **학생 1** ______________________________

학생 2 아니요, 저는 운전을 못해요.

(5) **학생 1** ______________________________

학생 2 농구하고 야구를 할 줄 알아요.

3-3. '-아/어 보다'를 사용해서 대화를 완성하십시오.

(1) **학생 1** ______________________________

학생 2 네, 비빔밥을 좋아해서 자주 먹어요.

(2) **학생 1** ______________________________

학생 2 그럼, 한번 입어 보세요. 한복이 정말 예뻐요.

(3) **학생 1** ______________________________

학생 2 아니요, 아직 스키를 안 타 봤어요.

(4) **학생 1** 홍대입구에 안 가 봤어요.

학생 2 ______________________________. 재미있어요.

(5) **학생 1** ______________________________

학생 2 아니요, 그런데 방학에 친구하고 같이 갈 거예요.

학생 1 그래요? 제주도에 가면 사진을 많이 찍으세요.

3-4. '-(으)ㄴ데/는데'를 사용해서 쓰십시오.

(1) **학생 1** 한국어 공부가 어때요?

학생 2 ____________________

(2) **학생 1** 유카 씨 언니도 떡볶이를 좋아해요?

학생 2 아니요, ____________________

(3) **학생 1** 오빠하고 동생이 우유를 자주 마셔요?

학생 2 ____________________

(4) **학생 1** 스키를 탈 줄 알아요?

학생 2 ____________________

(5) **학생 1** 학생식당 음식이 어때요?

학생 2 ____________________

3-5. 다음을 한 번만 사용해서 대화를 완성하십시오.

-에 ~번	잘하다, 잘 못하다, 못하다	아직	거의, 전혀

(1) **왕 호** 술을 자주 마셔요?

지 니 ____________________. 일 년에 한 번쯤 마셔요.

왕호 씨는요?

왕 호 저는 술을 싫어해요. 그래서 ____________________

(2) **학생 1** 태권도를 잘해요?

학생 2 아니요, ____________________

(3) **학생 1** 김치를 만들어 봤어요?

학생 2 아니요, ____________________

학생 1 한번 만들어 보세요. 재미있어요.

(4) **학생 1** 명동에 자주 가요?

학생 2 네, 자주 가요. ____________________

이름

4. 보기 와 같이 틀린 것을 고치십시오.

보기 한국어는 ~~알는데~~ 영어는 몰라요.
→ 한국어는 아는데 영어는 몰라요.

(1) 주말에 보통 영화거나 집에서 쉬어요.

→ ______

(2) 저는 한국 음식을 만들을 줄 알아요.

→ ______

(3) 저는 부산에 안 가 봐요. 한번 가 보고 싶어요.

→ ______

(4) 왕호 씨는 수업 시간에 전혀 졸아요.

→ ______

(5) 지니 씨가 아직 학교에 왔어요.

→ ______

5. 보기 와 같이 쓰십시오.

보기 주말 / 영화 / 보다 / 책 / 읽다 -거나
→ 주말에 영화를 보거나 책을 읽어요.

(1) 졸리다 / 세수 / 하다 / 커피 / 마시다 -거나

→ ______

(2) 저 / 한자 / 읽다 -(으)ㄹ 줄 알다

→ ______

(3) 저 / 아직 / 경복궁 / 못 가다 -아/어 보다

→ ______

(4) 배드민턴 / 잘 치다 / 테니스 / 못 치다 -(으)ㄴ데/는데

→ ______

6. 보기 와 같이 쓰십시오.

보기

스키를 탈 줄 알아요.

(1)  ____________________

(2) 
(O)

(X)
____

(3)  ____________________

8과

컴퓨터와 휴대전화

○○ 노트북 AS 센터

01 거기 동국대학교지요?

1. 보기 와 같이 '–지요?'를 사용해서 쓰십시오.

보기 읽다	읽었지요	읽지요	읽을 거지요
먹다			
오다			
살다			
듣다			
공부하다			
작다			–
예쁘다			–
멀다			–
춥다			–

보기 선생님	선생님이었지요	선생님이지요
회사원		
가수		

2. 보기 와 같이 '–지요?'를 사용해서 대화를 완성하십시오

보기

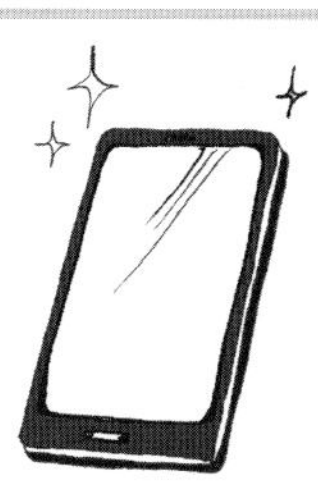

학생 1 이게 지니 씨 휴대폰이지요?
학생 2 네, 지니 씨 휴대폰이에요.

(1)

학생 1 티엔 씨는 ____________________

학생 2 네, 베트남 사람이에요.

(2) 

학생 1 이게 한국어로 ______________________

학생 2 네, 사과예요.

(3) 

학생 1 타쿠야 씨가 ______________________

학생 2 네, 우리 반 학생 중에서 제일 잘해요.

(4) 

학생 1 날씨가 ______________________

학생 2 네, 정말 추워요.

(5) 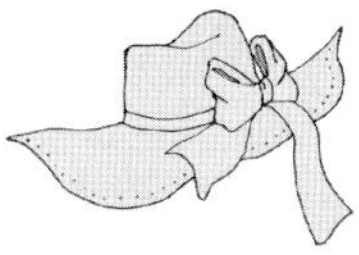

학생 1 ______________________

학생 2 네, 예뻐요.

3-1. 알맞은 것을 골라서 대화를 완성하십시오.

통화 중	수업 중	운전 중	회의 중

(1) ______________________ 휴대전화를 사용하지 마세요.

(2) **회사원 1** 여보세요? 동국 회사지요? 이윤수 씨 좀 바꿔 주세요.

회사원 2 이윤수 씨는 지금 ______________________. 한 시간 뒤에 전화하세요.

(3) **선생님** ______________________ 영어로 이야기하지 마세요.

학 생 네, 죄송합니다.

(4) **학생 1** 누구한테 전화를 걸고 있어요?

학생 2 호세 씨요. 그런데 지금 ______________________

학생 1 그럼 이따가 다시 전화하세요.

이름 ______________________

3-2. 알맞은 것을 골라서 쓰십시오.

실례지만 누구세요?	지금 통화할 수 있어요?
이따가 전화하세요.	에릭 씨 핸드폰이지요?

(1)

율리아 여보세요? ______________________

에 릭 네, 그런데요. ______________________

(2)

율리아 여보세요? 타쿠야 씨, ______________________

타쿠야 미안해요. 지금 좀 바빠요. ______________________

4. 보기 와 같이 대화를 완성하십시오.

보기

학생 1 어제 아팠지요?
학생 2 네, 어떻게 알았어요?
학생 1 왕호 씨가 말했어요.

(1)

학생 1 ______________________

학생 2 네, 어떻게 알았어요?

학생 1 얼굴에 묻었어요.

(2) 

학생1 어제 호세 씨하고 ____________________

학생2 네, 어떻게 알았어요?

학생1 영화관에서 봤어요.

(3) 

학생1 다음 주에 ____________________

학생2 네, 어떻게 알았어요?

학생1 ____________________

5. 다음을 읽고 대화를 완성하십시오.

에릭 씨는 매일 수업이 끝나고 도서관에 가요. 도서관에서 공부를 하고 학생식당에 가서 밥을 먹어요.

장위 에릭 씨, 오늘도 ____________________

에릭 네, 공부하러 갈 거예요. 왜요?

장위 저도 숙제하러 갈 거예요. 같이 가요.

에릭 좋아요, 같이 가요.

장위 공부하고 ____________________

에릭 네, 학생식당에 갈 거예요. 같이 밥을 먹을까요?

장위 네, 같이 밥을 먹고 집에 가요. 에릭 씨는 ____________________

에릭 네, 학교 옆에 살아요.

이름 ____________

02 통화하면서 문자메시지도 보낼 수 있어요.

1. 보기 와 같이 '-(으)면서'를 사용해서 쓰십시오.

보기 먹다	먹으면서	듣다	
읽다		걷다	
그리다		놀다	
가다		만들다	
쓰다		노래하다	

2. 보기 와 같이 '-(으)면서'를 사용해서 쓰십시오.

유카

율리아

유카 / 에릭

에릭 / 상미

보기

학생 1 유카 씨는 지금 뭐 하고 있어요?
학생 2 요리하면서 전화하고 있어요.

(1) **학생 1** 율리아 씨는 지금 뭐 하고 있어요?

학생 2 ____________________

(2) **학생 1** 유카 씨하고 에릭 씨는 지금 뭐 하고 있어요?

학생 2 ____________________

(3) **학생 1** 에릭 씨하고 상미 씨는 지금 뭐 하고 있어요?

학생 2 ____________________

3. 보기 와 같이 '-(으)로'를 사용해서 쓰십시오.

보기

가위로 앞머리를 잘라요.

(1)  ______________________

(2)  ______________________

(3)  ______________________

(4)  ______________________

4. 보기 와 같이 쓰십시오.

보기

운전하면서 스마트폰을 보지 마세요.

(1)  ______________________

이름 ______________

(2)  ______________

(3)  ______________

(4) 

____

5. 대화를 완성하십시오.

유카 누구세요?

지니 저 지니예요.

유카 들어오세요. 아직 친구들이 안 왔어요. 앉으세요.

____

지니 고마워요. 뭐 하고 있었어요?

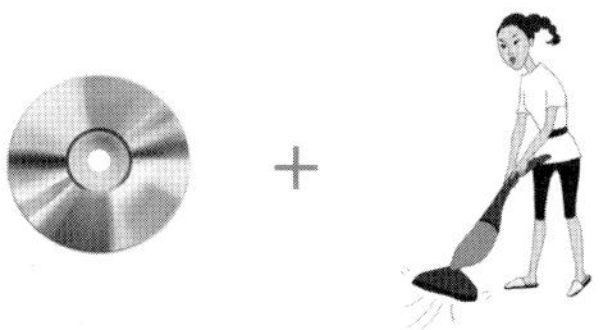

유카 ______________

지니 매일 청소해요?

유카 아니요, 일주일에 한 번쯤 해요.

03 휴대전화를 새로 사야 돼요.

1. 보기 와 같이 '-아야/어야 되다'를 사용해서 쓰십시오.

보기 오다	와야 돼요	쓰다	
가다		걷다	
마시다		듣다	
먹다		청소하다	
만들다		숙제하다	

2-1. 보기 와 같이 '-아야/어야 되다'를 사용해서 쓰십시오.

보기

시험을 잘 보고 싶어요. 공부해야 돼요.

(1) 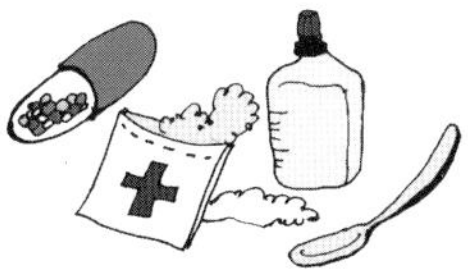

감기에 걸렸어요. ____________________

(2) 

오늘 숙제가 있어요. ____________________

(3) 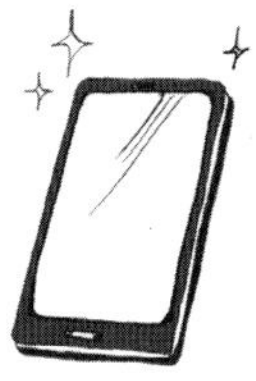

휴대전화가 고장이 났어요. ____________________

(4) 

통장을 만들고 싶어요. ____________________

(5) 
아파서 학교에 못 가요. ____________________

2-2. 보기 와 같이 '-아야/어야 되다'를 사용해서 대화를 완성하십시오.

보기

학생1 일요일에 쇼핑하러 갈 수 있어요?

학생2 미안해요. 아르바이트가 있어요. 그래서 일해야 돼요.

(1) 

학생1 오후에 같이 영화를 볼까요?

학생2 미안해요. 오후에 친구가 집에 놀러 올 거예요.

그래서 ____________________

(2) 

학생1 주말에 시간이 있어요?

학생2 미안해요. 부모님께서 한국에 오세요.

그래서 ____________________

(3) 

학생1 오후에 같이 산책하러 갈까요?

학생2 미안해요. 내일이 친구 생일이에요.

그래서 ____________________

(4) 

학생1 오늘 오후에 명동에 갈 수 있어요?

학생2 미안해요. 내일 시험이 있어요.

그래서 ____________________

이름 ____________________

3. 보기 와 같이 '한테(서)'를 사용해서 쓰십시오.

보기

from 에릭

저는 에릭 씨한테서 선물을 받았어요.

(1)

____

(2)

from
율리아

____

(3)

____

4. 보기 와 같이 대화를 완성하십시오.

보기

학생 1 왜 내일 놀이공원에 안 가요?

학생 2 아르바이트를 하러 가야 돼서 못 가요.

(1) **학생 1** 방학에 왜 고향에 안 가요?

학생 2 ____________________ 못 가요.

(2) **학생 1** 왜 집에 일찍 가요?

학생 2 ______________________________ 일찍 가요.

(3) **학생 1** 왜 타쿠야 씨 생일 파티에 안 가요?

학생 2 ______________________________ 못 가요.

5. 대화를 완성하십시오.

(1)

직원 어떻게 오셨어요?

학생 ______________________________

직원 사진 있으세요? ______________________________

학생 네, 여기 있어요.

직원 잠깐만 기다리세요.

(2)

직원 뭘 도와 드릴까요?

손님 휴대폰이 ______________________________

직원 휴대폰 주세요.

손님 고칠 수 있을까요? 제가 내일 저녁에 ______________________________

직원 네, 걱정하지 마세요. 내일 오전까지 ______________________________.

여기에 성함하고 전화번호 좀 써 주세요.

04 친구가 컴퓨터를 고쳐 줬어요.

1. 보기 와 같이 '-아/어 주다'를 사용해서 쓰십시오.

보기 사다	사 주다	쓰다	
닫다		끄다	
보내다		줍다	
켜다		고르다	
열다		추천하다	

2. 보기 와 같이 '-아/어 주다'를 사용해서 쓰십시오.

보기

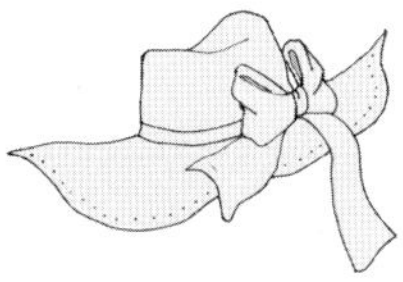

언니 → 동생

사다

언니가 동생한테 모자를 사 줬어요.

(1)

장위 → 에릭

만들다

____

(2)

타쿠야 → 율리아

보내다

____

(3)

호세 → 유카

찾다

____

3. 보기 와 같이 연결하고 쓰십시오.

얇다 ●	● 입다	보기 장위 씨가 옷을 얇게 입었어요.
짜다 ●	● 쓰다	(1) 선생님께서 글씨를 ____________
크다 ●	● 웃다	(2) 아기가 ____________
귀엽다 ●	● 자르다	(3) 머리를 ____________
싸다 ●	● 먹다	(4) 점심을 ____________
짧다 ●	● 사다	(5) 컴퓨터를 ____________

4. 보기 와 같이 대화를 완성하십시오.

보기

티 엔 배가 고파요. 빵을 좀 사 주세요.
왕 호 네, 사 드릴게요.

············

선생님 티엔 씨가 빵을 샀어요?
티 엔 아니요, 왕호 씨가 사 줬어요.

(1) **지 니** 숙제가 너무 어려워요. 좀 가르쳐 주세요.

윤 수 네, 잘 들으세요.

············

선생님 혼자 숙제를 했어요?

지 니 아니요, ____________

이름 ______________________

(2) **수 빈** 가방이 너무 무거워요.

호 세 제가 들어 드릴게요.

············

선생님 가방을 어떻게 가져왔어요?

수 빈 ______________________

(3) **에 릭** 사진을 좀 찍어 주세요.

유 카 네, 카메라를 주세요.

············

선생님 사진이 정말 멋있어요. 누가 찍었어요?

에 릭 ______________________

5. 대화를 완성하십시오.

학생 1 노트북이 고장 나서 새로 사야 돼요.

어디에서 노트북을 ______________________

학생 2 용산전자상가에서 노트북을 싸게 살 수 있어요.

학생 1 그래요? 거기에 어떻게 가요? 제가 길을 잘 몰라요.

____

학생 2 네, 제가 가르쳐 드릴게요.

학생 1 고마워요.

이름 ____________

종합 연습 8

1-1. 보기 와 같이 연결하십시오.

보기  ● —— ● 가위

(1)  ●　　　　● 칫솔

(2)  ●　　　　● 노트북

(3)  ●　　　　● 숟가락

(4)  ●　　　　● 젓가락

(5)  ●　　　　● 앞머리

1-2. 보기 와 같이 쓰십시오.

보기

학생 1 왜 전화를 끊었어요?
학생 2 집에 손님이 왔어요.

~~전화를 끊다~~	전화를 걸다	통화하다
전화를 받다	전화를 잘못 걸다	벨이 울리다

(1) **학생 1** 누구한테 ____________________

학생 2 동생한테요. 오늘이 동생 생일이에요.

(2) **학생 1** 지니 씨는 뭐 하고 있어요?

학생 2 지금 친구하고 ____________________

(3) **유 카** 여보세요? 호세 씨 핸드폰이지요?

에 릭 아닌데요. ____________________

1-3. 보기 와 같이 쓰십시오.

보기

학생 1 이 휴대전화 가격을 알아요?
학생 2 아니요, 저도 몰라요. 직원한테 물어 보세요.

~~가격~~	항상	가볍다	묻다	씹다
대화하다	고치다	조용히	깎다	뒤

(1) **에 릭** 여보세요? 유카 씨, 지금 뭐해요?

유 카 노트북이 고장 났어요. 노트북을 ____________________ AS 센터에 가고 있어요.

(2) **학생 1** 이거 뭐 하는 앱이에요?

학생 2 고향 친구들하고 ____________________ 앱이에요.

이름 ____________________

(3) **학생 1** 도서관에서 크게 말하지 마세요. ____________________ 해야 돼요.

학생 2 네, 미안해요.

(4) **타쿠야** 여보세요? 지니 씨예요?

지 니 미안해요. 지금 회의 중이에요. 30분 ____________________ 전화하세요.

(5) **손 님** 이 가방이 너무 비싸요. ____________________

점 원 네, 싸게 드릴게요.

(6) **학생 1** 빵을 먹었지요? 얼굴에 ____________________

학생 2 아, 그래요? 휴지가 있으면 좀 주세요.

2. 알맞은 것을 골라서 대화를 완성하십시오.

거기 동국대학교지요?	통화하면서 문자메시지도 보낼 수 있어요.
휴대전화를 새로 사야 돼요.	친구가 컴퓨터를 고쳐 줬어요.

(1) **학생 1** 무슨 일 있어요?

학생 2 휴대전화가 고장이 났어요. 그래서 ____________________

(2) **학 생** ____________________

직 원 네, 뭘 도와 드릴까요?

(3) **학생 1** 핸드폰을 샀어요? 어때요?

학생 2 아주 좋아요. ____________________

(4) **학생 1** 컴퓨터가 고장이 났어요.

학생 2 저도 지난주에 컴퓨터가 고장이 났어요. 그런데 ____________________

3-1. '-지요?'를 사용해서 대화를 완성하십시오.

(1) 학생 1 ______________________

학생 2 네, 더워요.

(2) 학생 1 ______________________

학생 2 네, 어떻게 알았어요?

학생 1 술 냄새가 나요.

(3) 학생 1 ______________________

학생 2 아니요, 김치를 안 좋아하는 한국 사람도 있어요.

(4) 에 릭 ______________________

유 카 네, 커피를 자주 마셔요. 어떻게 알았어요?

에 릭 지니 씨한테서 들었어요.

3-2. '-(으)면서'를 사용해서 쓰십시오.

(1)  ______________________

(2)  ______________________

이름

(3) 

(4) 

3-3. '-아야/어야 되다'를 사용해서 대화를 완성하십시오.

(1) **학생 1** 어디에 가요?

학생 2 도서관에 가요. 시험이 있어서 ____________

(2) **학생 1** 오후에 뭐 해요?

학생 2 부모님이 한국에 오셔서 ____________

(3) **학생 1** 내일 몇 시에 와요?

학생 2 ____________. 늦지 마세요.

(4) **학생 1** 이따가 같이 밥을 먹을까요?

학생 2 미안해요. ____________

(5) **학생 1** 주말에 쇼핑할까요?

학생 2 미안해요. 친구들이 우리 집에 올 거예요. ____________

3-4. '-아/어 주다'를 사용해서 쓰십시오.

(1) **학생 1** 한국어 문법이 너무 어려워요. ____________

학생 2 네, 제가 가르쳐 드릴게요.

(2) **학생 1** 가방이 예뻐요. 샀어요?

학생 2 언니가 ____________

(3) **학생 1** 동생 생일에 무슨 선물을 사 줄 거예요?

학생 2 ______________________________

(4) **학생 1** 볼펜이 없어요. ______________________________

학생 2 네, 이거 쓰세요.

(5) **학 생** 선생님, 글씨가 잘 안 보여요. ______________________________

선생님 네, 알겠어요.

3-5. 다음을 한 번만 사용해서 대화를 완성하십시오.

통화 중, 수업 중, 운전 중, 회의 중	–(으)로	–한테(서)	–게

(1) **에 릭** 여보세요? 지니 씨, 저 에릭이에요.

지 니 지금 ______________________________. 이따가 전화하세요.

(2) **학생 1** ______________________________

학생 2 인터넷도 하고 쇼핑도 할 수 있어요.

(3) **점 원** 머리를 어떻게 잘라 드릴까요?

손 님 ______________________________

(4) **학생 1** 모자가 예뻐요! 샀어요?

학생 2 아니요, 생일에 ______________________________

4. 보기 와 같이 틀린 것을 고치십시오.

> **보기** ~~이야기면서~~ 텔레비전을 봐요.
> ➡ 이야기하면서 텔레비전을 봐요.

(1) 에릭 씨는 학생지요?

➡ ______________________________

(2) 다른 나라에 여행갈 때 여권이 필요해야 돼요.

➲ ____________________

(3) 언니가 저한테서 구두를 사 줬어요.

➲ ____________________

(4) 칫솔으로 이를 닦아요.

➲ ____________________

(5) 요리를 만들으면서 전화해요.

➲ ____________________

5. 보기 와 같이 쓰십시오.

보기	오늘 / 날씨 / 좋다 –지요? ➲ 오늘 날씨가 좋지요?

(1) 한국 사람 / 맵다 / 음식 / 잘 먹다? –지요?

➲ ____________________

(2) 호세 / 지하철 / 기다리다 / 음악 / 듣다 –(으)면서

➲ ____________________

(3) 통장 / 만들다 / 은행 / 가다 –아야/어야 되다

➲ ____________________

(4) 남편 / 아내 / 매일 / 요리하다 –아/어 주다

➲ ____________________

6. 보기 와 같이 쓰십시오.

보기

돈이 없어서 은행에 가야 돼요.

(1)  ______________________

(2)  ______________________

(3)  ______________________

모범 답안

5과 날씨

01 우리 고향이 한국보다 더워요.

1.
(1) 축구보다
(2) 상미보다

2.
(1) ① 한라산이 남산보다 더 높아요.
② 남산이 한라산보다 더 낮아요.
(2) ① 볼펜이 시계보다 더 싸요.
② 시계가 볼펜보다 더 비싸요.
(3) ① 사과가 참외보다 더 많아요.
② 참외가 사과보다 더 적어요.
(4) ① 볼펜이 연필보다 더 길어요.
② 연필이 볼펜보다 더 짧아요.

3.
(1) 별로 안 바빠요.
(2) 별로 안 커요.
(3) 아니요, 별로 안 많아요.
(4) 아니요, 별로 안 매워요.
(5) 아니요, 별로 재미없어요.

4-1.
(1) 뭐가 더 싸요? / 운동화가 가방보다 더 싸요.
(2) 어디가 더 더워요? / 하노이가 서울보다 더 더워요.
(3) 누가 목소리가 더 커요? / 알렉스 씨가 윤수 씨보다 더 커요.

4-2.
(1) 맑고 어제보다 따뜻해요.
(2) 날씨가 어때요? / 비가 오고 어제보다 추워요.
(3) 오늘 울란바토르 날씨가 어때요? / 흐리고 어제보다 쌀쌀해요.

5.
(1) 이메일보다 문자메시지를 자주 보내요.
(2) 팥빙수보다 핫초콜릿이 어때요?
(3) 태국 방콕이에요. / 네, 방콕이 한국보다 더 더워요.

02 날씨가 맑아서 기분이 좋아요.

1.

보기 가다	가서	맑다	맑아서
읽다	읽어서	많다	많아서
막히다	막혀서	흐리다	흐려서
듣다	들어서	춥다	추워서
쓰다	써서	아프다	아파서
청소하다	청소해서	쌀쌀하다	쌀쌀해서

보기 학생	학생이어서
외국인	외국인이어서
의사	의사여서

2.
보기 날씨가 맑다 · 학교에 못 가다
(1) 날씨가 좋다 · 선물을 사러 가다
(2) 다리를 다치다 · 밥을 먹으러 식당에 가다
(3) 배가 고프다 · 공원에 놀러 가다
(4) 친구 생일 · 기분이 좋다
(5) 방학 · 학교에 사람이 별로 없다

(1) 날씨가 좋아서 공원에 놀러 갔어요.
(2) 다리를 다쳐서 학교에 못 갔어요.
(3) 배가 고파서 밥을 먹으러 식당에 가요.
(4) 친구 생일이라서 선물을 사러 가요.
(5) 방학이라서 학교에 사람이 별로 없어요.

3.
(1) 축구를 제일 좋아해요.
(2) 수요일에 제일 피곤해요.
(3) 불고기를 제일 잘 만들어요.
(4) 호세 씨가 제일 재미있어요.
(5) 알렉스 씨가 제일 커요.

4.
(1) 집이 멀어서 이사했어요.
(2) 아파서 집에 일찍 갔어요.
(3) 바빠서 점심을 못 먹었어요.
(4) 아르바이트를 해서 바빠요.
(5) 만나서 반갑습니다.
(6) 늦어서 죄송합니다.

5.
(1) 예뻐서 가을을 제일 좋아해요. / 겨울은 추워서 안 좋아해요.

(2) 수영하러 갈까요? / 별로 안 좋아해요 / 산책은 어때요?
(3) 가까워서 / 사람이 많아서 / 쇼핑하러 어디에 자주 가요?

5.
(1) 도서관에 갈 때 학생증이 필요해요. / 만들 때
(2) 이게 뭐예요? / 배고플 때 드세요.

03 비가 올 때 음악을 들어요.

1.

보기 먹다	먹을 때	좋다	좋을 때
오다	올 때	아프다	아플 때
사다	살 때	덥다	더울 때
기다리다	기다릴 때	외롭다	외로울 때
놀다	놀 때	피곤하다	피곤할 때
듣다	들을 때	심심하다	심심할 때

보기 학생	학생일 때
회사원	회사원일 때
의사	의사일 때

2.
(1) 있을 때
(2) 시간이 있을 때 뭐 해요?
(3) 잘 때
(4) 숙제할 때
(5) 요리할 때

3.
보기 경주 — 출발하다 아침에 경주에서 출발했어요.
(1) 집 — 나오다 집에서 나왔어요.
(2) 베트남 — 오다 베트남에서 왔어요.
(3) 지하철 — 내리다 지하철에서 내렸어요.

4-1.
(1) 날 때 / 운동을 해요.
(2) 기분이 안 좋을 때 / 텔레비전을 봐요.
(3) 외로울 때 어떻게 해요? / 노래를 불러요.
(4) 피곤할 때 어떻게 해요? / 집에서 쉬어요.

4-2.
(1) 초콜릿이에요. 배고플 때 드세요.
(2) 커피예요. 졸릴 때 드세요.
(3) 만화책이에요. 기분이 안 좋을 때 보세요.
(4) 스웨터예요. 추울 때 입으세요.

04 감기에 걸려서 따뜻한 차를 마시고 싶어요.

1.

보기 작다	작은	두껍다	두꺼운
높다	높은	춥다	추운
얇다	얇은	길다	긴
크다	큰	따뜻하다	따뜻한
비싸다	비싼	깨끗하다	깨끗한

보기 재미있다	재미있는
맛있다	맛있는
맛없다	맛없는

2.
(1) 시원한 팥빙수를 먹었어요.
(2) 무서운 영화를 봤어요.
(3) 비싼 시계를 샀어요.
(4) 맛있는 음식을 먹었어요.
(5) 예쁜 가방을 샀어요.
(6) 추운 날씨를 안 좋아해요.

3.
(1) 열이 나서 왔어요.
(2) 통장을 만들러 왔어요.
(3) 어떻게 오셨어요?
(4) 어떻게 오셨어요? / 학생증을 만들러 왔어요.

4.
(1) 단 음식을 좋아해요.
(2) 머리가 짧은 사람을 좋아해요.
(3) 어떤 사람을 좋아해요?
(4) 목소리가 큰 사람을 안 좋아해요.
(5) 마음이 넓은 사람을 좋아해요.

5.
(1) 예쁜 치마를 살 거예요. / 티셔츠를 살 거예요. / 명동보다 동대문 어때요?
(2) 어떤 음식을 좋아해요? / 더워서 / 매운
(3) 어떻게 오셨어요? / 기침이 나서 / 언제부터 / 얼마예요?

종합 연습 5

1-1.

1-2.

(1) 단

(2) 매워서

(3) 썼어요

1-3.

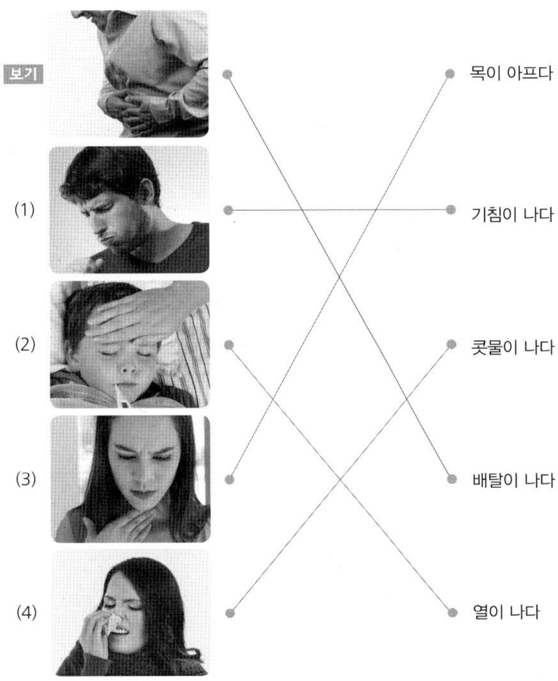

1-4.

(1) 가까워요. (2) 시끄러워요?

(3) 기분이 (4) 길이 막혀서

(5) 냄새가 나요. (6) 보통

2.

(1) 감기에 걸려서 따뜻한 차를 마시고 싶어요.

(2) 비가 올 때 음악을 들어요.

(3) 날씨가 맑아서 기분이 좋아요.

(4) 우리 고향이 한국보다 더워요.

3-1.

(1) 드라마보다 영화를 (더) 자주 봐요.

(2) 콜라보다 우유를 (더) 자주 마셔요.

(3) 명동보다 동대문에 (더) 자주 가요.

(4) 비빔냉면보다 물냉면을 (더) 자주 먹어요.

(5) 이메일보다 문자메시지를 (더) 자주 보내요.

(6) 어제가 오늘보다 (더) 추웠어요.

3-2.

(1) 늦게 일어나서 (2) 사람이 많아서

(3) 주말이라서 (4) 비가 와서

3-3.

(1) 외로울 때 (2) 시간이 있을 때

(3) 졸릴 때 (4) 사진을 찍을 때

3-4.

(1) 두꺼운 (2) 시원한

(3) 쉬운 (4) 매운

(5) 작은

4.

(1) 토요일이라서 약속이 있어요.

(2) 오늘 몇 시에 집에서 나왔어요?

(3) 비가 올 때 우산이 필요해요.

(4) 저는 재미있는 영화를 좋아해요.

5.

(1) 어제 많이 걸어서 다리가 아팠어요.

(2) 아침에 배가 아파서 학교에 지각했어요.

(3) 저는 머리가 긴 사람을 좋아해요.

(4) 시간이 있을 때 뭐 해요?

6.

(1) 토요일이라서 길이 막혀요.

(2) 통장을 만들러 왔어요.

(3) 화가 날 때 음악을 들어요.

(4) 눈사람을 만들 수 있어서 겨울을 제일 좋아해요.

6과 교통

01 명동에 어떻게 가요?

1.

보기 오다	와서	건너다	건너서
사다	사서	내리다	내려서
만나다	만나서	만들다	만들어서
나가다	나가서	걷다	걸어서
일어나다	일어나서	전화하다	전화해서

2-1.
(1) 집에 가서 저녁을 먹어요.
(2) 집에 가서 숙제했어요.
(3) 집에 가서 친구하고 텔레비전을 볼 거예요.
(4) 집에 가서 친구한테 전화할 거예요.

2-2.
(1) 5번 출구로 나가서 쭉 가세요.
(2) 8번 출구로 나가서 오른쪽으로 가세요.
(3) 경찰서가 어디에 있어요? / 7번 출구로 나가서 왼쪽으로 가세요.
(4) 편의점이 어디에 있어요? / 3번 출구로 나가서 왼쪽으로 가세요.
(5) 은행이 어디에 있어요? / 4번 출구로 나가서 오른쪽으로 가세요.

3.
(1) 기차로 가요 (2) 배로 가세요
(3) 자전거로 오세요. (4) 버스로 와요
(5) 지하철로 가요

4.
(1) 일어나서 제일 먼저 이를 닦아요.
(2) 일어나서 제일 먼저 물을 마셨어요.
(3) 친구를 만나서 노래방에 가요.
(4) 친구를 만나서 밥 먹었어요.
(5) 친구를 만나서 영화를 볼 거예요.

5.
(1) 만나서 / 영화가 어땠어요? / 저녁을 먹고 텔레비전을 봤어요. / 만들어서 먹었어요.
(2) 갈 거예요. / 우리 같이 갈까요? / 어떻게 가요? / 3호선을 타요 / 충무로역에서 4호선으로 갈아타요 / 얼마나 걸려요?

02 갈아타는 곳이 어디예요?

1.

보기 읽다	읽는	열다	여는
찾다	찾는	살다	사는
갈아타다	갈아타는	듣다	듣는
내려가다	내려가는	공부하다	공부하는
나가다	나가는	충전하다	충전하는

2-1.
(1) 나가는 (2) 교통카드를 충전하는
(3) 4호선을 타는 (4) 교통카드를 사는

2-2.
(1) 전화하는
(2) 창문을 여는
(3) 시계를 보는 학생이 누구예요?
(4) 음악을 듣는 학생이 누구예요?
(5) 윤수하고 이야기하는 학생이 누구예요?

3.
(1) 잘못 탔어요. (2) 잘못 봤어요.
(3) 잘못 썼어요 (4) 잘못 들었어요.

4-1.
(1) 좋아하는 색이 뭐예요?
(2) 자주 먹는 음식이 뭐예요?
(3) 요즘 배우는 운동이 뭐예요?
(4) 만나고 싶은 배우가 / 저는 만나고 싶은

4-2.
(1) 운동하는 곳이에요.
(2) 밥을 먹는 곳이에요.
(3) 여기는 뭐 하는 곳이에요? / 빨래하는 곳이에요.
(4) 여기는 뭐 하는 곳이에요? / 쉬는 곳이에요.

5.
하는 / 운동하는 / 공부하는 / 여행을 좋아하는 사람을 만나고 싶어요.

03 지금 길이 막힐까요?

1.

보기 먹다	먹을까요	좋다	좋을까요
입다	입을까요	싸다	쌀까요
만나다	만날까요	길다	길까요
만들다	만들까요	덥다	더울까요
듣다	들을까요	재미있다	재미있을까요
좋아하다	좋아할까요	조용하다	조용할까요

2-1.

(1) 올까요?
(2) 떡볶이를 좋아할까요?
(3) 에릭 씨가 지금 집에 있을까요?
(4) 내일도 더울까요?
(5) 저 영화가 재미있을까요?

2-2.

(1) 학교에서 시청까지 얼마나 걸릴까요?
(2) 학교에서 명동까지 얼마나 걸릴까요?
(3) 기숙사에서 교실까지 얼마나 걸릴까요?
(4) 동대문에서 국립극장까지 버스로 20분쯤 걸릴 거예요. 가까워요.
(5) 서울에서 제주도까지 얼마나 걸릴까요? / 서울에서 제주도까지 비행기로 한 시간쯤 걸릴 거예요.

3.

(1) 짜장면하고 스파게티 중에서 뭘 더 좋아해요?
(2) 명동하고 동대문 중에서 어디에 더 자주 가요?
(3) 영어하고 한국어 중에서 뭐가 더 어려워요?
(4) 운동화하고 구두 중에서 뭘 더 자주 신어요? / 운동화를 더 자주 신어요.

4.

(1) 일본어 공부가 재미있을까요? / 재미있을 거예요.
(2) 수빈 씨가 꽃을 좋아할까요? / 좋아할 거예요.
(3) 어려울까요? / 어려울 거예요
(4) 사람이 많을까요? / 사람이 많을 거예요.
(5) 길이 막힐까요? / 길이 막힐 거예요.

5.

(1) 뭐 하고 있을까요? / 밥을 먹고 있을 거예요. / 10분 전에 식당에 갔어요.
(2) 가는 / 아니요, 없어요. / 몇 시 표가 있어요? / 출발하는 표가 있어요. / 주세요.

04 KTX로 가면 세 시간쯤 걸려요.

1.

보기 먹다	먹으면	좋다	좋으면
오다	오면	싸다	싸면
만나다	만나면	아프다	아프면
듣다	들으면	덥다	더우면
열다	열면	멀다	멀면
출발하다	출발하면	깨끗하다	깨끗하면

보기 학생	학생이면
외국인	외국인이면
가수	가수면

2-1.

(1) 차로 가면 (2) 고속버스로 가면
(3) 비행기로 가면 45분쯤 걸려요.

2-2.

(1) 가면 (2) 고프면
(3) 모르면 (4) 타면
(5) 먹으면 (6) 없으면
(7) 출발하면 (8) 졸리면

3.

(1) 도서관이 훨씬 더 좋아요.
(2) 바나나가 훨씬 더 맛있어요.
(3) 쓰기가 훨씬 더 어려워요.
(4) 동대문이 훨씬 더 싸요.
(5) 산을 훨씬 더 좋아해요.

4.

(1) 추우면
(2) 졸리면 이 커피를 드세요.
(3) 매우면 물을 드세요.
(4) 모르면 선생님께 물어보세요.

5.

(1) 좋으면 남이섬에 갈 거예요. / 닭갈비를 먹을 거예요. / 버스를 타고 갈 거예요. / 훨씬 더 빨라요.

종합 연습 6

1-1.

1-2.

(1) 일어나서 (2) 샤워를 하고
(3) 타요 (4) 갈아타요
(5) 내려요

1-3.

보기  — 갈아타는 곳

(1) 

— 나가는 곳

(2)  — 물 마시는 곳

(3) 

— 카드 대는 곳

(4)  — 교통카드 충전하는 곳

(5)  — 타는 곳

1-4.

(1) 매진이에요. (2) 건강해요.
(3) 올라가세요. (4) 신어요?
(5) 세수하세요. (6) 출구
(7) 아마

2.

(1) 명동에 어떻게 가요?
(2) 지금 길이 막힐까요?
(3) 갈아타는 곳이 어디예요?
(4) KTX로 가면 세 시간쯤 걸려요.

3-1.

(1) 어제 집에 가서 뭐 했어요?
(2) 동대문에 가서 뭐 했어요?
(3) 가서 뭐 할 거예요?
(4) 집에 가서 씻고 저녁을 먹어요.
(5) 친구를 만나서 운동을 해요.

3-2.

(1) 좋아하는 (2) 만드는
(3) 사는 (4) 다니는
(5) 읽는

3-3.

(1) 사람이 많을까요? (2) 집에 있을까요?
(3) 알까요? (4) 언제 올까요?
(5) 있을까요?

3-4.

(1) 날씨가 좋으면 (2) 비싸면
(3) 길이 막히면 (4) 학교에 못 오면
(5) 커피를 많이 마시면

4.

(1) 친구를 만나서 같이 영화를 봤어요.
(2) 창문을 여는 사람이 장위예요.
(3) 걸어서 가면 30분쯤 걸려요.
(4) 오늘 날씨가 추울까요?
(5) 지하철을 타고 가요.

5.

(1) 여기에서 시청까지 얼마나 걸릴까요?
(2) 8시에 출발하는 표가 있어요.
(3) 아침에 일어나서 제일 먼저 세수해요.
(4) 여권이 없으면 비행기를 못 타요.
(5) 학교에서 시청까지 버스로 30분쯤 걸려요.

6.

(1) 아프면 이 약을 드세요.
(2) 친구를 만나서 밥을 먹었어요.
(3) 버스하고 지하철 중에서 버스를 더 자주 타요.
(4) 서울에서 부산까지 KTX로 가면 두 시간 40분쯤 걸려요

7과 취미 생활

01 책을 읽거나 음악을 들어요.

1.

보기 먹다	먹거나	작다	작거나
읽다	읽거나	크다	크거나
살다	살거나	예쁘다	예쁘거나
운동하다	운동하거나	덥다	덥거나

2-1.

(1) 텔레비전을 보거나 공부해요.
(2) 게임하거나 친구하고 전화해요.
(3) 전화하거나 가족사진을 봐요.

(4) 친구들하고 밥을 먹거나 도서관에 가요.
(5) 영화를 보거나 쇼핑해요.

2-2.
(1) 아르바이트를 하거나 부모님께 전화해요.
(2) 운동하거나 친구한테 이야기해요.
(3) 사전에서 찾거나 친구한테 물어봐요.
(4) 커피를 마시거나 세수해요.
(5) 여행을 가거나 아르바이트를 할 거예요.

3.
(1) 네, 한국 드라마가 재미있어서 자주 봐요. 일주일에 세 번쯤 봐요.
(2) 아니요, 바빠서 자주 전화를 못 해요. 일주일에 한 번쯤 해요.
(3) 네, 쇼핑하러 자주 가요. 일주일에 두 번쯤 가요.
(4) 아니요, 운동을 안 좋아해서 자주 안 해요. 한 달에 두 번쯤 해요.
(5) 아니요, 저는 매운 음식을 별로 안 좋아해요. 한 달에 한 번쯤 먹어요.

4.
(1) 영화를 보거나 같이 밥을 먹어요. / 네, 일주일에 한 번쯤 봐요.
(2) 여행을 하거나 아르바이트를 해요. / 네, 일 년에 두 번쯤 해요.

5.
친구 집에 갈 거예요. / 네, 일주일에 한 번쯤 가요. / 같이 텔레비전을 보거나 커피를 마실 거예요.

02 피아노를 칠 줄 알아요?

1.

보기 읽다	읽을 줄 알다	걷다	걸을 줄 알다
치다	칠 줄 알다	만들다	만들 줄 알다
타다	탈 줄 알다	운전하다	운전할 줄 알다

2-1.
(1) 태권도를 할 줄 알아요. (2) 자전거를 탈 줄 알아요.
(3) 탁구를 못 쳐요. (4) 운전을 못해요.
(5) 스키를 탈 줄 알아요. (6) 요리를 못해요.
(7) 축구할 줄 알아요.

2-2.
(1) 불 줄 알아요. (2) 탈 줄 알아요?
(3) 칠 줄 알아요. (4) 칠 줄 알아요?
(5) 한국 음식을 만들 줄 알아요?
(6) 무슨 운동을 할 줄 알아요?
(7) 바이올린을 켤 줄 알아요.

3.
(1) 장위 씨하고 유카 씨는 스케이트를 못 타요. 그런데 호세 씨는 잘 타요.
(2) 장위 씨는 농구를 잘해요. 그런데 유카 씨하고 호세 씨는 잘 못해요.
(3) 장위 씨하고 유카 씨는 배드민턴을 잘 쳐요. 그런데 호세 씨는 못 쳐요.
(4) 장위 씨하고 호세 씨는 바이올린을 잘 못 켜요. 그런데 유카 씨는 잘 켜요.
(5) 장위 씨는 하모니카를 잘 못 불어요. 그런데 유카 씨하고 호세 씨는 잘 불어요.

4.
(1) 당구를 못 쳐요. / 수영을 할 줄 알아요 / 수영을 하러 가요.
(2) 우리 축구를 하러 갈까요? / 그럼 무슨 운동을 할 줄 알아요? / 테니스를 칠 줄 알아요 / 테니스를 치러 가요.

5.
(1) 스키 타는 걸 좋아해요. / 열 살 때부터 탔어요. / 네, 잘 타요.
(2) 취미가 뭐예요? / 네, 일주일에 한 번쯤 해요. / 그럼 제가 가르쳐 드릴게요.

03 인사동에 가 봤어요?

1.

보기 가다	가 보다	먹다	먹어 보다	쓰다	써 보다
타다	타 보다	마시다	마셔 보다	듣다	들어 보다
살다	살아 보다	사귀다	사귀어 보다	운전하다	운전해 보다

2-1.
(1) O: 혼자 밥을 먹어 봤어요.
X: 혼자 밥을 안 먹어 봤어요.
(2) O: 소주를 마셔 봤어요.
X: 소주를 안 마셔 봤어요.
(3) O: 제주도에 가 봤어요.
X: 제주도에 안 가 봤어요.
(4) O: 김치를 만들어 봤어요.
X: 김치를 안 만들어 봤어요.
(5) O: 한국 음악을 들어 봤어요.
X: 한국 음악을 안 들어 봤어요.
(6) O: 한국어로 편지를 써 봤어요.
X: 한국어로 편지를 안 써 봤어요.

2-2.
(1) 가 보세요.
(2) 먹어 보세요.
(3) 타 보세요.
(4) 읽어 보세요.
(5) 배워 보세요.

3.
(1) 아직 안 먹었어요.
(2) 아직 못 봤어요.
(3) 아직 안 했어요.
(4) 아직 안 만들어 봤어요.
(5) 아직 몰라요.

4-1.
(1) 쳐 봤어요? / 쳐 봤어요. 저는 드럼을 잘 쳐요.
(2) 해 봤어요? / 해 봤어요. 그런데 잘 못해요.
(3) 타 봤어요? / 아직 한 번도 못 타 봤어요. 아직 기회가 없었어요.

4-2.
(1) 아직 못 가 봤어요 / 한복을 입어 보세요.
(2) 경복궁에 아직 못 가 봤어요 / 사진을 찍어 보세요.
(3) 야구장에 아직 못 가 봤어요. 가 보고 싶어요. / 치킨을 먹어 보세요.

5.
(1) 아직 못 타 봤어요. / 재미있어요.
(2) 아직 못 마셔 봤어요. / 한번 마셔 보세요
(3) 아직 못 들어 봤어요 / 한번 들어 보세요.
(4) 아직 안 가 봤어요 / 한번 가 보고 싶어요. / 정말 맛있어요.

04 이 영화는 재미있는데 좀 슬퍼요.

1.

보기 가다	갔는데	가는데	갈 건데	싸다	쌌는데	싼데
마시다	마셨는데	마시는데	마실 건데	좋다	좋았는데	좋은데
쓰다	썼는데	쓰는데	쓸 건데	예쁘다	예뻤는데	예쁜데
알다	알았는데	아는데	알 건데	멀다	멀었는데	먼데
듣다	들었는데	듣는데	들을 건데	춥다	추웠는데	추운데
좋아하다	좋아했는데	좋아하는데	좋아할 건데	깨끗하다	깨끗했는데	깨끗한데

보기 재미있다	재미있었는데	재미있는데	보기 학생	학생이었는데	학생인데
맛없다	맛없었는데	맛없는데	선생님	선생님이었는데	선생님인데
맛있다	맛있었는데	맛있는데	요리사	요리사였는데	요리사인데

2-1.
(1) 냉장고는 있는데 텔레비전은 없어요.
(2) 소주는 마셔 봤는데 막걸리는 안 마셔 봤어요.
(3) 춤은 잘 추는데 노래는 못해요.
(4) 말하기는 쉬운데 쓰기는 어려워요.
(5) 기타는 칠 줄 아는데 피아노는 못 쳐요.

2-2.
(1) 호세 씨는 키가 작은데 에릭 씨는 키가 커요.
(2) 비행기는 빠른데 배는 느려요.
(3) 바나나는 적은데 사과는 많아요.
(4) 주스는 자주 마시는데 우유는 가끔 마셔요.

3.
(1) 자주
(2) 가끔
(3) 전혀 못해요.
(4) 거의 못 잤어요

4.
(1) 맛있는데
(2) 보는데
(3) 마시는데
(4) 신는데
(5) 가 봤는데
(6) 안 봤는데

5.
(1) 네, 노래 듣는 걸 좋아해요. / 거의 안 가요
(2) 그래서 영어를 잘해요. / 어머니는 잘하시는데 아버지는 못하세요. / 영어를 못하세요.

종합 연습 7

1-1.

1-2.

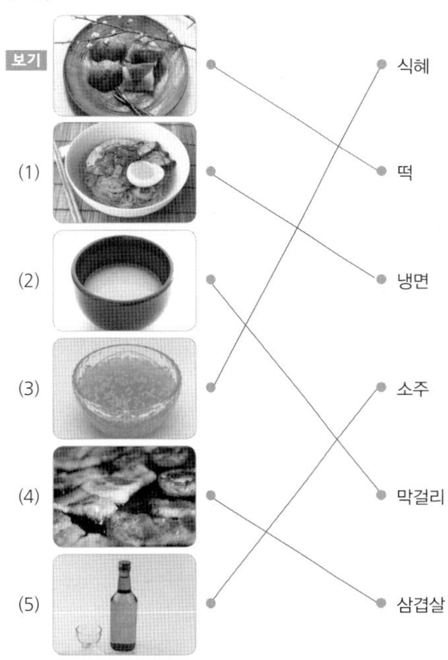

1-3.

1-4.

(1) 시작하는　　(2) 싫어해요?
(3) 슬퍼요.　　(4) 좋았어요.
(5) 연락해요?　　(6) 계획이

2.

(1) 피아노를 칠 줄 알아요?
(2) 인사동에 가 봤어요?
(3) 이 영화는 재미있는데 좀 슬퍼요.
(4) 책을 읽거나 음악을 들어요.

3-1.

(1) 친구를 만나거나 쇼핑해요.
(2) 책을 읽거나 게임해요.
(3) 영화를 보거나 운동해요.
(4) 세수를 하거나 커피를 마셔요.
(5) 전화하거나 문자메시지를 보내요.

3-2.

(1) 피아노를 칠 줄 알아요?
(2) 한국 음식을 만들 줄 알아요?
(3) 바이올린을 켤 줄 알아요?
(4) 운전할 줄 알아요?
(5) 무슨 운동을 할 줄 알아요?

3-3.

(1) 비빔밥을 먹어 봤어요?　　(2) 한복을 안 입어 봤어요.
(3) 스키를 타 봤어요?　　(4) 한번 가 보세요
(5) 제주도에 가 봤어요?

3-4.

(1) 재미있는데 조금 어려워요.
(2) 저는 떡볶이를 좋아하는데 언니는 안 좋아해요.
(3) 오빠는 자주 마시는데 동생은 자주 안 마셔요.
(4) 스케이트는 잘 타는데 스키는 못 타요.
(5) 싼데 맛없어요.

3-5.

(1) 거의 안 마셔요 / 전혀 안 마셔요.
(2) 잘 못해요.
(3) 아직 안 만들어 봤어요.
(4) 일주일에 세 번쯤 가요.

4.

(1) 주말에 보통 영화를 보거나 집에서 쉬어요.
(2) 저는 한국 음식을 만들 줄 알아요.
(3) 저는 부산에 안 가 봤어요. 한번 가 보고 싶어요.
(4) 왕호 씨는 수업 시간에 전혀 안 졸아요.
(5) 지니 씨가 아직 학교에 안 왔어요.

5.

(1) 졸릴 때 세수를 하거나 커피를 마셔요.
(2) 저는 한자를 읽을 줄 알아요.
(3) 저는 아직 경복궁에 못 가 봤어요.
(4) 배드민턴은 잘 치는데 테니스는 못 쳐요.

6.

(1) 한복을 입어 봤어요.
(2) 노래는 잘하는데 춤은 잘 못 춰요.
(3) 하모니카를 불 줄 알아요.

8과 컴퓨터와 휴대전화

01 거기 동국대학교지요?

1.

보기 읽다	읽었지요	읽지요	읽을 거지요
먹다	먹었지요	먹지요	먹을 거지요
오다	왔지요	오지요	올 거지요
살다	살았지요	살지요	살 거지요
듣다	들었지요	듣지요	들을 거지요
공부하다	공부했지요	공부하지요	공부할 거지요
작다	작았지요	작지요	–
예쁘다	예뻤지요	예쁘지요	–
멀다	멀었지요	멀지요	–
춥다	추웠지요	춥지요	–

보기 선생님	선생님이었지요	선생님이지요
회사원	회사원이었지요	회사원이지요
가수	가수였지요	가수지요

2.
(1) 베트남 사람이지요? (2) 사과지요?
(3) 태권도를 잘하지요? (4) 정말 춥지요?
(5) 모자가 예쁘지요?

3-1.
(1) 운전 중에 (2) 회의 중이에요
(3) 수업 중에 (4) 통화 중이에요.

3-2.
(1) 에릭 씨 핸드폰이지요? / 실례지만 누구세요?
(2) 지금 통화할 수 있어요? / 이따가 전화하세요.

4.
(1) 케이크를 먹었지요? (2) 영화를 봤지요?
(3) 여행을 갈 거지요? / 유카 씨가 말했어요.

5. 도서관에 갈 거지요? / 밥을 먹을 거지요? / 학교 옆에 살지요?

02 통화하면서 문자메시지도 보낼 수 있어요.

1.

보기 먹다	먹으면서	듣다	들으면서
읽다	읽으면서	걷다	걸으면서
그리다	그리면서	놀다	놀면서
가다	가면서	만들다	만들면서
쓰다	쓰면서	노래하다	노래하면서

2.
(1) 커피를 마시면서 신문을 보고 있어요.
(2) 버스를 기다리면서 이야기를 하고 있어요.
(3) 이야기를 하면서 커피를 마시고 있어요.

3.
(1) 지우개로 지워요. (2) 헤어드라이어로 머리를 말려요.
(3) 칫솔로 이를 닦아요. (4) 스마트폰으로 게임을 해요.

4.
(1) 운전하면서 전화하지 마세요.
(2) 수업을 들으면서 문자메시지를 보내지 마세요.
(3) 걸으면서 담배를 피우지 마세요.
(4) 음식을 씹으면서 말하지 마세요.

5. 주스를 마시면서 텔레비전을 보세요. / 음악을 들으면서 청소하고 있었어요.

03 휴대전화를 새로 사야 돼요.

1.

보기 오다	와야 돼요	쓰다	써야 돼요
가다	가야 돼요	걷다	걸어야 돼요
마시다	마셔야 돼요	듣다	들어야 돼요
먹다	먹어야 돼요	청소하다	청소해야 돼요
만들다	만들어야 돼요	숙제하다	숙제해야 돼요

2-1.
(1) 약을 먹어야 돼요. (2) 숙제해야 돼요.
(3) 휴대전화를 사야 돼요. (4) 은행에 가야 돼요.
(5) 선생님께 전화해야 돼요.

2-2.
(1) 청소해야 돼요. (2) 공항에 가야 돼요.
(3) 선물을 사러 가야 돼요. (4) 공부해야 돼요.

3.
(1) 저는 지나 씨한테서 문자메시지를 받았어요.
(2) 저는 율리아 씨한테서 편지를 받았어요.
(3) 유카 씨는 티엔 씨한테서 이메일을 받았어요.

4.
(1) 아르바이트를 해야 돼서 (2) 청소를 해야 돼서
(3) 시험공부를 해야 돼서

5.
(1) 학생증을 만들러 왔어요. / 사진이 있어야 돼요.
(2) 고장 났어요. / 사용해야 돼요. / 고칠 수 있어요

04 친구가 컴퓨터를 고쳐 줬어요.

1.

보기 사다	사 주다	쓰다	써 주다
닫다	닫아 주다	끄다	꺼 주다
보내다	보내 주다	줍다	주워 주다
켜다	켜 주다	고르다	골라 주다
열다	열어 주다	추천하다	추천해 주다

2.
(1) 장위 씨가 에릭 씨한테 김밥을 만들어 줬어요.
(2) 타쿠야 씨가 율리아 씨한테 선물을 보냈어요.
(3) 호세 씨가 유카 씨한테 책을 찾아 줬어요.

3.

얇다 — 입다 보기 장위 씨가 옷을 얇게 입었어요.
짜다 — 쓰다 (1) 크게 썼어요.
크다 — 웃다 (2) 귀엽게 웃어요.
귀엽다 — 자르다 (3) 짧게 잘랐어요.
싸다 — 먹다 (4) 짜게 먹었어요.
짧다 — 사다 (5) 싸게 샀어요.

4.
(1) 윤수 씨가 도와줬어요. (2) 호세 씨가 들어 줬어요.
(3) 유카 씨가 찍어 줬어요.

5. 싸게 살 수 있어요? / 길을 가르쳐 줄 수 있어요?

종합 연습 8

1-1.

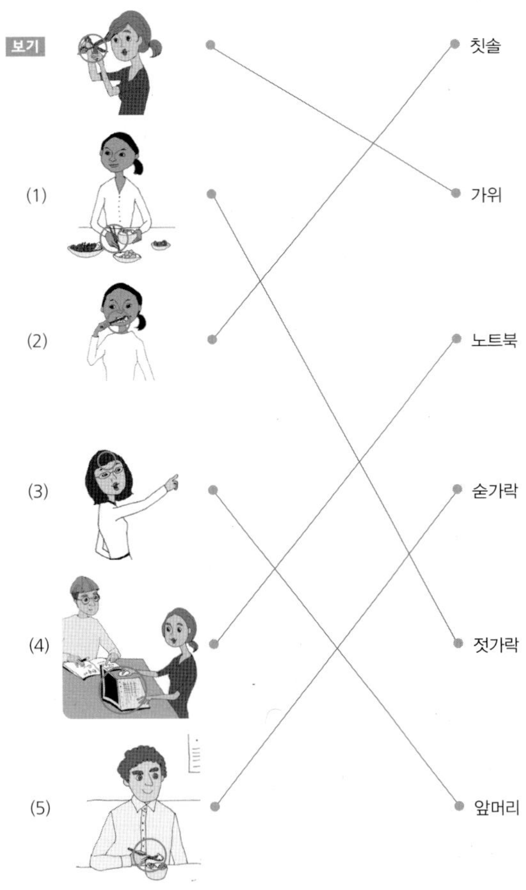

1-2.
(1) 전화를 걸었어요? (2) 통화하고 있어요.
(3) 전화를 잘못 거셨습니다.

1-3.
(1) 고치러 (2) 대화하는 (3) 조용히
(4) 뒤에 (5) 깎아 주세요. (6) 묻었어요.

2.
(1) 휴대전화를 새로 사야 돼요.
(2) 거기 동국대학교지요?
(3) 통화하면서 문자메시지도 보낼 수 있어요.
(4) 친구가 컴퓨터를 고쳐 줬어요.

3-1.
(1) 날씨가 덥지요? (2) 술을 마셨지요?
(3) 한국 사람은 다 김치를 좋아하지요?
(4) 유카 씨는 커피를 자주 마시지요?

3-2.
(1) 일하면서 음악을 들어요.
(2) 영화를 보면서 팝콘을 먹어요.
(3) 울면서 전화해요.
(4) 텔레비전을 보면서 이야기해요.

3-3.
(1) 공부해야 돼요. (2) 공항에 가야 돼요.
(3) 9시까지 와야 돼요 (4) 친구를 만나야 돼요.
(5) 청소해야 돼요.

3-4.
(1) 가르쳐 줄 수 있어요? (2) 사 줬어요.
(3) 시계를 사 줄 거예요. (3) 볼펜 좀 빌려 주세요.
(4) 크게 써 주세요.

3-5.
(1) 수업 중이에요
(2) 휴대전화로 뭐 할 수 있어요?
(3) 짧게 잘라 주세요.
(4) 친구한테서 받았어요.

4.
(1) 에릭 씨는 학생이지요?
(2) 다른 나라에 여행갈 때 여권이 필요해요.
(3) 언니가 저한테 구두를 사 줬어요.
(4) 칫솔로 이를 닦아요.
(5) 요리를 만들면서 전화해요.

5.
(1) 한국 사람은 매운 음식을 잘 먹지요?
(2) 호세 씨는 지하철을 기다리면서 음악을 들어요.
(3) 통장을 만들러 은행에 가야 돼요.
(4) 남편이 아내한테 매일 요리해 줘요.

6.
(1) 가위로 앞머리를 잘라요. (2) 피아노를 치면서 노래해요.
(3) 음식을 맛있게 먹어요.

함께 배워요 한국어 3B

동국대학교 국제어학원 편

동국대학교출판부

집필위원 소개

최은경 동국대학교 국어국문학과 문학박사

이인희 동덕여자대학교 국어국문학과 박사과정 수료

김진영 이화여자대학교 교육대학원 교육학석사

이혜영 한국외국어대학교 교육대학원 교육학석사

김양원 동국대학교 국어국문학과 박사과정 수료

권승임 한양대학교 교육대학원 교육학석사

이미영 동국대학교 국어국문학과 박사과정 수료

함께 배워요

한국어 3B

2018년 3월 5일 1쇄 발행
2018년 9월 15일 2쇄 발행

편저자 동국대학교 국제어학원
집필위원 최은경, 이인희, 김진영, 이혜영, 김양원, 권승임, 이미영
펴낸이 한태식
펴낸곳 동국대학교출판부

주소 100-715 서울시 중구 필동로 1길 30
전화 02-2260-3483~4 **팩스** 02-2268-7851
Homepage http://dgpress.dongguk.edu **E-mail** book@dongguk.edu
출판등록 제2-163(1973. 6. 28.)
인쇄처 ㈜보명C&I

ISBN 978-89-7801-624-7 14710
ISBN 978-89-7801-620-9 (세트)

값 18,000원

Preface

머리말

동국대학교 국제어학원에서는 2002년부터 외국인을 대상으로 한국어 교육을 시작하였습니다. 그 후 지금까지 축적된 교육 역량과 연구 성과를 집약하여 『함께 배워요 한국어 3A · 3B』를 출판하게 되었습니다.

이 책은 한국어를 배우는 중급 학습자들의 의사소통 능력 향상을 목적으로 만들어졌습니다. 따라서 말하기 · 듣기 · 읽기 · 쓰기의 네 가지 의사소통 능력 향상을 위한 다양한 연습과 활용이 가능하도록 되어 있으며, 특히 중급 학습자들의 능동적인 의사소통 연습이 가능하도록 다양한 주제와 내용으로 구성되었습니다.

또한 이 책은 한 단원 안에서 학습 내용을 단계적으로 제시함으로써 체계적인 학습이 가능할 수 있게 하였으며, 앞 단원에서 배운 것을 뒤에서 자연스럽게 노출하여 반복 학습이 가능하도록 하였습니다. 그리고 학습자가 주체가 되어 연습하고 과제 활동을 수행하도록 함으로써 수업에 자신감 있게 참여할 수 있도록 하였습니다.

그러므로 이 책은 학습자들이 체계적이고 균형적인 한국어 의사소통 능력을 배양하는 데 도움이 될 것으로 생각합니다.

끝으로 이 책을 집필해 주신 국제어학원 집필위원 선생님들께 감사드립니다. 또한 책의 완성도를 높이기 위하여 조언을 아끼지 않은 동료 선생님들께 감사드립니다. 그리고 삽화가 이혜영 선생님과 동국대학교 출판부 선생님들의 노고에 감사드립니다. 이 외에도 이 책이 출판되기까지 도움을 주신 많은 분들께 감사드립니다.

2018년 2월

동국대학교 국제어학원

일러두기

『함께 배워요 한국어 3A · 3B』는 한국어를 배우는 중급 학습자들의 의사소통 능력 향상을 목적으로 만들어진 한국어 교재이다. 따라서 말하기 · 듣기 · 읽기 · 쓰기의 네 가지 의사소통 기능의 능력 향상을 위한 다양한 연습과 활동이 수록되어 있다. 특히, 중급 학습자들이 능동적이고 자연스러운 말하기를 할 수 있도록 유도하는 것을 목표로 하여 중급 수준에 적합한 다양한 주제와 내용으로 교재를 구성하였다.

<table>
<tr><th>일</th><th>단원</th><th colspan="2">1교시</th><th colspan="2">2교시</th><th colspan="2">3교시</th><th>4교시</th></tr>
<tr><td>1일차</td><td rowspan="2">1과</td><td>도입</td><td>어휘</td><td colspan="2">01 핵심문형</td><td>01 표현</td><td>말하기</td><td>통합 활동</td></tr>
<tr><td>2일차</td><td colspan="2">02 핵심문형</td><td>02 표현</td><td>말하기</td><td colspan="2">통합 활동</td><td>활동</td></tr>
<tr><td>3일차</td><td rowspan="2">2과</td><td>도입</td><td>어휘</td><td colspan="2">01 핵심문형</td><td>01 표현</td><td>말하기</td><td>통합 활동</td></tr>
<tr><td>4일차</td><td colspan="2">02 핵심문형</td><td>02 표현</td><td>말하기</td><td colspan="2">통합 활동</td><td>활동</td></tr>
<tr><td>5일차</td><td>종합과제</td><td colspan="2">관용표현</td><td colspan="2">주제 활동</td><td colspan="2">문화</td><td>프로젝트 수업</td></tr>
</table>

이 교재는 하루 4교시 수업을 기준으로 수업의 흐름에 따라 교수 · 학습할 수 있도록 구성되었다. 또 앞에서 학습한 내용을 응용하고 확장하여 반복적으로 제시함으로써 학습자가 자연스럽게 내용을 익힐 수 있게 하는 나선형 교육 방식을 실현하고자 하였다.

전체 열여섯 개의 주제로 이루어져 있으며 각 주제별로 한 단원을 구성하였다. 각 단원은 두 개의 소단원으로 세분화해 이틀에 걸쳐 교수 · 학습할 수 있도록 하였다. 첫날은 주제에 따른 '도입'과 '어휘'를 시작으로 '핵심문형', '표현', '말하기', '통합 활동'으로 이루어져 있고, 이튿날은 '핵심문형', '표현', '말하기', '통합 활동'과 함께 그 단원을 마무리하는 '활동'으로 이루어져 있다. 이렇게 두 개의 단원이 끝날 때마다 두 주제를 통합하여 복습하는 종합과제가 배치되어 있다.

각 단원에서는 습관, 소식과 소문, 추억 등과 같이 중급 수준에서 다룰 수 있는 주제는 물론 교환과 환불, 실수와 변명 등과 같이 중급 수준에서 필요한 기능도 제시하였다. 이처럼 기본적인 의사소통에서 나아가 사회적, 문화적 쟁점에 대한 자신의 의견을 주어진 맥락에 따라 주관성 혹은 객관성을 유지하며 표현할 수 있도록 중급 수준에 적합한 주제를 선택적으로 제시하였다.

- 새 단원을 시작할 때마다 그림과 간단한 '도입' 듣기를 통해 해당 단원에서 어떤 주제로 이야기할지에 대한 준비를 하게 된다. 또 중급 단계에서 급격하게 확장되는 어휘를 보다 더 효과적으로 제시하기 위해서 해당 주제와 관련하여 실제 사용 빈도가 높은 '어휘'들을 선정하여 제시하였다.

- 중급 수준에서 가장 빈도 높게 사용되어 학습이 필요하다고 판단되는 문법과 문형을 '핵심문형'으로 선정하였으며, 핵심문형의 의미 기능이 구체적으로 드러나도록 예문 및 대화문을 상황 중심으로 제시하였다. 그리고 핵심문형만큼은 아니지만 중급 한국어 학습자가 알아 두어야 하는 문형 또는 어휘들은 '표현'으로 제시하였다.

- '말하기'는 해당 주제로 그 단원에서 학습한 목표 문형이 포함된 모범 대화를 제시하였다. 우선 간단한 대화를 제시하여 대화 상황과 대화 흐름을 익히게 한 후, 중급 수준에서 조금 더 내용을 추가하여 다양하고 유창하게 말할 수 있는 모범 대화를 추가로 제시하였다. 말하기는 문장을 그대로 외우기보다는 대화 상황 및 대화의 흐름을 이해하고 그 흐름에 맞게 다시 문장 및 대화를 재구성할 수 있는 능력을 기르는 데 목적이 있다. 또 후반부에서는 유사한 대화 흐름이나 상황에 맞게 변형하여 조금 더 확장된 대화 연습을 구성할 수 있도록 하였다.

- '통합 활동'은 의사소통의 네 가지 영역인 말하기 · 듣기 · 읽기 · 쓰기를 각기 분리하지 않고, 해당 소단원에서 필요로 하는 기능에 맞게 이해 영역과 표현 영역을 적절히 배합하여 제시하였다. 중급 수준에 맞는 다양한 종류의 듣기나 읽기 텍스트를 먼저 제시하고, 이어서 이와 유사한 주제 및 틀로 말하거나 쓸 수 있도록 말하기나 쓰기 활동을 제시하였다.

- '활동'은 해당 단원의 정리 및 마무리 단계로서 그 단원의 학습 결과를 가장 잘 실현할 수 있는 실제적인 내용으로 구성하였다. 단원의 주제에 따라 말하기 과제가 제시되기도 하고, 중급 수준에 맞는 쓰기 과제가 제시되기도 하였다.

- 종합과제는 '관용표현', '주제 활동', '문화', '프로젝트 수업'으로 구성되었다. 특히, 관용표현 및 주제 활동, 문화의 주제는 앞에서 제시된 두 단원과 관련된 것으로 선정하였다.
  (1) 관용표현은 중급 단계에서 다루어야 하는 관용표현을 익힐 수 있게 하였다.
  (2) 주제 활동은 해당 단원에서 배운 내용들을 주제와 관련하여 활용할 수 있도록 구성되었다.
  (3) 문화는 해당 주제와 관련된 한국의 전통 문화와 현대 문화를 중급 수준에 맞는 읽기 텍스트로 제시하였다. 또한 문화상호주의적 관점에서 학습자들의 문화와 비교하여 이야기할 수 있도록 하였다.
  (4) 프로젝트 수업은 준비부터 발표까지 단계적으로 결과물을 만들어 낼 수 있도록 구성되었다.

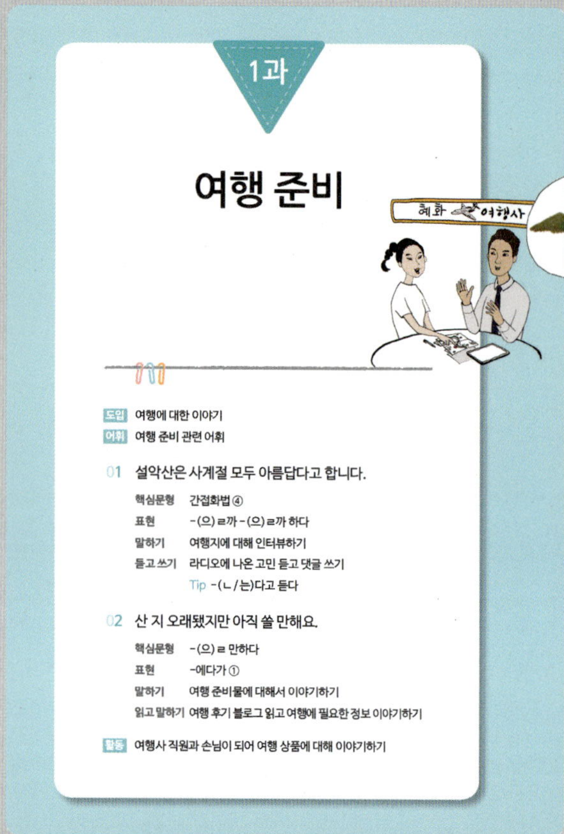

1과

여행 준비

도입 여행에 대한 이야기

어휘 여행 준비 관련 어휘

01 설악산은 사계절 모두 아름답다고 합니다.

핵심문형 간접화법 ④

표현 -(으)ㄹ까 -(으)ㄹ까 하다

말하기 여행지에 대해 인터뷰하기

듣고 쓰기 라디오에 나온 고민 듣고 댓글 쓰기

Tip -(ㄴ/는)다고 듣다

02 산 지 오래됐지만 아직 쓸 만해요.

핵심문형 -(으)ㄹ 만하다

표현 -에다가 ①

말하기 여행 준비물에 대해서 이야기하기

읽고 말하기 여행 후기 블로그 읽고 여행에 필요한 정보 이야기하기

활동 여행사 직원과 손님이 되어 여행 상품에 대해 이야기하기

1. 단원 표지

각 단원의 구성을 한눈에 확인할 수 있도록 제시하였다.

도 입

다음 그림을 보고 이야기해 보십시오.

듣고 이야기해 보십시오.

1. 여자와 남자는 한국어로 말할 때 어떤 실수를 했습니까?

2. 여러분은 한국어를 배우면서 무엇이 제일 어려웠습니까?

2. 도입

각 단원의 주제에 대해 이야기해 보고 주제에 대해 다양하게 생각해 볼 수 있도록 유도하는 단계이다.

(1) 사진이나 삽화를 보면서 본 단원의 주제에 대해 가볍게 이야기한다.

(2) 간단한 듣기 대화를 확인하고 주제와 관련된 생각을 이야기한다.

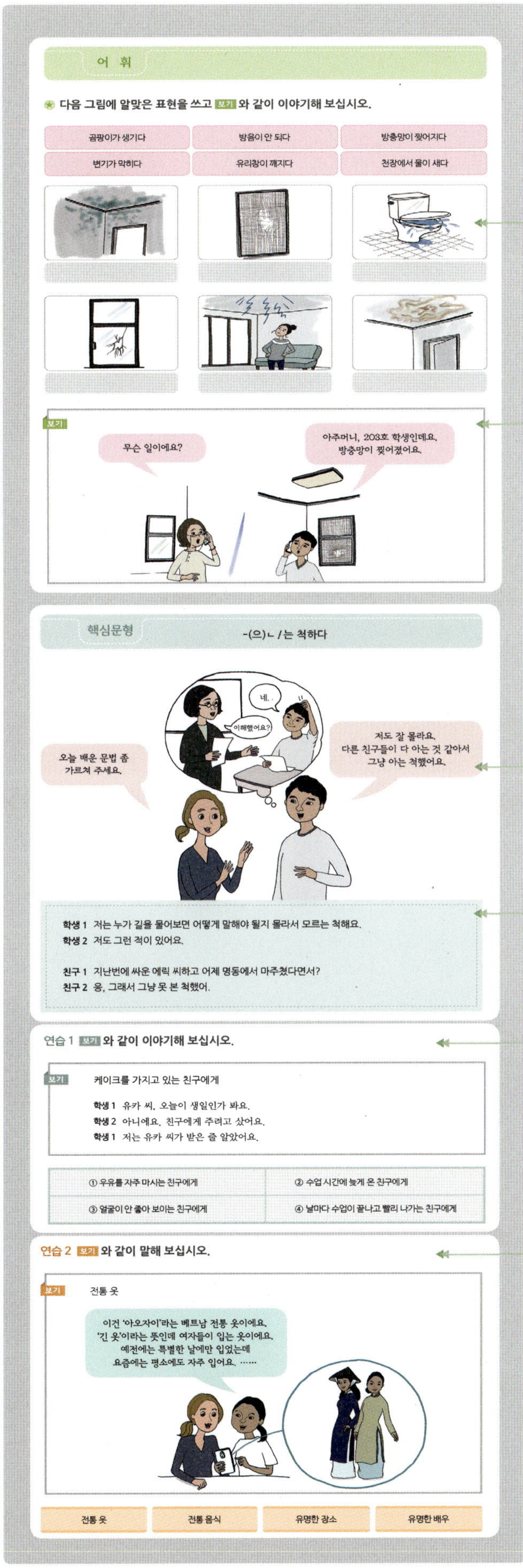

어 휘

다음 그림에 알맞은 표현을 쓰고 보기 와 같이 이야기해 보십시오.

곰팡이가 생기다	방음이 안 되다	방충망이 찢어지다
변기가 막히다	유리창이 깨지다	천장에서 물이 새다

보기

무슨 일이에요?

아주머니, 203호 학생인데요. 방충망이 찢어졌어요.

핵심문형 -(으)ㄴ/는 척하다

네..

이해했어요?

오늘 배운 문법 좀 가르쳐 주세요.

저도 잘 몰라요. 다른 친구들이 다 아는 것 같아서 그냥 아는 척했어요.

학생 1 저는 누가 길을 물어보면 어떻게 말해야 될지 몰라서 모르는 척해요.
학생 2 저도 그런 적이 있어요.

친구 1 지난번에 싸운 에릭 씨하고 어제 명동에서 마주쳤다면서?
친구 2 응, 그래서 그냥 못 본 척했어.

연습 1 보기 와 같이 이야기해 보십시오.

보기 케이크를 가지고 있는 친구에게

학생 1 유카 씨, 오늘이 생일인가 봐요.
학생 2 아니에요. 친구에게 주려고 샀어요.
학생 1 저는 유카 씨가 받은 줄 알았어요.

① 우유를 자주 마시는 친구에게	② 수업 시간에 늦게 온 친구에게
③ 얼굴이 안 좋아 보이는 친구에게	④ 날마다 수업이 끝나고 빨리 나가는 친구에게

연습 2 보기 와 같이 말해 보십시오.

보기 전통 옷

이건 '아오자이'라는 베트남 전통 옷이에요. '긴 옷'이라는 뜻인데 여자들이 입는 옷이에요. 예전에는 특별한 날에만 입었는데 요즘에는 평소에도 자주 입어요. ……

전통 옷	전통 음식	유명한 장소	유명한 배우

3. 어휘

각 단원의 주제와 관련된 어휘들 중에서 어휘장으로 묶을 수 있는 어휘나 그 주제에서 빈도가 높은 어휘들을 제시하였다.

(1) 어휘의 의미를 알 수 있도록 그림이나 대화 상황을 제시하였다.

(2) 어휘를 이해하는 데에서 그치지 않고, 실제로 사용할 수 있도록 간단한 말하기 연습을 제시하였다.

4. 핵심문형

중급 수준에서 가장 빈도가 높고 학습이 필요한 문법과 문형들을 제시하였다.

(1) 목표 문형의 의미와 기능이 잘 드러나는 예문이 삽화와 함께 제시된다.

(2) 보다 더 세분화된 의미를 가진 예문이나 통사적 제약을 따로 제시해 줄 만한 예문이 추가로 제시된다.

(3) 연습 1은 핵심문형의 의미가 가장 잘 드러나는 대화나 문장을 발화하는 연습이다.
보기 와 같이 활용할 수 있도록 핵심문형이 사용된 대화나 문장이 제시된다.

(4) 연습 2나 연습 3은 학습자가 자신의 상황에 맞게 조금 더 응용 및 변형하여 발화하는 연습이다.
학습자가 보기 에 제시된 예시 대화나 문장을 활용해 말할 수 있다. 그림을 보고 이야기하기, 제시된 질문으로 이야기하기, 제시된 어휘를 활용하여 이야기하기 등으로 구성되었다.

표 현 -(으)ㄹ걸요

학생 1 김진영 선생님을 만나야 하는데 퇴근하셨겠죠?
학생 2 수업 끝난 지 얼마 안 됐으니까 계실걸요. 연락해 보세요.

친구 1 에릭이 이번 입학 시험에 합격했지?
친구 2 아마 떨어졌을걸. 고향에 돌아가서 일할 거라고 했거든.

연습 보기 와 같이 이야기해 보십시오.

보기 저녁에 산책하려고요.

학생 1 저는 이따가 저녁에 산책하려고요. 같이 갈래요?
학생 2 저녁에는 많이 쌀쌀할걸요. 오후부터 추워진다고 했거든요.

① 내일이 우리 반 티엔 씨 생일이지요?	② 에릭 씨하고 주말에 등산 가야겠어요.
③ 호세 씨가 여자 친구랑 싸웠다면서요?	④ 유카 씨가 다음 주에 고향에 돌아간대요.
⑤ 우리 도서관에 가서 공부해요.	⑥ 방학에 제주도 가는 거 어때요?

5. 표현

핵심문형만큼의 학습과 연습을 필요로 하지는 않지만 중급 수준의 학습자가 꼭 알아야 할 어휘, 문법, 문형들을 제시하였다.

(1) 목표 문형의 의미와 기능이 잘 드러나는 예문이 삽화와 함께 제시된다.

(2) 보다 더 세분화된 의미를 가진 예문이나 통사적 제약을 따로 제시해 줄 만한 예문이 추가로 제시된다.

(3) 연습은 표현의 의미가 가장 잘 드러나는 대화나 문장을 발화하는 연습이다.
보기 와 같이 활용할 수 있도록 표현이 사용된 대화나 문장이 제시된다.

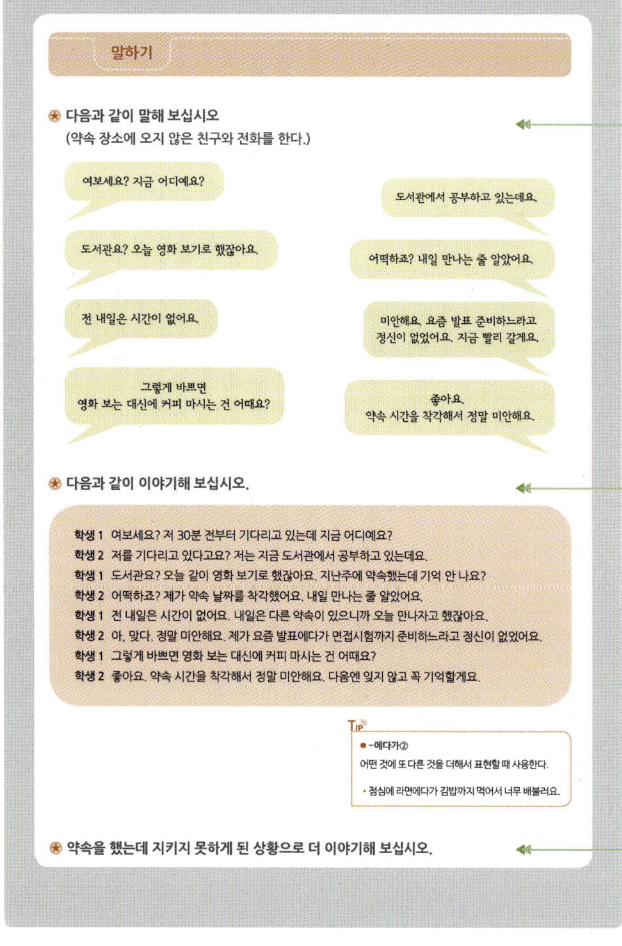
말하기

★ 다음과 같이 말해 보십시오
(약속 장소에 오지 않은 친구와 전화를 한다.)

★ 다음과 같이 이야기해 보십시오.

학생 1 여보세요? 저 30분 전부터 기다리고 있는데 지금 어디예요?
학생 2 저를 기다리고 있다고요? 저는 지금 도서관에서 공부하고 있는데요.
학생 1 도서관요? 오늘 같이 영화 보기로 했잖아요. 지난주에 약속했는데 기억 안 나요?
학생 2 어떡하죠? 제가 약속 날짜를 착각했어요. 내일 만나는 줄 알았어요.
학생 1 전 내일은 시간이 없어요. 내일은 다른 약속이 있으니까 오늘 만나자고 했잖아요.
학생 2 아, 맞다. 정말 미안해요. 제가 요즘 발표에다가 면접시험까지 준비하느라고 정신이 없었어요.
학생 1 그렇게 바쁘면 영화 보는 대신에 커피 마시는 건 어때요?
학생 2 좋아요. 약속 시간을 착각해서 정말 미안해요. 다음엔 잊지 않고 꼭 기억할게요.

TIP
● -에다가②
어떤 것에 또 다른 것을 더해서 표현할 때 사용한다.
· 점심에 라면에다가 김밥까지 먹어서 너무 배불러요.

★ 약속을 했는데 지키지 못하게 된 상황으로 더 이야기해 보십시오.

6. 말하기

각 단원에서 배운 어휘, 핵심문형, 표현 등을 적극 활용하여 학습자가 담화 상황에 맞게 담화를 구성하여 이야기할 수 있는 연습이다.

(1) 대화의 핵심 내용을 간단히 제시하여, 대화의 흐름을 유지하면서 대화를 자연스럽게 익힐 수 있게 하였다.

(2) 중급 수준에 맞춰 조금 더 유창하고 풍성하게 대화할 수 있는 모범 대화를 추가로 제시하였다.

(3) 3B부터는 대화의 소재를 바꿔 조금 더 자기 주도적으로 담화를 구성하여 이야기할 수 있는 연습이 추가된다.

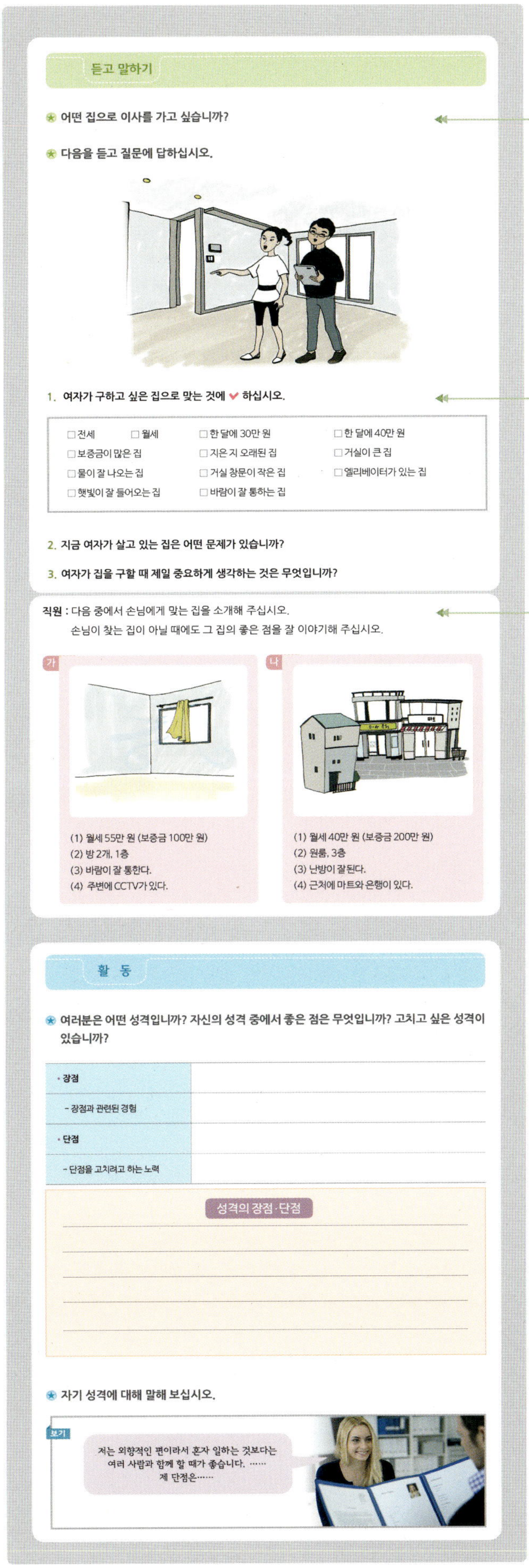

듣고 말하기

❀ 어떤 집으로 이사를 가고 싶습니까?

❀ 다음을 듣고 질문에 답하십시오.

1. 여자가 구하고 싶은 집으로 맞는 것에 ✔ 하십시오.

□ 전세	□ 월세	□ 한 달에 30만 원	□ 한 달에 40만 원
□ 보증금이 많은 집		□ 지은 지 오래된 집	□ 거실이 큰 집
□ 물이 잘 나오는 집		□ 거실 창문이 작은 집	□ 엘리베이터가 있는 집
□ 햇빛이 잘 들어오는 집		□ 바람이 잘 통하는 집	

2. 지금 여자가 살고 있는 집은 어떤 문제가 있습니까?

3. 여자가 집을 구할 때 제일 중요하게 생각하는 것은 무엇입니까?

직원 : 다음 중에서 손님에게 맞는 집을 소개해 주십시오.
손님이 찾는 집이 아닐 때에도 그 집의 좋은 점을 잘 이야기해 주십시오.

가
(1) 월세 55만 원 (보증금 100만 원)
(2) 방 2개, 1층
(3) 바람이 잘 통한다.
(4) 주변에 CCTV가 있다.

나
(1) 월세 40만 원 (보증금 200만 원)
(2) 원룸, 3층
(3) 난방이 잘된다.
(4) 근처에 마트와 은행이 있다.

활 동

❀ 여러분은 어떤 성격입니까? 자신의 성격 중에서 좋은 점은 무엇입니까? 고치고 싶은 성격이 있습니까?

• 장점	
- 장점과 관련된 경험	
• 단점	
- 단점을 고치려고 하는 노력	

성격의 장점·단점

❀ 자기 성격에 대해 말해 보십시오.

보기
저는 외향적인 편이라서 혼자 일하는 것보다는 여러 사람과 함께 할 때가 좋습니다. ……
제 단점은……

7. 통합 활동

주제와 관련하여 듣기, 읽기와 같은 이해 영역 텍스트가 먼저 제시되고, 이어서 이와 관련된 말하기, 쓰기와 같은 표현 영역 활동이 제시된다.

(1) 듣기 전이나 읽기 전 단계에서 내용 이해에 대한 준비를 할 수 있는 관련 질문이 제시된다.

(2) 듣기 텍스트나 읽기 텍스트가 주어지고, 전체 내용을 파악하거나 세부 내용을 확인할 수 있는 문제들이 제시된다.

(3) 유사한 주제나 틀로 말하거나 쓸 수 있는 활동이 제시된다.

8. 활동

각 단원에서 학습한 내용을 활용할 수 있는 흥미로운 과제가 제시된다. 말하기 활동뿐만 아니라, 게임, 안내문 만들기, 글 쓰기 등 다양한 활동으로 구성되어 있다. 특히 쓰기 활동인 경우에는 중급 수준에 맞는 구조적인 글 쓰기 연습이 될 수 있게 개요를 쓸 수 있는 단계가 먼저 제시되었다.

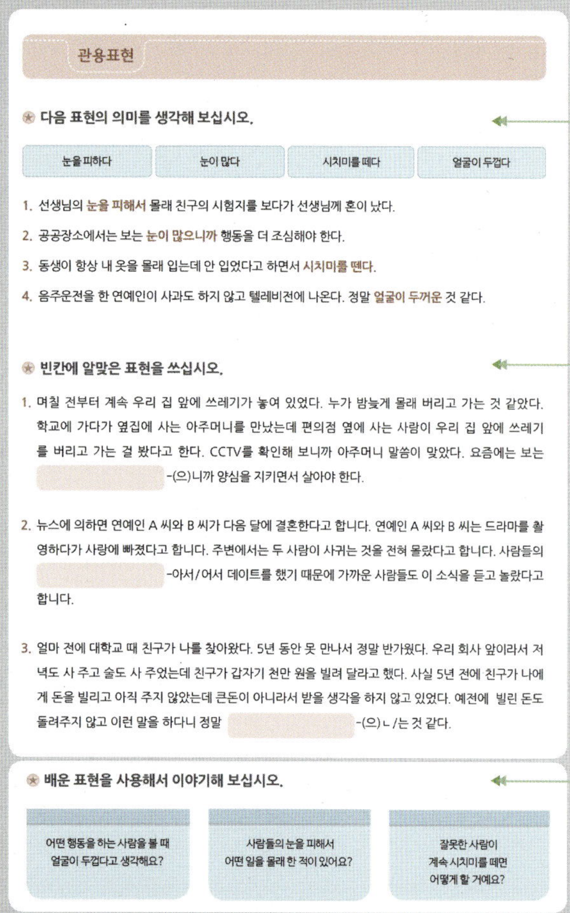

관용표현

★ 다음 표현의 의미를 생각해 보십시오.

눈을 피하다	눈이 많다	시치미를 떼다	얼굴이 두껍다

1. 선생님의 **눈을 피해서** 몰래 친구의 시험지를 보다가 선생님께 혼이 났다.
2. 공공장소에서는 보는 **눈이 많으니까** 행동을 더 조심해야 한다.
3. 동생이 항상 내 옷을 몰래 입는데 안 입었다고 하면서 **시치미를 뗀다**.
4. 음주운전을 한 연예인이 사과도 하지 않고 텔레비전에 나온다. 정말 **얼굴이 두꺼운** 것 같다.

★ 빈칸에 알맞은 표현을 쓰십시오.

1. 며칠 전부터 계속 우리 집 앞에 쓰레기가 놓여 있었다. 누가 밤늦게 몰래 버리고 가는 것 같았다. 학교에 가다가 옆집에 사는 아주머니를 만났는데 편의점 옆에 사는 사람이 우리 집 앞에 쓰레기를 버리고 가는 걸 봤다고 한다. CCTV를 확인해 보니까 아주머니 말씀이 맞았다. 요즘에는 보는 ______ -(으)니까 양심을 지키면서 살아야 한다.

2. 뉴스에 의하면 연예인 A 씨와 B 씨가 다음 달에 결혼한다고 합니다. 연예인 A 씨와 B 씨는 드라마를 촬영하다가 사랑에 빠졌다고 합니다. 주변에서는 두 사람이 사귀는 것을 전혀 몰랐다고 합니다. 사람들의 ______ -아서/어서 데이트를 했기 때문에 가까운 사람들도 이 소식을 듣고 놀랐다고 합니다.

3. 얼마 전에 대학교 때 친구가 나를 찾아왔다. 5년 동안 못 만나서 정말 반가웠다. 우리 회사 앞이라서 저녁도 사 주고 술도 사 주었는데 친구가 갑자기 천만 원을 빌려 달라고 했다. 사실 5년 전에 친구가 나에게 돈을 빌리고 아직 주지 않았는데 큰돈이 아니라서 받을 생각을 하지 않고 있었다. 예전에 빌린 돈도 돌려주지 않고 이런 말을 하다니 정말 ______ -(으)ㄴ/는 것 같다.

★ 배운 표현을 사용해서 이야기해 보십시오.

어떤 행동을 하는 사람을 볼 때 얼굴이 두껍다고 생각해요?	사람들의 눈을 피해서 어떤 일을 몰래 한 적이 있어요?	잘못한 사람이 계속 시치미를 떼면 어떻게 할 거예요?

9. 종합과제 - 관용표현

해당 주제로 중급 수준에서 학습할 필요가 있는 관용표현들을 제시하였다.

(1) 관용표현의 의미를 알 수 있는 삽화나 텍스트를 제시하였다.

(2) 관용표현의 의미를 이해했는지 확인해 볼 수 있는 문제를 제시하였다.

(3) 관용표현을 실제로 사용할 수 있게 간단한 연습을 제시하였다.

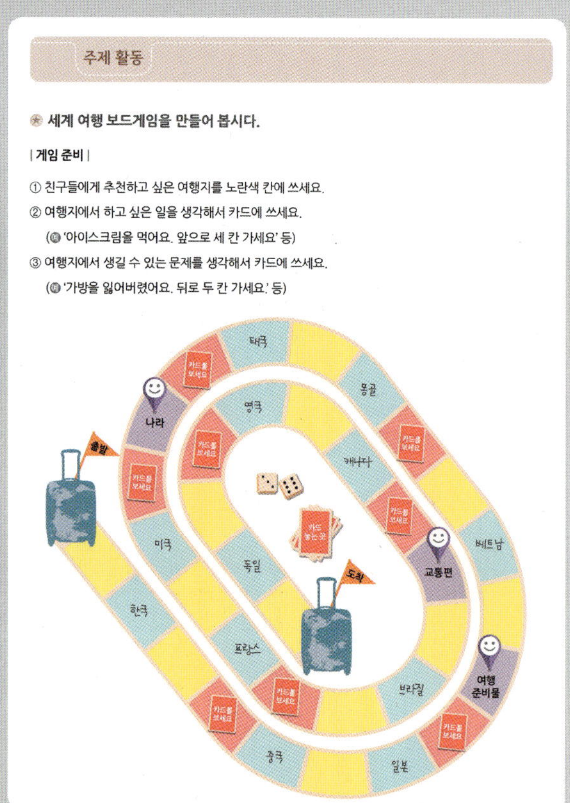

주제 활동

★ 세계 여행 보드게임을 만들어 봅시다.

| 게임 준비 |

① 친구들에게 추천하고 싶은 여행지를 노란색 칸에 쓰세요.

② 여행지에서 하고 싶은 일을 생각해서 카드에 쓰세요.
(예 '아이스크림을 먹어요. 앞으로 세 칸 가세요' 등)

③ 여행지에서 생길 수 있는 문제를 생각해서 카드에 쓰세요.
(예 '가방을 잃어버렸어요. 뒤로 두 칸 가세요.' 등)

10. 종합과제 - 주제 활동

앞에서 제시된 주제 중에서 학습자들이 흥미를 가질 수 있고 언어 구사 능력을 함양할 수 있는 다양한 활동으로 구성하였다.

문 화

한글

한글은 자음과 모음으로 나눌 수 있다. 자음은 글자를 읽을 때의 입과 입 안의 모양을 보고 ㄱ, ㄴ, ㅁ, ㅅ, ㅇ 다섯 글자를 만들었다. 이렇게 다섯 글자를 만든 후에 다른 글자 ㅋ, ㄷ, ㅌ, ㅂ, ㅍ, ㅈ, ㅊ, ㅎ을 만들었다.
모음은 하늘과 땅, 사람의 모습을 나타내는 ·, ㅡ, ㅣ 세 글자로 만들었다. 그리고 세 글자로 ㅗ, ㅏ, ㅜ, ㅓ, ㅛ, ㅑ, ㅠ, ㅕ 등 다른 모음을 만들었다.

이렇게 만든 한글은 사람들이 쉽게 배울 수 있어서 편하게 사용할 수 있었다. 한글은 모음 10개와 자음 14개로 사람이 말할 수 있는 대부분의 소리를 쓸 수 있는 글자이다. 그래서 쓸 수 없는 소리가 없다고 한다.

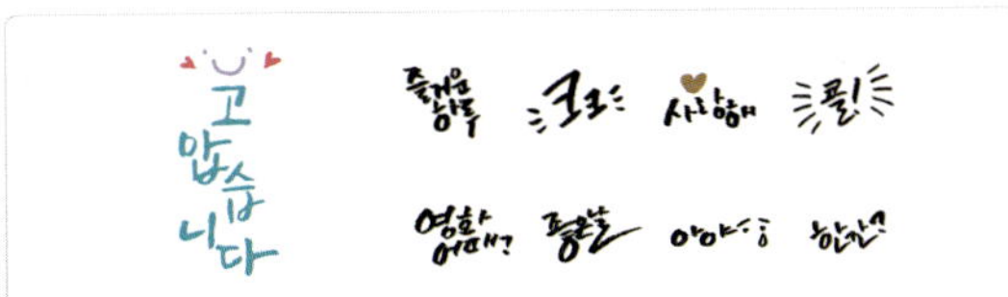

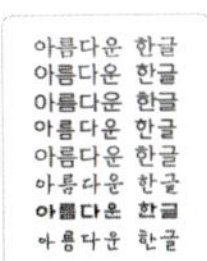

한글은 쓰기 쉽고 글자 모양이 예뻐서 한글을 디자인으로 활용하는 곳이 많다. 유명한 어느 패션 디자이너는 한글의 아름다움을 옷에 표현했고, 자기의 글씨 모양을 한글 프로그램의 글씨체로 만드는 사람들도 점점 많아지고 있다. 또한 여가 생활로 캘리그래피를 하는 사람도 많아지고 있다. 나만의 특별한 글씨를 만들 수 있어서 사람들에게 인기가 많다고 한다.

이렇게 다양하게 사용되는 한글을 활용해서 여가 생활을 즐겨 보는 건 어떨까?

1. 한글의 자음과 모음은 어떻게 만들었습니까?
2. 한글을 활용한 여가 생활은 무엇이 있습니까?

예쁜 손 글씨로 친구에게 하고 싶은 말을 써 보십시오.

11. 종합과제 - 문화

앞에서 제시된 주제 중에서 '문화' 파트에서 함께 이야기할 수 있는 내용들로 제시된다.

(1) 중급 수준에 맞는 읽기 텍스트가 제시된다.

(2) 텍스트를 읽고 간단히 이야기해 볼 수 있는 질문이 제시된다.

(3) 문화와 관련된 실제 활동이나 학생들 나라의 문화와 관련하여 이야기해 볼 수 있는 질문이 함께 제시된다.

팀 발표③ 유명한 곳 소개

팀 발표①	팀 구성하기, 발표할 장소 정하기, 장소 방문 날짜 정하기, 인터넷으로 조사하기, 각자 발표할 부분 정하기
팀 발표②	발표할 장소에 직접 가서 조사한 것 정리하기, 발표문 쓰기
팀 발표③	PPT 만들기, 발표 연습하기
팀 발표④	발표하기, 다른 팀의 발표를 평가하기

PPT 만들기

- PPT를 만드십시오.
- 발표할 장소에서 찍은 사진을 넣어 PPT를 만듭니다.

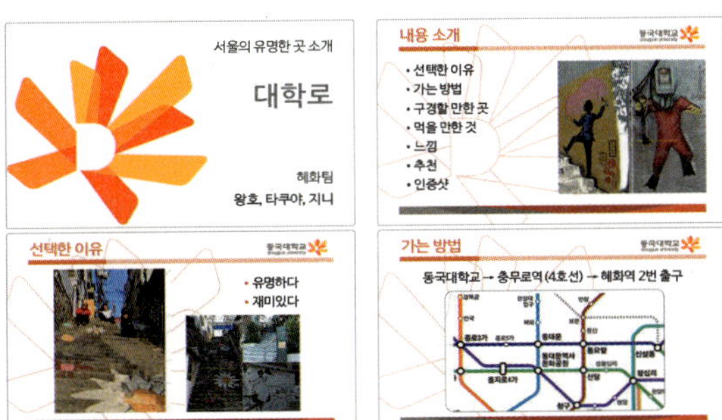

TIP

- -기

아직 일어나지 않은 일에 대한 계획이나 결심, 약속을 메모할 때 사용한다.

- 새해부터 30분씩 운동할 것이다. → 새해부터 30분씩 운동하기
- 저녁에 코트를 맡겨야 한다. → 저녁에 코트 맡기기
- 도서관에 책을 반납할 것이다. → 도서관에 책 반납하기

12. 종합과제 - 프로젝트 수업

수행평가로 진행되는 개인 발표나 팀 발표가 프로젝트 방식으로 교재에 제시된다.

13. Tip

학습 내용을 이해하는 데에 필요한 추가 사항을 간단한 설명과 예문으로 제시하였다.

14. 부록

통합 활동의 듣기 지문 및 모범 답안, 어휘 목록인 찾아보기를 수록하여 자가 학습에 도움이 되도록 하였다.

Contents ● 차례

함께 배워요
한국어
3B

함께 배워요
한국어
3A

교재 구성표

단원	주제	소단원	제목	도입	어휘	핵심문형
1과	여행 준비	01	설악산은 사계절 모두 아름답다고 합니다.	여행에 대한 이야기	여행 준비 관련 어휘	간접화법 ④
		02	산 지 오래됐지만 아직 쓸 만해요.			-(으)ㄹ 만하다
2과	여가	01	안 그래도 운동을 하나 배워 보려던 참이었어요.	여러 취미생활에 대한 이야기	여가 생활 관련 어휘	-(으)려던 참이다
		02	제가 노래하는 걸 좋아하거든요.			-거든요 **Tip** 맞장구 표현
종합과제 1			관용표현		주제 활동	
			눈에 선하다, 마음이 가볍다, 머리를 식히다, 바가지를 쓰다, 세상이 참 좁다		여행 보드게임	
3과	집	01	무슨 문제가 있는지 확인해 볼게요.	지금 살고 있는 집의 불편한 점에 대한 이야기	집 문제, 집 구하기 관련 어휘	-(으)ㄴ지/는지 ①
		02	살다 보면 금방 익숙해질 거예요.			-다 보면 **Tip** -게 되다
4과	교환과 환불	01	백화점에 가니까 싸게 팔고 있었어요.	물건 구입 후 마음에 안 든 경험에 대한 이야기	쇼핑한 물건 묘사, 교환·환불 관련 어휘	-(으)니까
		02	신발을 큰 걸로 바꿔야겠어요.			-아야겠다/어야겠다
종합과제 2			관용표현		주제 활동	
			귀가 얇다, 그림의 떡, 눈에 띄다, 엎어지면 코 닿을 데		물건 판매하기	
5과	성격	01	지갑을 놓고 가서 영화관까지 갔다가 그냥 집에 왔어요.	친구의 성격에 대한 이야기	성격 관련 어휘	-았다가/었다가
		02	보면 볼수록 괜찮은 사람 같아요.			-(으)면 -(으)ㄹ수록
6과	습관	01	연습한 대로 하면 잘할 수 있을 거예요.	아침형 인간과 저녁형 인간에 대한 이야기	습관 관련 어휘	-(으)ㄴ/는 대로
		02	아무리 바빠도 하루에 30분씩 책을 읽으려고요.			-아도/어도
종합과제 3			관용표현		주제 활동	
			낯을 가리다, 몸에 배다, 빈틈이 없다, 틈이 나다		습관 달력 만들기 **Tip** -기	
7과	건강	01	감기에 걸리지 않게 옷을 더 입으세요.	운동과 건강에 대한 이야기	증상 관련 어휘	-게 ②
		02	준비 운동을 하지 않으면 다칠 수도 있어요.			-(으)ㄹ 수도 있다
8과	날씨와 생활	01	비가 오는데 등산을 간다고요?	날씨와 일기예보에 대한 이야기	날씨 관련 어휘	-(ㄴ/는)다고요?
		02	비가 올까 봐서 걱정이에요.			-(으)ㄹ까 봐서
종합과제 4			관용표현		주제 활동	
			눈꺼풀이 무겁다, 눈을 붙이다, 머리가 무겁다, 바람을 쐬다		건강 체크	

표현	말하기	통합 활동	활동
-(으)ㄹ까 -(으)ㄹ까 하다	여행지에 대해 인터뷰하기	라디오에 나온 고민 듣고 댓글 쓰기 Tip -(ㄴ/는)다고 듣다	여행사 직원과 손님이 되어 여행 상품에 대해 이야기하기
-에다가 ①	여행 준비물에 대해서 이야기하기	여행 후기 블로그 읽고 여행에 필요한 정보 이야기하기	
-아/어 보니까	친구에게 요즘 배우는 운동 소개하기	특별한 취미를 가진 사람들의 이야기 듣고 이야기하기	동호회 안내문 만들기
무엇이든지	하고 싶은 일에 대한 고민 이야기하기	여가 시간에 하는 취미 활동에 대한 글 읽고 같은 주제로 글 쓰기 Tip -(으)ㄴ/는/(으)ㄹ 점	
문화		**팀 발표 ①**	
한글과 여가 생활		팀별로 소개할 곳을 사전 조사하고 직접 방문한 후 정리하여 발표해 보기	
-(으)ㄹ지 모르겠다	집 고장 수리 요청하기	집 문제 관련 안내글 읽고 집 수리 요청하는 글 쓰기 Tip -고 나서 Tip -겠-	살고 싶은 집에 대한 글 쓰기
-든지 -든지	집 구하기	집 구하는 대화 듣고 관련 주제로 이야기하기	
피동	쇼핑한 물건에 대해 말하기	쇼핑 후기 읽고 상품평 쓰기	교환·환불하는 역할극 하기
달라고/주라고 하다	환불하기 Tip 그렇군요	교환·환불에 대한 대화 듣고 교환·환불 신청서 쓰기	
문화		**팀 발표 ②**	
한국의 전통 주택, 한옥		팀별로 소개할 곳을 사전 조사하고 직접 방문한 후 정리하여 발표해 보기	
-기는요	성격 때문에 일어난 일에 대해 이야기하기	성격 소개하는 대화 듣고 친구의 성격에 대해 이야기하기	자기 성격의 장점·단점에 대한 글 쓰기
사동	도움을 준 친구에 대해 이야기하기	성격의 장단점에 대한 글 읽고 서로의 성격에 대해 이야기하기	
-다 보니까	자신의 습관에 대해 이야기하기	직업과 생활 습관에 대한 글 읽고 이야기하기 Tip -(이)라고	좋은 습관을 들이는 방법에 대해 발표하기
-기 때문에	좋은 습관을 들일 수 있는 방법에 대해 이야기하기	습관의 중요성에 대해서 듣고 들이고 싶은 습관에 대한 글 쓰기	
문화		**팀 발표 ③**	
한국의 빨리빨리 문화		팀별로 소개할 곳을 사전 조사하고 직접 방문한 후 정리하여 발표해 보기	
-(이)라도	간단하게 할 수 있는 운동 추천하기	전문가의 인터뷰 듣고 스트레칭 소개하기	건강 유지 방법에 대한 글 쓰기
-(으)ㄹ 게 아니라	요즘 하고 있는 운동 소개하기 Tip -(으)ㄴ/는 덕분에	증상에 대한 글 읽고 상담해 주기 Tip -도록 ①	
아무 -도	비 오는 날에 뭘 할지 이야기하기	계절과 건강에 대한 글 읽고 이야기하기	일기예보 읽고 자기 고향의 날씨에 대해 이야기하기
-(으)ㄹ 테니까 ②	친구와 여행지에 대해 이야기하기	여름에 먹는 음식에 대한 발표 듣고 자기 나라 음식 소개하는 글 쓰기	
문화		**팀 발표 ④**	
한국의 대표 음식, 김치		팀별로 소개할 곳을 사전 조사하고 직접 방문한 후 정리하여 발표해 보기	

<table>
<tr><th>단원</th><th>주제</th><th>소단원</th><th>제목</th><th>도입</th><th>어휘</th><th>핵심문형</th></tr>
<tr><td rowspan="2">9과</td><td rowspan="2">연애와 결혼</td><td>01</td><td>첫눈에 반하기는
어렵잖아요.</td><td rowspan="2">밸런타인데이에 대한 이야기</td><td rowspan="2">만남, 결혼 관련 어휘</td><td>-잖아요</td></tr>
<tr><td>02</td><td>커피도 좋기는 하지만
산책하는 게 어때요?</td><td>-기는 하지만</td></tr>
<tr><td rowspan="2">10과</td><td rowspan="2">꿈</td><td>01</td><td>기회가 생긴다면
세계 여행을 가고 싶어요.</td><td rowspan="2">여러 가지 꿈에 대한 이야기</td><td rowspan="2">꿈, 진로 관련 어휘</td><td>-(ㄴ/는)다면</td></tr>
<tr><td>02</td><td>면접도 잘 봐야 합격할 수 있어요.</td><td>-아야/어야</td></tr>
<tr><td colspan="3" rowspan="2">종합과제 5</td><td colspan="2">관용표현</td><td colspan="2">주제 활동</td></tr>
<tr><td colspan="2">눈이 높다, 눈이 빠지게, 마음이 굴뚝같다, 제 눈에 안경</td><td colspan="2">천사와 악마</td></tr>
<tr><td rowspan="2">11과</td><td rowspan="2">소식과 소문</td><td>01</td><td>이번 시험 잘 봤다면서요?</td><td rowspan="2">들은 소문에 대한 이야기</td><td rowspan="2">소식, 소문 관련 어휘</td><td>-(ㄴ/는)다면서요?</td></tr>
<tr><td>02</td><td>커피 맛이 좋은가 봐요.</td><td>-(으)ㄴ가/나 보다</td></tr>
<tr><td rowspan="2">12과</td><td rowspan="2">언어와 문화
①</td><td>01</td><td>한국어가 배우기 쉬울 줄 알았어요.</td><td rowspan="2">말실수에 대한 이야기</td><td rowspan="2">언어 예절, 몸짓언어
관련 어휘</td><td>-(으)ㄴ/는 줄 알았다/
몰랐다</td></tr>
<tr><td>02</td><td>이해가 안 돼도
그냥 알아들은 척했어요.</td><td>-(으)ㄴ/는 척하다</td></tr>
<tr><td colspan="3" rowspan="2">종합과제 6</td><td colspan="2">관용표현</td><td colspan="2">주제 활동</td></tr>
<tr><td colspan="2">가는 말이 고와야 오는 말이 곱다, 낮말은 새가 듣고 밤말은 쥐가 듣는다,
말 한마디에 천 냥 빚도 갚는다, 말이 씨가 된다, 발 없는 말이 천 리 간다</td><td colspan="2">우리 반 신문 만들기</td></tr>
<tr><td rowspan="2">13과</td><td rowspan="2">생활 예절</td><td>01</td><td>그럼 이어폰을 끼고 듣지 그래요?</td><td rowspan="2">지하철 휴대폰 사용 예절에
대한 이야기</td><td rowspan="2">생활 예절 관련 어휘</td><td>-지 그래요? /
-지 그랬어요?</td></tr>
<tr><td>02</td><td>친구가 지하철을
탈 때마다 힘들어해요.</td><td>-아하다/어하다</td></tr>
<tr><td rowspan="2">14과</td><td rowspan="2">실수와 변명</td><td>01</td><td>요즘 발표 준비하느라고
정신이 없어요.</td><td rowspan="2">사람을 잘못 본 실수에 대한
이야기</td><td rowspan="2">실수, 변명, 사과
관련 어휘</td><td>-느라고</td></tr>
<tr><td>02</td><td>미리 전화할걸 그랬네요.</td><td>-(으)ㄹ걸 그랬다</td></tr>
<tr><td colspan="3" rowspan="2">종합과제 7</td><td colspan="2">관용표현</td><td colspan="2">주제 활동</td></tr>
<tr><td colspan="2">눈을 피하다, 눈이 많다, 시치미를 떼다, 얼굴이 두껍다
Tip 의성어</td><td colspan="2">공익광고 만들기</td></tr>
<tr><td rowspan="2">15과</td><td rowspan="2">특별한 날</td><td>01</td><td>외국인들도 많이 가던데
한번 가 보세요.</td><td rowspan="2">한국과 다른 나라의 축제에
대한 이야기</td><td rowspan="2">축제, 명절 관련 어휘</td><td>-던데</td></tr>
<tr><td>02</td><td>정월대보름이라는 명절을
아세요?</td><td>-(ㄴ/는)다는</td></tr>
<tr><td rowspan="2">16과</td><td rowspan="2">추억</td><td>01</td><td>우리 부모님은 제가 어렸을 때
뭐든지 스스로 하게 하셨어요.</td><td rowspan="2">요즘 아이들의 놀이 문화에
대한 이야기</td><td rowspan="2">추억, 회상 관련 어휘</td><td>-게 하다</td></tr>
<tr><td>02</td><td>어렸을 때 봤던 영화인데
아직도 기억에 남아요.</td><td>-았던/었던</td></tr>
<tr><td colspan="3" rowspan="2">종합과제 8</td><td colspan="2">관용표현</td><td colspan="2">주제 활동</td></tr>
<tr><td colspan="2">너 나 할 것 없이, 마음에 두다,
말할 것도 없다, 발 벗고 나서다</td><td colspan="2">윷놀이</td></tr>
</table>

<table>
<tr><th>표현</th><th>말하기</th><th>통합 활동</th><th>활동</th></tr>
<tr><td>-아서/어서 그런지</td><td>남자 친구를 어떻게 만났는지에 대해 이야기하기</td><td>연애 관련 고민 듣고 자신의 연애 고민 이야기하기</td><td rowspan="2">다양한 인물 카드를 가지고 마음에 드는 친구 찾기</td></tr>
<tr><td>-아야지요/어야지요</td><td>약속 시간에 늦은 이유 이야기하기</td><td>결혼에 대한 글 읽고 배우자의 조건에 대한 글 쓰기</td></tr>
<tr><td>-기 위해서</td><td>꿈에 대해 이야기하기</td><td>꿈에 대한 이야기 읽고 어렸을 때 꿈과 지금의 꿈 이야기하기</td><td rowspan="2">자기소개서 쓰기</td></tr>
<tr><td>-자마자</td><td>회사 면접에 대해 이야기하기</td><td>유학에 대해 고민하는 이야기 듣고 유학 생활에 대해 이야기하기</td></tr>
<tr><th colspan="2">문화</th><th colspan="2">개인 발표 ①</th></tr>
<tr><td colspan="2">한국의 결혼 문화</td><td colspan="2">각자 자신이 발표하고 싶은 주제를 선택하여 발표하고 다른 학생들과 함께 의견 나누기</td></tr>
<tr><td>-(으)ㄹ걸요</td><td>잘못된 소식 듣고 오해한 내용 말하기 Tip -아/어 가지고</td><td>오해받은 이야기 듣고 자신의 경험 말하기</td><td rowspan="2">뉴스 내용 소개하는 글 쓰기</td></tr>
<tr><td>-에 의하면</td><td>친구의 소식 전해 주기</td><td>뉴스를 전하는 글 읽고 댓글 쓰기</td></tr>
<tr><td>-아다가/어다가</td><td>발음 때문에 말실수한 경험 이야기하기</td><td>말실수한 이야기 듣고 자신의 경험 이야기하기</td><td rowspan="2">언어 게임</td></tr>
<tr><td>-다니</td><td>한국어로 말할 때 어려운 점 이야기하기</td><td>몸짓언어에 대한 글 읽고 다른 나라의 몸짓언어 소개하기</td></tr>
<tr><th colspan="2">문화</th><th colspan="2">개인 발표 ②</th></tr>
<tr><td colspan="2">한류의 원동력, 팬클럽 문화</td><td colspan="2">각자 자신이 발표하고 싶은 주제를 선택하여 발표하고 다른 학생들과 함께 의견 나누기</td></tr>
<tr><td>-지 않으면 안 되다</td><td>기숙사 생활 예절에 대해 이야기하기</td><td>세계 여러 나라의 인사법에 대한 글 읽고 각 나라의 인사에 대해 이야기하기</td><td rowspan="2">공공 예절 경험에 대한 글 쓰고 발표하기</td></tr>
<tr><td>-아/어 있다</td><td>지하철에서 생긴 불쾌한 경험에 대해 이야기하기</td><td>공공 예절을 지키지 않는 사람들에 대한 이야기 듣고 자신의 경험에 대해 이야기하기</td></tr>
<tr><td>-(으)ㄴ/는 대신에</td><td>약속을 착각해서 실수한 경험에 대해 이야기하기 Tip -에다가 ②</td><td>실수한 경험에 대한 이야기 듣고 들은 내용 요약해서 쓰기</td><td rowspan="2">다양한 실수 상황에서 변명하고 사과하는 대화를 만들고 역할극 하기</td></tr>
<tr><td>-(으)ㄹ 수밖에 없다</td><td>집들이에 못 간 일에 대해 변명하기</td><td>실수에 대한 글 읽고 자신의 경험에 대해 이야기하기</td></tr>
<tr><th colspan="2">문화</th><th colspan="2">개인 발표 ③</th></tr>
<tr><td colspan="2">김 씨와 김지현 씨</td><td colspan="2">각자 자신이 발표하고 싶은 주제를 선택하여 발표하고 다른 학생들과 함께 의견 나누기</td></tr>
<tr><td>-(으)ㄹ 뿐만 아니라</td><td>갈 만한 축제 소개하기 Tip -(으)ㄹ래요</td><td>한국의 축제를 소개하는 글 읽고 자기 나라의 축제를 소개하는 글 쓰기</td><td rowspan="2">재미있는 축제 만들어 소개하기</td></tr>
<tr><td>-(으)ㄹ 정도</td><td>정월대보름에 대해 소개하기</td><td>달라진 한복 문화에 대한 방송 듣고 이야기하기 Tip -(으)ㄴ/는 모양이다</td></tr>
<tr><td>-는 길에</td><td>부모님과의 추억에 대해 이야기하기</td><td>어렸을 때 사진을 보면서 하는 대화 듣고 추억에 대해 이야기하기</td><td rowspan="2">직접 찍은 사진을 보고 떠오르는 대로 글 쓰기</td></tr>
<tr><td>-도록 ②</td><td>어렸을 때 본 영화와 추억에 대해 이야기하기</td><td>친구에 대한 글 읽고 만나고 싶은 친구에 대한 글 쓰기</td></tr>
<tr><th colspan="2">문화</th><th colspan="2">개인 발표 ④</th></tr>
<tr><td colspan="2">사진으로 보는 추억의 행사</td><td colspan="2">각자 자신이 발표하고 싶은 주제를 선택하여 발표하고 다른 학생들과 함께 의견 나누기</td></tr>
</table>

9과

연애와 결혼

도입 밸런타인데이에 대한 이야기

어휘 만남, 결혼 관련 어휘

01 첫눈에 반하기는 어렵잖아요.

핵심문형 -잖아요

표현 -아서/어서 그런지

말하기 남자 친구를 어떻게 만났는지에 대해 이야기하기

듣고 말하기 연애 관련 고민 듣고 자신의 연애 고민 이야기하기

02 커피도 좋기는 하지만 산책하는 게 어때요?

핵심문형 -기는 하지만

표현 -아야지요/어야지요

말하기 약속 시간에 늦은 이유 이야기하기

읽고 쓰기 결혼에 대한 글 읽고 배우자의 조건에 대한 글 쓰기

활동 다양한 인물 카드를 가지고 마음에 드는 친구 찾기

도 입

★ 다음 그림을 보고 밸런타인데이에 대해 이야기해 보십시오.

★ 듣고 이야기해 보십시오.

1. 남자의 여자 친구는 어떤 사람인 것 같습니까?

2. 여자는 어떤 사람을 만나고 싶습니까?

3. 여러분이 사귀고 있는 사람이나 사귀고 싶은 사람에 대해 친구와 이야기해 보십시오.

어 휘

★ 다음 표현의 의미를 생각해 보십시오.

사랑에 빠지다	첫눈에 반하다	호감이 가다	설레다

소개팅

데이트

결혼

유카 에릭 씨, 혹시 여자 친구 생겼어요?

에릭 네? 어떻게 알았어요?

유카 **사랑에 빠진** 사람들은 에릭 씨처럼 항상 웃으니까요. 조금 전에도 문자를 보내면서 웃는 걸 봤어요. 그런데 여자 친구의 어떤 점이 마음에 들었어요?

에릭 여자 친구의 웃는 모습이 예뻐서 **첫눈에 반했어요**. 웃는 모습이 예쁜 사람이 제 이상형이거든요. 유카 씨는 남자 친구를 어떻게 만났어요?

유카 저는 한국어를 공부하다가 만났어요. 사실 제 이상형은 아닌데 무슨 일이든지 적극적으로 하고 친절해서 **호감이 갔어요**.

에릭 그런데 저는 여자 친구를 만나면 좋은데 좀 긴장돼서 무슨 얘기를 해야 할지 모르겠어요. 유카 씨는 남자 친구하고 만날 때 긴장되지 않아요?

유카 음, 처음처럼 **설레지는** 않지만 만날수록 편해져서 더 좋아요. 시간이 지나면 에릭 씨도 편해질 거예요.

이상형

다음 표현의 의미를 생각해 보십시오.

유머 감각이 있다	책임감이 강하다	인상이 좋다	말이 잘 통하다

타쿠야 율리아 씨는 이상형이 어떻게 돼요?

율리아 저는 **유머 감각이 있는** 사람이 좋아요. 같이 있을 때 재미없는 사람은 만나고 싶지 않거든요. 그리고 **책임감이 강해서** 자기가 해야 되는 일은 끝까지 열심히 하는 사람이 좋아요.

타쿠야 그럼 우리 반 반장 왕호 씨 어때요? 두 사람이 잘 어울릴 것 같은데…….

율리아 왕호 씨를 처음 봤을 때 친절해 보이고 잘 웃어서 **인상이 좋다**고 생각했지만 제 이상형은 아닌 것 같아요.

타쿠야 그래도 한번 얘기라도 해 보세요. 제가 볼 때 두 사람은 생각도 비슷해서 **말이 잘 통할** 것 같아요.

배운 표현을 사용해서 친구와 이야기해 보십시오.

어떤 사람한테 호감이 가요?

이상형과 말이 잘 통하는 사람 중에서
어떤 사람을 만나고 싶어요?

01 첫눈에 반하기는 어렵잖아요.

핵심문형 -잖아요

학생 1 이거 뭐예요? 지난번에 같이 본 인형이네요.
학생 2 그때 예쁘다고 했잖아요. 그래서 주려고 샀어요.

학생 1 우리 다음 주에 시험이 있잖아요. 주말에 같이 공부할까요?
학생 2 좋아요. 어떻게 준비해야 할지 몰라서 걱정하고 있었는데…….

연습 1 보기 와 같이 이야기해 보십시오.

보기 호세 - 영화 보는 것을 좋아한다.

학생 1 호세 씨 생일인데 어떤 선물을 하면 좋을까요?
학생 2 영화 표가 좋을 것 같아요. 영화 보는 걸 좋아하잖아요.

① 알렉스	자주 여행을 간다.
② 윤수	운동을 좋아한다.
③ 성민	얼마 전에 입학을 했다.
④ 유카	지난주에 집을 옮겼다.
⑤ 우리 반 친구 ______	______.

연습 2 보기 와 같이 이야기해 보십시오.

보기 다음 주에 고향 친구가 놀러 오는데 뭘 하면 좋을지 모르겠다.

학생 1 다음 주에 제 고향 친구가 한국에 놀러 온다고 했잖아요, 어디에 가면 좋을까요?
학생 2 인사동에 가 봤죠? 볼 만한 것도 많고, 전통 기념품들도 구경할 수 있잖아요. 친구하고 거기 가는 게 어때요?
학생 1 네, 그럼 첫날은 인사동을 구경해야겠어요. 밥은 뭘 먹으면 좋을까요? 친구가 다른 나라 음식에 익숙하지 않아서요.
학생 2 그래도 한국에 왔으니까 한국 음식을 먹어 보는 게 어때요? 불고기 같은 것은 외국 사람들도 대부분 좋아하잖아요.

① 다음 주에 고향 친구가 놀러 오는데 뭘 하면 좋을지 모르겠다.
② 주말에 소개팅을 하는데 어떻게 하면 즐겁게 시간을 보낼 수 있을지 모르겠다.

장소	음식	하고 싶은 일
명동, 인사동, 한강 공원, 남산, 이태원, 부산, ……	비빔밥, 냉면, 치킨, 떡볶이, 불고기, 스파게티, ……	영화, 산책, 등산, 쇼핑, ……

표 현 -아서/어서 그런지

학생 1 이번에 이사 간 아파트는 어때요?
학생 2 오래돼서 그런지 난방이 잘 안 돼요.

학생 1 왜 이렇게 늦었어요?
학생 2 오늘 비가 와서 그런지 평소보다 길이 많이 막혔어요.

연습 보기 와 같이 이야기해 보십시오.

보기 피곤하다.

학생 1 어젯밤에 평소보다 늦게 자서 그런지 피곤하네요.
학생 2 그럼 잠깐 눈 좀 붙이는 게 어때요?

① 피곤하다.	② 피부가 나빠졌다.
③ 사람이 많다.	④ 결석한 학생이 많다.
⑤ 인기가 많다.	⑥ 잠이 안 온다.

말하기

★ 다음과 같이 말해 보십시오.
(남자 친구에 대해서 이야기를 한다.)

지금 남자 친구는 어떻게 만났어요?

소개팅으로 만났어요.

남자 친구 어디가 마음에 들었어요?

첫눈에 반하기는 어렵잖아요.
그런데 이야기하다 보니까 점점 호감이 갔어요.
호세 씨는 만나는 사람 있어요?

아니요, 저도 가끔 소개팅은 하는데
좋은 사람 만나기가 쉽지 않네요.

이상형이 어떻게 돼요?

제가 내성적이라서 그런지
활발한 사람이 좋아요.

호세 씨도
금방 좋은 사람 만날 수 있을 거예요.

★ 다음과 같이 이야기해 보십시오.

호세 지금 남자 친구는 어떻게 만났어요?
상미 소개팅으로 만났어요. 룸메이트가 소개해 줘서 만났어요.
호세 처음 만났을 때 남자 친구 어디가 마음에 들었어요?
상미 음, 첫눈에 반하기는 어렵잖아요. 그런데 이야기하다 보니까 마음이 따뜻한 사람인 것 같아서 남자 친구한테 점점 호감이 갔어요. 호세 씨는 지금 만나는 사람 있어요?
호세 아니요, 저도 가끔 소개팅은 하는데 좋은 사람 만나기가 쉽지 않네요.
상미 호세 씨는 이상형이 어떻게 돼요? 제가 좋은 사람 있으면 소개해 줄게요.
호세 제 이상형은 말이 잘 통하는 사람이에요. 그리고 제가 좀 내성적이라서 그런지 활발한 사람이 좋아요.
상미 호세 씨는 인상이 좋아서 인기가 많을 것 같은데요. 금방 좋은 사람 만날 수 있을 거예요.

★ 어떤 사람에게 호감이 가는지 친구와 더 이야기해 보십시오.

듣고 말하기

★ 남자/여자 친구를 만날 때 어떤 고민을 해 봤습니까?

★ 다음을 듣고 질문에 답하십시오.

1. 첫 번째 학생에 대한 설명으로 맞지 않는 것을 고르십시오.

① 남자 친구한테 더 이상 설레지 않는다.

② 사귀는 사람이 재미도 있고, 믿을 만하다.

③ 3년 전부터 남자 친구와 사귀기 시작했다.

④ 남자 친구와 보내는 시간 때문에 취직 준비할 시간이 없다.

2. 두 번째 학생에 대한 설명으로 맞는 것을 고르십시오.

① 자주 만나다 보니까 좋아하는 마음이 생겼다.

② 한국어를 배우러 왔다가 여자 친구를 만났다.

③ 무뚝뚝해서 자기 마음을 잘 이야기하지 못한다.

④ 만날수록 여자 친구와 서로 마음이 맞지 않을 때가 있어서 힘들다.

남기다　　기분을 맞춰 주다

3. 세 번째 학생에 대한 설명으로 맞는 것을 고르십시오.

① 한 번도 남자 친구를 사귀어 본 적이 없다.
② 친구들이 자꾸 남자를 소개시켜 주려고 한다.
③ 다른 사람을 만나는 것보다 혼자 있는 게 더 좋다.
④ 연애를 하면 챙겨야 할 일이 너무 많다고 생각한다.

4. 라디오에 나온 고민을 듣고 그 사람에게 해 줄 수 있는 조언을 해 보십시오.

보기

두 번째 학생에게 이야기하고 싶은데요,
여자 친구에게 푹 빠진 것 같아요. 아마 여자 친구도 학생의 마음을 잘 알고 있을 거예요.
가끔 여자 친구 기분이 안 좋아 보일 때에도 너무 걱정하지 말고, 옆에 있어 주세요.

★ 다음 고민 중에서 하나를 골라 자신의 경험인 것처럼 말해 보십시오.

- 한 번도 남자/여자 친구를 사귀어 본 적이 없다.
- 남자/여자 친구가 고향에 있어서 자주 만나기 어렵다.
- 좋아하는 사람이 있는데 나를 안 좋아할까 봐 고백을 못 하고 있다.
- 데이트 비용 때문에 남자/여자 친구를 사귀는 것이 너무 부담이 된다.
- 첫눈에 반해서 사귀기 시작했지만 지금은 그냥 습관적으로 만나고 있다.
- 호감이 가서 좋아한다고 고백했는데 그 사람은 그냥 좋은 친구로 지내자고 한다.
- ______________________.

보기 한 번도 남자/여자 친구를 사귀어 본 적이 없다.

저는 태어나서 한 번도 여자 친구를 사귀어 본 적이 없어요. 대학생이 되면 여자 친구를 사귈 수 있을 거라고 생각했는데 쉽지 않네요. 지난번에 친구가 소개해 줘서 소개팅도 했는데, 너무 긴장돼서 그때 무슨 말을 했는지 아무 생각도 안 나요. 저는 사실 그 사람한테 호감이 갔는데…….

02 커피도 좋기는 하지만 산책하는 게 어때요?

핵심문형 -기는 하지만

친구 1 결혼하니까 좋아?
친구 2 좋기는 좋지만 챙겨야 할 일이 많아서 힘들어.

학생 1 아침 먹고 왔어요?
학생 2 먹기는 했지만 벌써 배가 고프네요. 쉬는 시간에 뭘 좀 사 먹어야겠어요.

연습 1 보기 와 같이 이야기해 보십시오.

보기

한국 생활

학생 1 한국 생활이 재미있죠?

학생 2 재미있기는 하지만 외로울 때도 많이 있어요.

한국 생활	한국어 공부 (한국어 3급)	서울 교통
요즘 날씨	한국 음식	지난번 시험

연습 2 마음에 드는 것을 생각한 다음에 보기 와 같이 이야기해 보십시오.

보기

방학에 친구와 같이 여행을 가려고 한다.

학생 1 우리 방학에 여행 갈까요? 제주도 어때요?
제주도는 볼 만한 게 많다고 들어서 거기에 가고 싶어요.

학생 2 제주도에 가면 재미있을 것 같긴 하지만 너무 멀지 않아요?
우리 부산 가는 게 어때요?
……

학생 1 제가 운전할 줄 아니까 차를 빌려서 여기저기 다닐까요?

학생 2 ……

1. 방학에 친구와 같이 여행을 가려고 한다.

	내 생각		선택
장소	부산 □	제주도 □	
교통	대중교통 □	렌터카 □	
숙소	호텔 □	게스트 하우스/찜질방 □	
할 일	관광 □	휴식 □	

2. 주말에 남자/여자 친구와 데이트하려고 한다.

	내 생각	선택
장소		
교통		
숙소		
할 일		

대중교통

표 현 -아야지요 / 어야지요

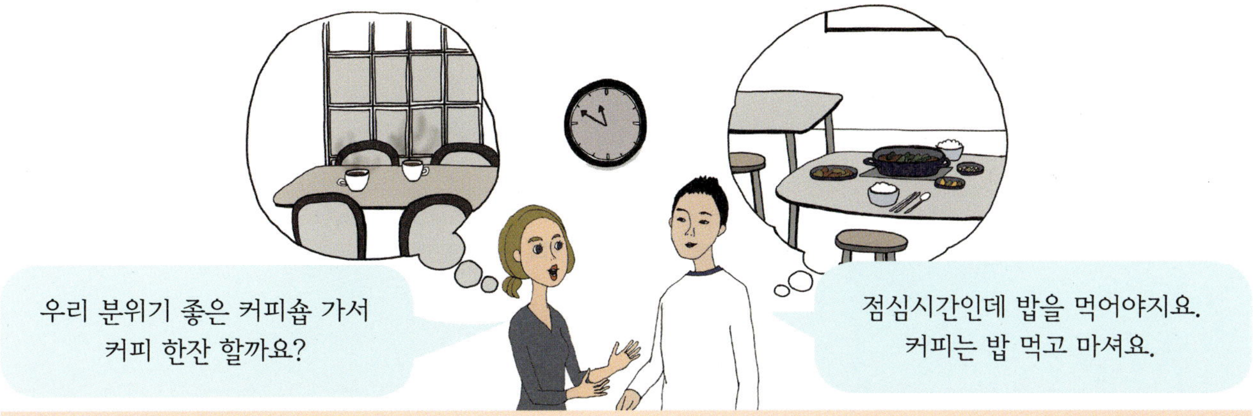

학생 1 어제 소개팅을 했는데요, 말도 잘 통하고 괜찮은 것 같아요.
다시 만나고 싶은데 어떻게 해야 할지 모르겠어요.
학생 2 마음에 들면 얼른 연락을 해야지요.

학생 1 저는 술만 마시면 항상 머리가 아파요.
학생 2 그럼 술을 마시지 말아야지요.

연습 보기 와 같이 이야기해 보십시오.

보기 너무 피곤해서 씻지 않고 그냥 자려고 한다.

학생 1 너무 피곤하네요. 오늘은 그냥 자야겠어요.
학생 2 아무리 피곤해도 씻고 자야지요.

① 요즘 일이 많아서 밥도 안 먹고 일을 하려고 한다.

② 친구와 싸워서 일주일 동안 연락을 안 하고 있다.

③ 남자 / 여자 친구에게 마음을 잘 표현하지 않는다.

④ 한국어가 너무 어려워서 포기하고 그냥 고향에 돌아가려고 한다.

⑤ 남자 / 여자 친구 생일이 어제였는데 잊어버려서 아무것도 못 했다.

⑥ 숙제도 열심히 하고 단어도 열심히 외우는데 말하기 실력이 좋아지지 않는다.

말하기

★ 다음과 같이 말해 보십시오.
(친구와 만나서 뭘 할지 이야기한다.)

왜 이렇게 늦었어요?

길이 너무 막혔거든요.

늦으면 늦는다고 연락을 해야지요.

미안해요. 우리 빨리 영화 보러 가요.

늦었으니까 영화는 다음에 보고
그냥 커피 마시러 갈까요?

커피도 좋기는 하지만
산책하는 게 어때요?

오늘 높은 구두를 신어서
오래 걷기 힘들 것 같아요.

그럼 커피 마시러 가요.

★ 다음과 같이 이야기해 보십시오.

학생 1 왜 이렇게 늦었어요? 무슨 일 있었어요?
학생 2 많이 기다렸지요? 길이 너무 막혔거든요.
학생 1 늦으면 늦는다고 연락을 해야지요. 걱정했잖아요.
학생 2 미리 연락 못 해서 미안해요. 우리 빨리 영화 보러 가요.
학생 1 지금 가도 늦을 것 같아요. 영화는 다음에 보고 그냥 커피 마시러 갈까요?
학생 2 커피도 좋기는 하지만 산책하는 게 어때요? 오늘 이렇게 날씨도 좋은데…….
학생 1 오늘 높은 구두를 신어서 오래 걷기 힘들 것 같아요.
학생 2 그럼 커피 마시러 가요. 제가 분위기 좋은 커피숍을 아는데 거기로 갈까요? 여기서 가까워요.

★ 주말에 친구와 만나서 할 수 있는 일에 대해서 더 이야기해 보십시오.

읽고 쓰기

어떤 사람과 결혼하고 싶습니까? 중요하게 생각하는 배우자의 조건은 무엇입니까?

외모	경제력	성격	가치관	직업	취미

다음을 읽고 질문에 답하십시오.

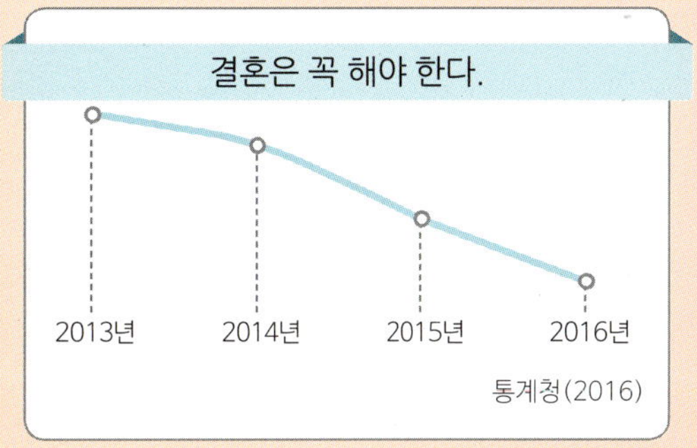

최근 한 결혼정보회사에서 20~30대 남녀 500명에게 결혼을 주제로 설문 조사를 했다.

먼저 결혼할 때 배우자의 조건으로 무엇이 중요한지 물어봤다. 남녀 모두 가장 중요하게 생각하는 배우자의 조건 1위는 '성격'이었다. 하지만 그 다음으로 중요한 배우자의 조건은 남녀의 대답이 서로 달랐다. 남자는 성격 다음으로 외모, 가치관을 중요하게 생각했다. 하지만 여자는 성격 다음으로 경제력, 직업이 중요하다고 대답했다.

다음으로 언제쯤 결혼하는 것이 좋을지 물었는데, 남자는 31.6세, 여자는 31세라고 대답했다. 예전에는 보통 20대 중반이나 후반에 결혼을 많이 했는데, 요즘은 결혼을 늦게 하려고 한다. 이렇게 결혼을 늦게 하는 이유에 대해서는 '인생을 즐기려고', '결혼 생활 때문에 받는 스트레스가 싫어서' 등이라고 대답했다. 또, 결혼을 하고 싶기는 하지만 안정된 직장을 가지려고 결혼을 늦게 한다는 대답도 있었다.

그리고 결혼을 꼭 해야 할지에 대해 51.9%만 긍정적으로 대답했다. 여기에도 남녀 차이가 있었는데, 여자는 47.5%, 남자는 56.3%가 결혼은 꼭 해야 한다고 말했다. 또 3년 전과 비교했을 때 결혼을 꼭 해야 된다고 생각하는 사람이 예전보다 줄어들고 있는 것을 알 수 있다.

세상이 변화하면서 결혼에 대한 생각이 달라지고 있다. 그리고 배우자의 조건과 결혼하기 좋은 나이, 결혼을 꼭 해야 할지에 대해서 남녀가 다른 생각을 하는 것을 알 수 있다.

외모 경제력 가치관 배우자 조건 설문 조사 중반 후반 안정되다 차이

1. 빈칸에 알맞은 말을 쓰십시오.

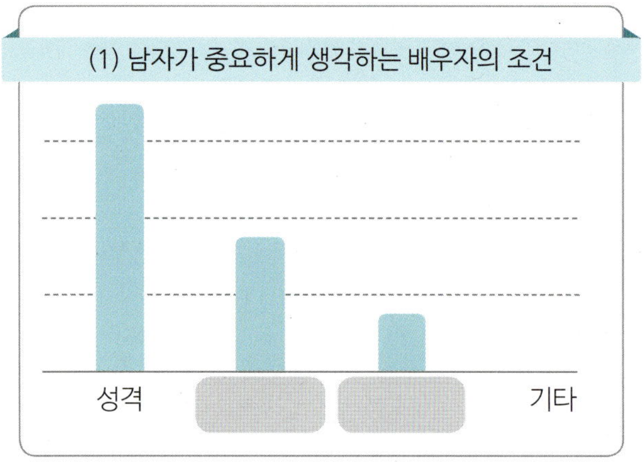

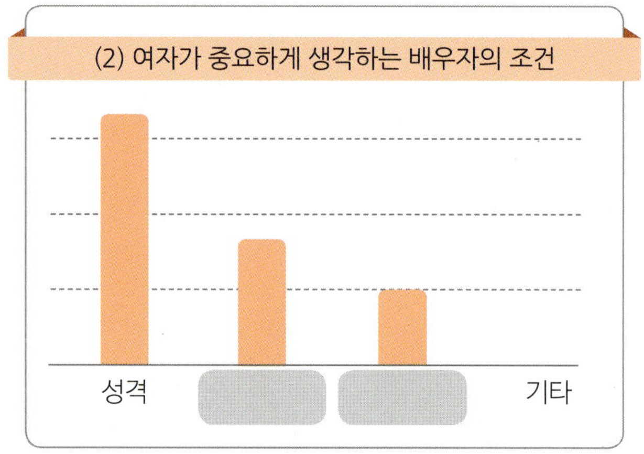

2. 결혼은 언제쯤 하는 것이 좋다고 했습니까?

① 20대 중후반　② 30대 초반　③ 30대 중반　④ 30대 후반

3. 빈칸에 알맞은 숫자를 쓰십시오.

결혼을 꼭 해야 한다.: • 여자 ______ %　• 남자 ______ %

✪ 결혼에 대한 자신의 생각을 이야기해 보십시오.

1. 배우자가 어떤 성격이면 좋겠습니까?

2. 배우자의 조건에 대해서 남녀 대답이 왜 다르게 나왔다고 생각합니까?

3. 결혼은 언제쯤 하는 것이 좋다고 생각합니까?

4. 결혼을 꼭 해야 된다고 생각합니까? 왜 그렇게 생각합니까?

☐ 해야 된다. ☐ 안 해도 된다.	왜냐하면 ______ -기 때문이다.

★ 중요하게 생각하는 배우자의 조건을 두 가지 선택하고 왜 그렇게 생각하는지 써 보십시오.

외모	경제력	성격	가치관	직업	취미

	배우자 조건	이유
1		
2		

나는 배우자를 선택할 때 ________ -와/과 ________ -이/가 중요하다고 생각한다.

활 동

★ 마음에 드는 친구를 찾아보십시오.

1. 역할 카드를 하나씩 뽑은 다음에 어떻게 하면 자기를 잘 보여 줄 수 있을지 생각해 보십시오.

남자	
이름 루카	**이름 조나단**
• 나이: 24세 • 국적: 스페인 • 직업: 통역사	• 나이: 27세 • 국적: 미국 • 직업: 농구 선수
이름 마이클	**이름 리신**
• 나이: 33세 • 국적: 캐나다 • 직업: 영어 선생님	• 나이: 30세 • 국적: 중국 • 직업: 회사원

여자	
이름 미셸	**이름 시호**
• 나이: 25세 • 국적: 프랑스 • 직업: 미용사	• 나이: 28세 • 국적: 일본 • 직업: 대학원생
이름 흐엉	**이름 리사**
• 나이: 30세 • 국적: 베트남 • 직업: 가수	• 나이: 23세 • 국적: 러시아 • 직업: 모델

통역사

2. 서로에게 할 수 있는 재미있는 질문을 더 생각해 보십시오.

- 잘하는 것? 취미?
- 일하면서 가장 힘든 점? 재미있는 점?
- 자주 보는 텔레비전 프로그램?
- 좋아하는 점심 메뉴?
-
-

3. 보기 와 같이 이야기한 다음 어떤 사람이 마음에 들었는지 이야기해 보십시오.

보기

남자 회사원이라고요? 외국에서 회사 생활하는 거 힘드시겠어요.
여자 힘들기는 하지만 재미있는 일도 많아요.

남자 날씨도 더운데 이따가 물냉면 드시러 가실래요? 물냉면이 시원하고 맛있잖아요.
여자 ……

10과

꿈

도입 여러 가지 꿈에 대한 이야기

어휘 꿈, 진로 관련 어휘

01 기회가 생긴다면 세계 여행을 가고 싶어요.

핵심문형 -(ㄴ/는)다면

표현 -기 위해서

말하기 꿈에 대해 이야기하기

읽고 말하기 꿈에 대한 이야기 읽고 어렸을 때 꿈과 지금의 꿈 이야기하기

02 면접도 잘 봐야 합격할 수 있어요.

핵심문형 -아야/어야

표현 -자마자

말하기 회사 면접에 대해 이야기하기

듣고 말하기 유학에 대해 고민하는 이야기 듣고 유학 생활에 대해 이야기하기

활동 자기소개서 쓰기

졸업장

COMPANY

도 입

★ 다음 그림을 보고 꿈에 대해 이야기해 보십시오.

★ 듣고 이야기해 보십시오.

1. 남자와 여자는 어떤 꿈을 가지고 있습니까?

2. 여러분의 꿈은 무엇입니까? 왜 그런 꿈을 가지게 됐습니까?

어 휘

★ 다음 표현의 의미를 생각해 보십시오.

1.

도전하다	꿈을 이루다	그만두다
어려움을 참다	끝까지 해내다	최선을 다하다

어렸을 때부터 제 꿈은 가수가 되는 거였어요. 그래서 가수를 뽑는 대회에도 나갔는데 떨어진 적도 많아요. 하지만 포기하지 않고 다시 **도전해서** 가수가 되었어요. 가수가 되는 것은 쉽지 않았지만 **꿈을 이뤄서** 행복해요.

꿈이 있어도 힘들면 포기하고 **그만두는** 사람들이 많아요. 하지만 **꿈을 이루고** 싶으면 **어려움을 참고 끝까지 해내야** 해요. **최선을 다하지** 않고 **그만두면 꿈을 이룰** 수 없거든요.

2.

기회를 놓치다	기회를 잡다	적성에 맞다	재능이 있다

학생 1 한국에 유학 갈 기회가 생겼는데 갈까 말까 고민 중이에요. 외국 생활은 해 본 적이 없어서요.
학생 2 유카 씨 꿈이 한국어 선생님이라고 했죠? 그럼 너무 좋은 기회네요. **기회를 놓치지** 말고 **잡아야지요**.
학생 1 그런데 선생님이 제 **적성에 맞는지** 모르겠어요.
학생 2 가르치는 게 재미있다고 했잖아요. 저는 유카 씨가 어려운 것도 쉽게 설명해 줄 때 가르치는 것에 **재능이 있다고** 생각했어요.

★ 배운 표현을 사용해서 이야기해 보십시오.

- 이루고 싶은 꿈이 있어요?
  꿈을 이루려면 어떻게 해야 될까요?
- 어떤 일이 적성에 맞는다고 생각해요?
- 어떤 일에 재능이 있다고 생각해요?
- 기회가 왔는데 놓친 적이 있어요?

01 기회가 생긴다면 세계 여행을 가고 싶어요.

핵심문형 -(ㄴ/는)다면

학생 1 스마트폰이 없다면 어떨 것 같아요?
학생 2 아마 불편해서 살 수 없을 것 같아요.

학생 1 만약에 한국에 오지 않았다면 뭘 했을 것 같아요?
학생 2 고향에서 부모님을 도와서 일을 했을 거예요.

연습 1 보기 와 같이 이야기해 보십시오.

보기 투명인간이 되다

학생 1 투명인간이 된다면 뭘 하고 싶어요?
학생 2 투명인간이 된다면 제가 좋아하는 가수를 매일 따라다니고 싶어요.

① 투명인간이 되다	② 타임머신이 있다
③ 복권에 당첨되다	④ 한국에 오지 않았다
⑤ 남자/여자, 가수, 배우, ……	

투명인간 타임머신

연습 2 보기 와 같이 이야기해 보십시오.

보기 대학교 면접

학생 1 다음 주에 대학교 면접 보러 가는데 뭘 준비해야 할지 모르겠어요.
학생 2 저라면 그 학교에 다니는 선배한테 먼저 연락해 볼 거예요.

대학교 면접	소개팅	첫 출근	말하기 시험

연습 3 보기 와 같이 말해 보십시오.

보기 돈

제가 만약에 부자가 된다면 부모님께 집을 사 드리고 싶어요. ……

돈	꿈	여행	외모

복권 당첨되다

표 현 -기 위해서

학생 1 왜 한국어를 공부해요?
학생 2 한국에 있는 대학교에 입학하기 위해서 지금 한국어를 배우고 있어요.

기 자 이 공연은 어떤 공연입니까?
학 생 이 공연은 어려운 사람들을 돕기 위한 공연이에요.

연습 보기 와 같이 말해 보십시오.

보기 여행

저는 세계 여행을 하고 싶습니다. 그런데 세계 여행을 하려면 돈이 많이 들기 때문에 돈을 모으기 위해서 아르바이트를 하고 있습니다.

여행	건강	대학교	직업

말하기

다음과 같이 말해 보십시오.
(꿈을 이루기 위한 노력에 대해서 이야기한다.)

호세 씨는 꿈이 뭐예요?

제 꿈은 통역사가 되는 거예요.

통역사가 되기 위해서 뭘 준비하고 있어요?

대학원에 가려고 한국어 공부를 열심히 하고 있어요. 유카 씨는요?

저는 세계 여행을 하고 싶어요.

어디로 가고 싶은데요?

유럽이나 아프리카로요. 그래서 돈을 모으기 위해 아르바이트 하고 있어요.

저도 기회가 생긴다면 세계 여행을 가고 싶어요.

다음과 같이 이야기해 보십시오.

유카 호세 씨는 꿈이 뭐예요?
호세 제 꿈은 통역사가 되는 거예요. 그래서 한국에 왔어요.
유카 통역사가 되기 위해서 뭘 준비하고 있어요?
호세 대학원에 가려고 한국어 공부를 열심히 하고 있어요. 유카 씨는요?
유카 저는 아직 뭐가 되고 싶은지 잘 모르겠어요. 지금 제가 하고 싶은 것은 세계 여행이에요.
호세 멋지네요. 어디로 가고 싶은데요?
유카 유럽이나 아프리카로 여행을 가고 싶어요. 그래서 돈을 모으기 위해서 매일 아르바이트 하고 있어요.
호세 저는 면접 준비해야 되는데 부러워요. 저도 기회가 생긴다면 세계 여행을 가고 싶어요.

서로의 꿈에 대해서 친구와 더 이야기해 보십시오.

부럽다

읽고 말하기

★ **어렸을 때의 꿈이 무엇이었습니까?**

★ **다음을 읽고 질문에 답하십시오.**

금요일
2018. 1. 5.

동국 신문 dongguk.com

정치 | 문화 | 사회 | 경제 | 연예 | 보도 기획 | 사람 | 문화 | 특집 | 칼럼 | 스포츠 | **우리들 이야기**

우리들 이야기

나는 지금 룸메이트와 같이 살고 있는데, 서로 이야기할 시간이 별로 없었다. 나는 보통 게임을 하면서 시간을 보내거나 주말이 되면 반 친구들과 약속이 있어서 나갈 때가 많았다. 룸메이트도 한국어 수업이 끝나면 매일 아르바이트를 하러 가고 저녁에 집에 들어오면 공부를 하고 있어서 서로 인사만 하고 지냈다.

그런데 지난 주말에는 날씨 때문에 갑자기 약속이 취소돼서 집에 있었다. 그날은 룸메이트도 아르바이트가 없는 날이라서 같이 점심을 먹기로 했다. 밥을 먹는데 룸메이트가 갑자기 질문을 했다.

"너는 왜 한국에 왔어?"

"그냥. 부모님이 권해서. 너는?"

"나는 통역사가 되는 게 꿈이거든. 그래서 한국어를 배우기 위해서 한국에 왔어. 너는 한국어 공부를 마치고 뭐 할 거야?"

"글쎄, 피아노 치는 걸 좋아해서 어렸을 때는 피아니스트가 되고 싶었는데 피아노에 재능도 없는 것 같고 부모님도 반대하셔서 그만뒀어."

"부모님 생각보다는 네 생각이 더 중요하잖아. 내가 너라면 다시 도전해 볼 것 같아."

같이 방을 쓴 지 6개월 정도 됐는데, 서로에 대해서 이야기를 나눈 것은 처음이었다. 룸메이트는 한국 문화를 좋아해서 어렸을 때부터 한국어 통역사가 되고 싶었다고 한다. 통역사가 되려면 공부도 열심히 해야 되지만 그 나라 문화도 알아야 되기 때문에 방학에는 한국 여기저기 여행도 다닌다고 한다. 룸메이트는 꿈이 있으니까 목표를 세우고 늘 부지런하게 사는 것 같다. 룸메이트의 꿈 이야기를 들으니까 나도 이런저런 생각을 하게 됐다. 나는 지금 왜 한국어를 공부하고 있을까? 내가 이루고 싶은 꿈은 뭘까?

국제어학원 3급 허지안

취소되다 마치다 늘 부지런하다

1. 읽은 내용과 같은 것을 고르십시오.

① 나는 한국에 온 지 6개월이 됐다.

② 룸메이트는 꿈이 있지만 게으른 편이다.

③ 두 사람은 모두 지금 한국에서 한국어를 공부하고 있다.

④ 룸메이트는 여행을 가기 위해서 아르바이트를 하고 있다.

2. 두 사람에 대해서 말해 보십시오.

나	□ 어렸을 때 꿈	□ 그 꿈을 가지게 된 이유	□ 꿈을 포기한 이유
룸메이트	□ 룸메이트의 꿈	□ 그 꿈을 가지게 된 이유	□ 꿈을 이루기 위해서 지금 하고 있는 노력

★ 어렸을 때의 꿈과 지금의 꿈이 같습니까? 꿈이 바뀌었다면 그 이유는 무엇입니까? 보기 와 같이 말해 보십시오.

어렸을 때 꿈	꿈이 바뀐 이유	지금 꿈

보기 저는 어렸을 때 가수가 되는 게 꿈이었습니다. 텔레비전에 나와서 멋있게 노래를 부르고 춤을 추는 모습이 멋있어 보였습니다. 그런데 음악에 재능이 없는 것 같아서 포기했습니다. 지금 제 꿈은 패션 디자이너가 되는 것입니다. 사람들이 좋아하는 옷을 만들고 싶습니다.

★ 꿈을 이루기 위해 무엇이 가장 필요하다고 생각합니까?

돈	건강	재능
용기	외모	……

게으르다 용기

02 면접도 잘 봐야 합격할 수 있어요.

핵심문형 -아야/어야

학생 1 이번에 동국전자에 지원했는데 꼭 합격하고 싶어요.
학생 2 그럼 면접을 잘 준비하세요. 면접을 잘 봐야 합격할 수 있어요.

친구 1 난 단어를 외우면 바로 잊어버려서 걱정이야.
친구 2 단어는 반복해서 외워야 오래 기억할 수 있어.

반복하다

연습 1 보기 와 같이 말해 보십시오.

보기

술 — 건강

술을 끊어야 건강해질 수 있어요.

① 여권 — 해외여행	② 날씨 — 등산
③ 밥 — 약	④ 예약 — 공연 관람
⑤ 운전면허증 —	⑥ — 장학금

연습 2 보기 와 같이 이야기해 보십시오.

보기

통역회사

학생 저는 이 회사에서 일하고 싶은데, 여기에 지원하려면 어떻게 해야 됩니까?

직원 외국어를 3개 이상 할 수 있어야 우리 회사에서 일할 수 있습니다. 그리고 ……

① 통역 회사: 외국어 3개 이상,
② 무역 회사: 한국어능력시험 4급 이상,
③ 자동차 회사: 회사 경험 3년 이상,
④ 영화 회사:
⑤ 중국 식당:

연습 3 보기 와 같이 이야기해 보십시오.

보기

한국어 말하기를 잘하고 싶다.

학생 1 어떻게 하면 말하기를 잘할 수 있을까요?

학생 2 말하기를 잘하려면 하루도 빠짐없이 말하기 연습을 해야 돼요. 그리고 한국 사람과 자주 이야기해야 빨리 늘어요. 또 단어도 많이 외우면 도움이 될 거예요.

① 한국어 말하기를 잘하고 싶다.	② 건강을 지키고 싶다.
③ 친구를 많이 사귀고 싶다.	④ 한국 생활에 빨리 적응하고 싶다.

무역

표 현 -자마자

학생 1 어제 집에 가서 뭐 했어요?
학생 2 땀이 많이 나서 집에 가자마자 샤워했어요.

친구 1 어제 많이 피곤했지?
친구 2 응, 너무 피곤해서 침대에 눕자마자 잤어.

연습 보기 와 같이 이야기해 보십시오.

보기 아침에 일어나다

학생 1 아침에 일어나면 보통 뭐 해요?
학생 2 저는 일어나자마자 커피를 마셔요. 커피를 안 마시면 잠이 안 깨는 것 같아서요.

① 아침에 일어나다	② 한국에 도착하다
③ 고향에 돌아가다	④ 첫 월급을 타다

(월급을) 타다

말하기

★ 다음과 같이 말해 보십시오.
(회사 면접에 대해서 친구와 이야기를 한다.)

무슨 회사에 지원했어요?

광고 회사요.

거기에 지원하려면 뭘 준비해야 돼요?

특별히 준비할 것은 없어요.
그런데 광고 대회에서 상을 탄 적이 있으면
좋아요.

윤수 씨는 상 탄 적이 있으니까
쉽게 합격할 것 같아요.

아니에요. 마지막 면접도 잘 봐야
합격할 수 있어요.

잘 해낼 수 있을 테니까
너무 걱정하지 마세요.

고마워요. 결과 나오자마자
알려 줄게요.

★ 다음과 같이 이야기해 보십시오.

지니 취직 준비는 잘하고 있어요? 무슨 회사에 지원했어요?
윤수 광고 회사요. 새로운 것을 만드는 게 제 적성에 맞는 것 같아서요.
지니 그 일이 윤수 씨하고 잘 어울릴 것 같아요. 그런데 거기에 지원하려면 뭘 준비해야 돼요?
윤수 특별히 준비할 것은 없어요. 그런데 광고 대회에서 상을 탄 적이 있으면 좋다고 들었어요.
지니 윤수 씨는 상 탄 적이 있잖아요. 쉽게 합격할 것 같아요.
윤수 아니에요. 마지막 면접도 잘 봐야 합격할 수 있어요. 아직 면접 시험이 남았거든요.
지니 잘해 낼 수 있을 테니까 너무 걱정하지 마세요.
윤수 고마워요. 저도 이번 기회를 놓치지 않고 합격하면 좋겠어요. 결과 나오자마자 알려 줄게요.

★ 일하고 싶은 회사에 대해서 친구와 더 이야기해 보십시오.

새롭다

듣고 말하기

★ **한국에 유학을 온 이유가 무엇입니까? 지금 한국에서 유학 생활을 하는 것은 어떻습니까?**

★ **다음을 듣고 질문에 답하십시오.**

1. 들은 내용을 정리해 보십시오.

(1) 여자가 지금 하는 일	
(2) 여자의 꿈	
(3) 언제부터 그 꿈을 가지게 됐는지	
(4) 그 꿈을 포기한 이유	

2. 여자가 유학 가는 것을 고민하는 이유가 아닌 것은 무엇입니까?

① 말이 통하지 않을까 봐서
② 이미 너무 늦었을까 봐서
③ 부모님이 반대하실까 봐서
④ 유학 생활에 돈이 많이 들기 때문에

대단하다　벌다　허락하다

3. 들은 내용과 같은 것을 고르십시오.

① 남자는 대학교를 졸업하자마자 유학을 갔다.

② 남자는 부모님 반대에도 꿈을 포기하지 않았다.

③ 여자는 지금 하고 있는 일이 적성에 맞지 않는다.

④ 여자는 등록금과 생활비를 위해 지금 돈을 벌고 있다.

★ 여러분은 유학 생활에 만족합니까?

만족한다.	☐	이유:
만족하지 않는다.	☐	

★ 만약에 친구가 유학을 갈까 말까 고민한다면 무슨 말을 해 주고 싶습니까?

추천하고 싶다.	☐	이유:
추천하고 싶지 않다.	☐	

활 동

★ **일하고 싶은 회사를 선택한 후 친구와 함께 이야기해 보십시오.**

회사			
여행사	방송국	광고 회사	

1. 어디에서 일하고 싶습니까?

2. 언제부터 이 일을 하고 싶었습니까? 왜 하고 싶습니까?

3. 이 일이 내 적성에 맞을 것 같습니까? 왜 그렇게 생각합니까?

4. 꿈을 이루기 위해서 무슨 준비를 했습니까? 어떤 노력을 하고 있습니까?

5. 이 회사에서 일하고 싶은 이유가 있습니까?

6. 합격한다면 어떤 노력을 할 것입니까?

★ 일하고 싶은 회사에 낼 '자기소개서'를 쓰십시오.

저는 ________ -에 지원한 ________ -(이)라고 합니다.

종합과제 5

관용표현 눈이 높다
눈이 빠지게
마음이 굴뚝같다
제 눈에 안경

주제 활동 천사와 악마

문화 한국의 결혼 문화

개인 발표 ①: 자유 주제 발표
각자 자신이 발표하고 싶은 주제를 선택하여 발표하고 다른 학생들과 함께 의견 나누기

관용표현

★ 다음 표현의 의미를 생각해 보십시오.

눈이 높다	눈이 빠지게	마음이 굴뚝같다	제 눈에 안경

1. 에릭 씨는 **눈이 높아서** 공부도 잘하고 얼굴도 예쁜 사람만 좋아한다.
2. 지난주에 본 면접시험 결과가 이번 주에 나온다고 해서 **눈이 빠지게** 기다리고 있다.
3. 유학 생활이 너무 힘들어서 그만두고 싶은 **마음이 굴뚝같았지만** 참고 끝까지 해냈다.
4. 내가 볼 때는 내 동생이 사귀는 사람이 별로인데 동생은 그 사람을 너무 좋아한다. **제 눈에 안경**인 것 같다.

★ 빈칸에 알맞은 표현을 쓰십시오.

1. 호세 씨한테 여자 친구가 생겼는데 호세 씨가 매일 그 여자 이야기만 한다. 그 여자를 만나 본 적은 없지만, 호세 씨 이야기만 들으면 얼굴도 예쁘고, 성격도 너무 좋을 것 같다. ________ -(이)니까 누구든지 사랑에 빠지면 그 사람이 다 예뻐 보이는 것 같다.

2. 에릭 씨는 믿음직스럽고 유머 감각도 있어서 우리 반 여학생들한테 인기가 많다. 그런데 아직까지 여자 친구가 없다. 에릭 씨는 쇼핑할 때도 색깔이나 디자인이 괜찮은지 꼼꼼하게 보는 편인데, 여자 친구를 사귈 때에도 ________ -(으)ㄴ/는 것 같다.

3. 내가 쓰고 있는 핸드폰은 산 지 2년이나 됐다. 친구들 핸드폰은 디자인도 예쁘고 기능도 많아 보여서 부럽다. 지금은 새 핸드폰을 살 돈이 없지만 나도 최근에 나온 것으로 바꾸고 싶은 ________.

4. 윤수 씨는 대학 축제에서 만난 하윤 씨한테 첫눈에 반했다. 그래서 주말에 시간이 있냐고 메시지를 보냈다. 그리고 ________ 답장을 기다렸는데 연락이 없었다. 며칠 후 하윤 씨에게 연락이 왔는데 휴대폰을 잃어버려서 메지시를 늦게 봤다고 했다.

★ 배운 표현을 사용해서 이야기해 보십시오.

자신이 눈이 높다고 생각해요? 우리 반에서 누가 눈이 높은 것 같아요?	사람이나 어떤 결과를 눈이 빠지게 기다려 본 적이 있어요?	꼭 하고 싶은 일이 있어요?

주제 활동

★ 다음과 같은 상황에서 어떻게 하겠습니까?

보기 유럽 여행을 가고 싶지만 돈 때문에 포기하려고 했다. 그런데 혼자 산책하다가 아무도 없는 공원에서 천만 원을 주웠다.

1. 유럽 여행을 가고 싶지만 돈 때문에 포기하려고 했다. 그런데 혼자 산책하다가 아무도 없는 공원에서 천만 원을 주웠다.

선택 1 돈을 가지고 간다.	선택 2 주인을 찾아 준다.
• 아무도 없었다.	• 그 주인은 없어진 돈 때문에 아무 일도 못 하고 있을 것이다.
•	•
•	•

2. 나는 게임을 너무 좋아해서 매일 게임을 하고 싶다. 그런데 내일이 시험이다. 시험공부를 해야 하는데 게임을 더 하고 싶다.

선택 1 게임을 한다.	선택 2 시험공부를 한다.
·	·
·	·
·	·

3. 내일은 남자/여자 친구의 생일이다. 그래서 저녁에 생일파티를 하기로 했다. 그런데 반 친구가 내일 콘서트에 같이 가자고 한다. 내가 정말 좋아하는 가수인데 일 년에 한 번밖에 콘서트를 하지 않는다고 한다.

선택 1 콘서트에 간다.	선택 2 생일파티를 한다.
·	·
·	·
·	·

4. 지금 사귀고 있는 사람이 있는데 요즘 자주 싸운다. 룸메이트는 헤어지라고 하지만 주말이나 시간이 있을 때 혼자 외롭게 지내고 싶지 않다.

선택 1 계속 사귄다.	선택 2 헤어진다.
·	·
·	·
·	·

문 화

★ 한국의 결혼 문화

"장가가다", "시집가다"

요즘은 보통 결혼식장에서 결혼식을 하지만 옛날에는 신부의 집에서 결혼식을 했다. 그래서 신랑이 신부의 부모님인 장인, 장모의 집에 갔다. 장인, 장모의 집을 '장가'라고 하는데, 거기에서 결혼식을 하고 하룻밤을 잤다. 다음 날 신부는 신랑과 함께 시아버지, 시어머니의 집인 '시집'에 갔다. 이런 전통적인 결혼 모습 때문에 지금도 '결혼한다' 대신에 남자는 '장가간다.'라고 말하고, 여자는 '시집간다.'라고 말한다.

"폐백"

전통적으로 신부 집에서 결혼식을 하고, 다음 날 신랑의 집에 가서 신랑의 부모님과 집안 어른들께 인사를 하는데, 이것을 '폐백'이라고 한다. 지금은 이런 전통 결혼의 모습이 대부분 사라지고 보통 결혼식장에서 결혼식을 한다. 하지만 요즘 결혼식에서도 마지막에 폐백을 한다.

폐백을 하기 전에 신부 쪽에서 미리 술, 대추, 밤, 과일 등을 준비한다. 그리고 제일 먼저 신랑의 부모님께 절을 한다. 이때 신랑의 부모님은 자식을 의미하는 대추와 밤을 신랑, 신부에게 던져 주면서 아들, 딸 많이 낳고 잘 살라고 말씀해 주신다. 신랑의 부모님께 절을 한 후 신랑의 친척 어른들께도 인사를 한다.

절

신랑 신부 사라지다 낳다

1. '장가가다', '시집가다'는 무슨 의미입니까?

2. 폐백이 무엇인지 다시 말해 보십시오.

3. 신랑의 부모님은 왜 신랑, 신부에게 밤과 대추를 던져 줍니까?

★ 자기 나라에 있는 전통적인 결혼 문화를 보기 와 같이 말해 보십시오.

미국에서는 쌀을 던진다.

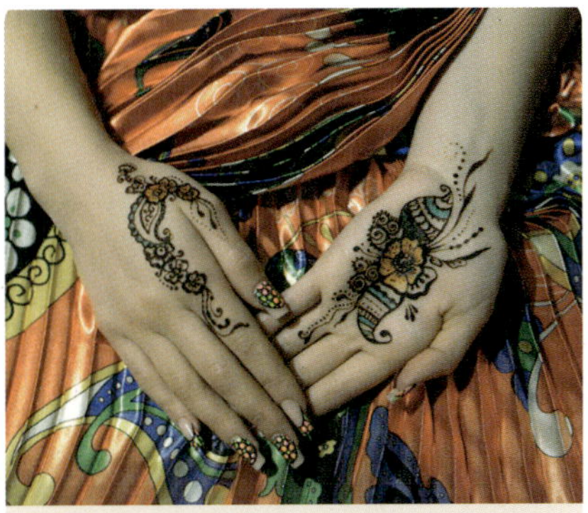
인도에서는 몸에 그림을 그린다.

영국에서는 아몬드를 선물한다.

보기 우리 나라에도 사라지지 않은 전통적인 결혼 문화가 있습니다.
결혼하기 전에 …… 또 결혼한 후에 ……

개인 발표 ① 자유 주제 발표

개인 발표 ①	발표 안내, 발표 주제 정하기, 발표 개요 쓰기
개인 발표 ②	준비한 자료 정리하여 발표문 쓰기
개인 발표 ③	PPT 만들기, 발표 연습하기
개인 발표 ④	발표하기, 다른 발표자의 발표를 평가하기

★ 발표 안내

- 자신이 발표하고 싶은 주제를 선택하여 5분 정도 발표합니다.
- 발표를 마치고 발표한 내용에 대해 질문하고 대답합니다.
- 발표할 때에는 3급에서 배운 문법과 표현을 많이 사용하는 것이 좋습니다.
- 발표할 내용을 더 잘 전달하기 위해서 사진과 PPT를 준비합니다.

★ 발표 주제 정하기

다음 중에서 자신이 발표할 주제를 선택합니다.

번호	주 제
1	자기 고향에 여행 올 사람에게 고향을 소개해 보십시오.
2	주변에 특별한 취미를 가진 사람이 있으면 그것이 어떤 취미인지, 그 취미에 대해 어떻게 생각하는지 이야기해 보십시오.
3	자기 고향의 전통집과 요즘 집의 차이점에 대해서 소개해 보십시오.
4	물건을 산 다음에 교환하거나 환불한 경험을 이야기해 보십시오.
5	자기 성격의 장점과 단점에 대해서 이야기해 보십시오.
6	들이고 싶은 습관과 좋은 습관을 들이는 방법에 대해 이야기해 보십시오.
7	건강을 지킬 수 있는 방법을 소개해 보십시오.
8	날씨나 계절과 관련된 경험, 문화 등을 소개해 보십시오.

★ 발표 개요 쓰기

각자 자신이 선택한 주제에 대한 개요를 쓰십시오. 발표하고 싶은 내용을 쓴 다음에 무엇부터 말하는 것이 좋을지 생각하여 순서를 정합니다.

구분	내 용
처음	(주제 소개, 주제를 선택한 이유)
중간	1.
	2.
	3.
끝	(내용 정리, 자기의 의견)

11과

소식과 소문

도입 들은 소문에 대한 이야기

어휘 소식, 소문 관련 어휘

01 이번 시험 잘 봤다면서요?

핵심문형 -(ㄴ/는)다면서요?

표현 -(으)ㄹ걸요

말하기 잘못된 소식 듣고 오해한 내용 말하기

Tip -아/어 가지고

듣고 말하기 오해받은 이야기 듣고 자신의 경험 말하기

02 커피 맛이 좋은가 봐요.

핵심문형 -(으)ㄴ가/나 보다

표현 -에 의하면

말하기 친구의 소식 전해 주기

읽고 쓰기 뉴스를 전하는 글 읽고 댓글 쓰기

활동 뉴스 내용 소개하는 글 쓰기

SALE

도 입

★ **사람들은 어떻게 소식을 알게 됩니까? 그림을 보고 이야기해 보십시오.**

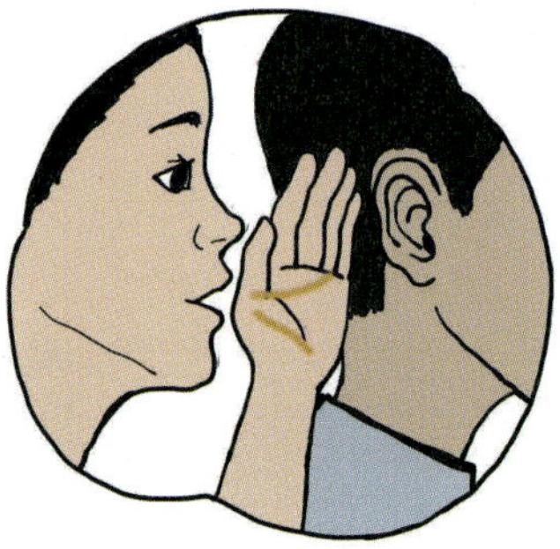

★ **듣고 이야기해 보십시오.**

1. 두 사람은 가수의 소식을 어떻게 알게 됐습니까?

2. 여러분은 좋아하는 연예인이나 고향 소식을 어떻게 알게 됩니까?

3. 여러분은 SNS가 있습니까? 주로 어떻게 이용합니까?

어 휘

★ 다음 표현의 의미를 생각해 보십시오.

헛소문이다	소문이 나다	오해하다	소문을 내다	오해를 받다	소문이 퍼지다

유카 왕호 씨, 지니 씨하고 사귄다고 들었어요. 좋겠네요.

왕호 네? 제가 지니 씨하고 사귄다고요? 그건 **헛소문이에요**. 저는 고향에 여자 친구도 있어요.

유카 그래요? 왜 그런 **소문이 났을까요**?

왕호 모르겠어요. 제가 지니 씨하고 자주 같이 다니니까 친구들이 **오해한** 것 같아요. 그런데 누가 그런 **소문을 냈는지** 궁금하네요. 자꾸 **오해를 받으니까** 지니 씨하고 점심 먹는 것도 불편하고요.

유카 **소문이** 더 **퍼지기** 전에 여자 친구가 있다고 이야기하세요.

연락이 끊기다	연락이 뜸하다	안부를 묻다	안부를 전하다

왕호 뭘 보고 있어요?

유카 히로 씨한테서 오랜만에 이메일이 왔어요. 왕호 씨도 히로 씨 알죠?

왕호 네, 그럼요. 그런데 히로 씨하고 **연락이 끊기지** 않았어요?

유카 히로 씨가 고향에 돌아간 후로 **연락이 뜸해지기는** 했지만 가끔 연락했어요. 히로 씨가 왕호 씨 **안부도 묻네요**.

왕호 히로 씨하고 같이 공부할 때 정말 재미있었는데……. 히로 씨한테 제 **안부도 전해** 주세요.

★ 배운 표현을 사용해서 이야기해 보십시오.

서울에서 가장 맛있다고
소문이 난 곳은 어디예요?

서울에서 옷을 가장 저렴하게 살 수 있다고
소문이 난 곳은 어디예요?

연락이 뜸해졌거나 끊긴 친구가 있어요?
왜 그렇게 됐어요?

01 이번 시험 잘 봤다면서요?

핵심문형 -(ㄴ/는)다면서요?

학생 1 친구들한테 들었는데 노래를 가수처럼 잘 부른다면서요?
학생 2 아니에요. 노래를 잘하는 건 아니고 그냥 좋아해요.

친구 1 다음 주에 면접 보러 간다면서?
친구 2 응. 벌써 소문이 났네. 면접 준비 때문에 너무 바빠.

연습 1 보기 와 같이 이야기해 보십시오.

보기 많이 아프다.

학생 1 감기에 걸려서 많이 아프다면서요?
학생 2 네, 어떻게 알았어요? / 아니요, 안 아픈데요. 누구한테 들었어요?
학생 1 ……

학생 1

(1) 친구에게 질문해 주세요.

확인하고 싶은 정보	사실
1. 휴대폰을 새로 샀다.	
2. 술을 잘 마신다.	
3. 주말에 등산할 것이다.	
4. 지금 사는 곳이 학교에서 멀다.	
5. 올해 21살이다.	

(2) 친구의 질문을 듣고 대답해 주세요.

내 정보
6. 토요일에 친구하고 공포 영화를 봤다.
7. 한국 음식 만드는 것을 좋아한다.
8. 저녁에 명동에 가서 신발을 살 것이다.
9. 감기에 걸려서 계속 목이 아프다.
10. 고등학교 졸업하자마자 한국에 왔다.

학생 2

(1) 친구의 질문을 듣고 대답해 주세요.

내 정보
1. 며칠 전에 휴대폰을 샀다.
2. 술을 마셔본 적이 한 번도 없다.
3. 토요일에 남산에 가려고 한다.
4. 지하철로 1시간이나 걸린다.
5. 올해 20살이다.

(2) 친구에게 질문해 주세요.

확인하고 싶은 정보	사실
6. 지난주에 영화를 봤다.	
7. 한국 음식을 잘 만든다.	
8. 저녁에 명동에 갈 것이다.	
9. 감기에 걸렸다.	
10. 고향에 있을 때 회사원이었다.	

연습 2 보기 **와 같이 우리 반 친구들에 대해서 아는 대로 쓰고 그 소문이 맞는지 이야기해 보십시오.**

보기

친구 이름: 왕호

친구의 나이	고향	지금 사는 곳	좋아하는 음식
취미	꿈	지난 주말에 한 일	

먼저 이 친구에 대해서 아는 대로 메모해 보십시오.

- 고　　향 중국 상하이
- 지난 주말 쇼핑
-
-

에릭 왕호 씨, 고향이 중국 상하이라면서요?
왕호 네, 어떻게 알았어요? / 아니요, 상하이가 아니라 상하이 근처에 있는 도시예요.
에릭 그리고 지난 주말에 쇼핑했다면서요? 뭐 샀어요?
왕호 아, 쇼핑하려고 했는데 다른 일이 생겨서 못 했어요.
에릭 ＿＿＿＿＿＿＿＿＿＿.

표 현 -(으)ㄹ걸요

학생 1 김진영 선생님을 만나야 하는데 퇴근하셨겠죠?
학생 2 수업 끝난 지 얼마 안 됐으니까 계실걸요. 연락해 보세요.

친구 1 에릭이 이번 입학 시험에 합격했지?
친구 2 아마 떨어졌을걸. 고향에 돌아가서 일할 거라고 했거든.

연습 보기 와 같이 이야기해 보십시오.

보기 저녁에 산책하려고요.

학생 1 저는 이따가 저녁에 산책하려고요. 같이 갈래요?
학생 2 저녁에는 많이 쌀쌀할걸요. 오후부터 추워진다고 했거든요.

① 내일이 우리 반 티엔 씨 생일이지요?	② 에릭 씨하고 주말에 등산 가야겠어요.
③ 호세 씨가 여자 친구랑 싸웠다면서요?	④ 유카 씨가 다음 주에 고향에 돌아간대요.
⑤ 우리 도서관에 가서 공부해요.	⑥ 방학에 제주도 가는 거 어때요?

말하기

★ 다음과 같이 말해 보십시오.
(잘못된 소문을 듣고 오해한 것에 대해 이야기한다.)

이번 시험 잘 봤다면서요?

지난번 시험보다 훨씬 못 봤는데요.

그런데 친구들은 에릭 씨가 장학금을 받을 거래요.

누가 그런 말을 했어요?

아마 반 친구들 다 그렇게 알고 있을걸요.

오해를 받으니까 답답하네요.

미안해요. 제가 잘못 듣고 왔네요.

아니에요. 그냥 신경 쓰지 말고 더 열심히 공부해야겠어요.

★ 다음과 같이 이야기해 보십시오.

상미 축하해요. 이번 시험 잘 봤다면서요?
에릭 제가요? 지난번 시험보다 훨씬 못 봤는데 무슨 소리예요?
상미 그런데 오늘 학교에 가니까 에릭 씨가 장학금을 받을 거래요.
에릭 장학금을 받는다고요? 누가 그런 말을 했어요?
상미 아마 반 친구들 다 그렇게 알고 있을걸요. 오늘 아침에 여기저기에서 들었거든요. 누가 오해하고 헛소문을 낸 것 같아요.
에릭 시험도 못 봐 가지고 속상한데 그런 오해를 받으니까 답답하네요.
상미 미안해요. 저는 장학금 받는다고 해서 축하해 주려고 했는데 제가 잘못 듣고 왔네요.
에릭 아니에요. 그냥 신경 쓰지 말고 더 열심히 공부해야겠어요.

TIP

● **-아/어 가지고**

이유나 원인을 나타내며, 주로 말할 때 쓴다.

- 주말에 비가 와 가지고 등산을 못 갔어.
- 오늘 버스를 놓쳐 가지고 늦게 왔어요.

★ 잘못된 소식을 듣고 오해한 일에 대해서 더 이야기해 보십시오.

듣고 말하기

★ **헛소문 때문에 오해를 받으면 어떤 기분이 듭니까?**

속상하다	답답하다	섭섭하다	당황스럽다

★ **다음을 듣고 질문에 답하십시오.**

1. '지니'에 대해서 들은 내용을 정리해 보십시오.

(1) 오해받은 일	
(2) 사실	
(3) 오해를 푼 방법	
(4) 그때 지니의 기분	

속상하다　섭섭하다　당황스럽다　동아리　오해를 풀다　떠나다

2. 들은 내용과 같으면 O, 다르면 X 하십시오.

(1) 내일 반 친구들과 카이 씨를 만나서 식사할 것이다. ( )

(2) 카이 씨는 취직이 되어서 갑자기 한국을 떠나게 됐다. ( )

(3) 남자는 카이 씨 소식을 다른 사람한테 들어서 섭섭하다. ( )

(4) 남자는 카이 씨에게 방학에 할 아르바이트를 소개해 줬다. ( )

★ 헛소문 때문에 오해를 받은 적이 있습니까? 그때의 경험을 말해 보십시오.

헛소문 때문에 오해받은 일	
사실	
오해를 푼 방법	
그때 기분	

★ 최근에 들은 소식이나 소문이 있습니까? 그 소식을 들었을 때 기분이 어땠습니까?

02 커피 맛이 좋은가 봐요.

핵심문형 -(으)ㄴ가/나 보다

학생 1 요즘 지니 씨하고 왕호 씨는 매일 같이 다니네요.
학생 2 두 사람이 사귀나 봐요. 저도 영화관에서 같이 나오는 걸 봤거든요.

학생 1 주말에 여행 가려고 했는데 회사에서 출근하래요.
학생 2 주말에도 나가야 한다고요? 회사 일이 많은가 봐요.

연습 1 보기 와 같이 이야기해 보십시오.

보기

에릭 씨가 오늘 하루 종일 졸고 있다.

학생 1 에릭 씨가 오늘 하루 종일 졸고 있네요.
학생 2 피곤한가 봐요.

① 윤수 씨가 수업이 끝나자마자 나간다.	② 영화관에서 사람들이 울면서 나온다.
③ 복도가 너무 시끄럽다.	④ 율리아 씨가 계속 기침을 한다.
⑤ 티엔 씨는 항상 커피를 사 가지고 온다.	⑥ 요즘 호세 씨가 항상 늦게 퇴근한다.
⑦ 오늘 유카 씨가 하루 종일 말을 안 한다.	⑧ 상미 씨가 오늘 예쁜 옷을 입고 왔다.

연습 2 내가 알고 있는 소식을 전하면서 보기 와 같이 이야기해 보십시오.

보기

요즘 영화 〈첫사랑〉을 보는 사람들이 많다.

학생 1 요즘 영화 〈첫사랑〉을 보는 사람들이 많대요. 재미있나 봐요. 우리도 보러 갈까요?
학생 2 네, 좋아요. 그럼 오늘 수업 끝나자마자 갈까요?

① 에릭 씨가 이번에 장학금을 받는다.
② 왕호 씨가 요즘 룸메이트하고 말을 안 한다.
③ 친구가 회사를 그만둘 것이다.
④ ______________________ (친구들 소식이나 최근에 들은 뉴스)

표 현　-에 의하면

일기예보에 의하면 올해는 작년보다 비가 많이 온다고 한다.

기　자 들리는 소문에 의하면 배우 박진우 씨와 사귄다고 하는데 사실입니까?
연예인 아니에요. 그것은 사실이 아니에요. 그냥 헛소문이에요.

연습 보기 와 같이 말해 보십시오.

보기　뉴스에 의하면 올해는 작년보다 결혼한 사람이 줄었다고 합니다.

보기 뉴스	결혼하는 사람이 줄었다.
① 설문 조사 결과	〈외국인들이 가장 좋아하는 한국 음식이 뭐예요?〉 
② 일기예보	내일 / …… / 주말 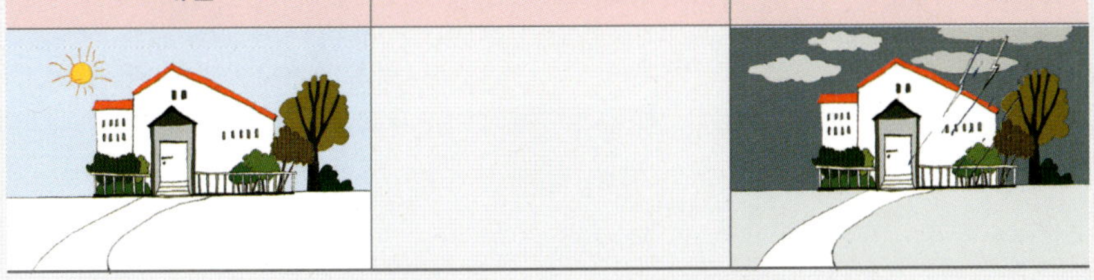
③ 의사의 말	하루에 물을 8잔 이상 마시는 것이 좋다.
④ 최근에 본 기사	

말하기

★ 다음과 같이 말해 보십시오.
(친구에 대해서 들은 소식이나 소문을 전해 준다.)

민성 씨가 학교 앞에 커피숍을 열었대요.

그래요? 안 그래도 요즘 어떻게 지내는지 궁금했어요.

친구들이 그러는데 손님들이 많대요. 커피 맛이 좋은가 봐요.

저도 민성 씨가 만들어 주는 커피를 마셔 보고 싶어요.

그래요? 오늘 같이 갈래요?

어떡하죠? 이따가 약속이 있어서요.

그럼 오늘은 저 혼자 갔다 올게요.

네, 저 대신 안부 좀 전해 주세요.

★ 다음과 같이 이야기해 보십시오.

학생 1 민성 씨 소식 들었어요? 민성 씨가 학교 앞에 커피숍을 열었대요.
학생 2 아, 그래요? 안 그래도 요즘 학교에서 얼굴 보기도 힘들고 연락이 뜸해서 어떻게 지내는지 궁금했어요.
학생 1 다녀온 친구들이 그러는데 손님들이 많대요. 커피 맛이 좋은가 봐요.
학생 2 저도 민성 씨가 만들어 주는 커피를 마셔 보고 싶어요. 한번 가 봐야겠어요.
학생 1 그래요? 저도 가 보려던 참이었는데, 오늘 수업 끝나고 같이 갈래요?
학생 2 어떡하죠? 오늘은 가기 어려울 것 같아요. 이따가 중요한 약속이 있어서요.
학생 1 그럼 오늘은 저 혼자 갔다 올게요. 다음에 같이 가요.
학생 2 네, 저 대신 안부 좀 전해 주세요.

★ 친구에 대한 소식을 더 이야기해 보십시오.

읽고 쓰기

★ **최근에 들은 뉴스 중에서 친구들에게 소개해 주고 싶은 내용이 있습니까?**

★ **다음 글을 읽고 내용을 정리해 보십시오.**

가 동국 뉴스에 의하면 ______________________ ______________________________.

지난 7월 30일 오후 2시쯤 부산 송정 해수욕장에서 대학생 2명이 수영을 하고 있었는데 그때 갑자기 파도가 세져서 물에 빠졌다. 이 두 사람은 바다 수영에 익숙하지도 않아서 물 밖으로 나오기가 쉽지 않았다. 그때 근처를 지나가다 두 사람을 본 김상진 씨가 망설이지 않고 바다로 뛰어들어서 두 사람을 모두 구했다. 위험할 수 있는 상황이었는데 김상진 씨는 그 순간 두 사람을 살려야겠다고만 생각했다. 덕분에 두 사람 모두 다행히 살 수 있었다.

다른 사람이 위험할 때 그냥 지나가지 않고 도와주는 사람들이 많아지면 좋겠다.

1. 뉴스 내용 요약	동국 뉴스에 의하면 ______________________
2. 뉴스 내용	• 언제: • 어디: • 누가: • 무슨 일:
3. 이 소식을 전하고 있는 사람의 생각	

파도 구하다 살리다

나 동국 뉴스에 의하면 ______________________________.

지난 2017년 여름 허리케인(Hurricane) 때문에 미국 텍사스(Texas)에 강한 바람과 함께 많은 비가 내려서 시내 대부분이 물에 잠겼다. 이때 애완동물을 키우고 있는 사람들은 개나 고양이를 버리지 않고 함께 피했다고 한다. 그들에게 개나 고양이는 그냥 동물이 아니라 한 가족이기 때문이다.

사람들도 쉽게 피하기 어려운 상황에서 애완동물을 끝까지 포기하지 않는 모습이 감동을 주었다.

1. 뉴스 내용 요약	동국 뉴스에 의하면
2. 뉴스 내용	• 언제: • 어디: • 누가: • 무슨 일:
3. 이 소식을 전하고 있는 사람의 생각	

★ 뉴스 내용을 읽고 보기 와 같이 댓글을 써 보십시오.

가 ↳ 보기 어려운 사람들을 보면 당연히 도와야지요. 그런데 조심해야 될 것 같아요.

↳ ______________________________

↳ ______________________________

나 ↳ 보기 시내 대부분이 물에 잠겼다고요? 비가 정말 많이 왔나 봐요.

↳ ______________________________

↳ ______________________________

(물에) 잠기다　피하다　감동

활 동

★ 가장 기억에 남는 뉴스를 소개하는 글을 쓰십시오.

1. 기사 내용 요약	-에 의하면
2. 기사 내용	• 언제: • 어디: • 누가: • 무슨 일:
3. 나의 생각	

12과

언어와 문화 ①

도입 말실수에 대한 이야기

어휘 언어 예절, 몸짓언어 관련 어휘

01 한국어가 배우기 쉬울 줄 알았어요.

핵심문형 -(으)ㄴ/는 줄 알았다/몰랐다

표현 -아다가/어다가

말하기 발음 때문에 말실수한 경험 이야기하기

듣고 말하기 말실수한 이야기 듣고 자신의 경험 이야기하기

02 이해가 안 돼도 그냥 알아들은 척했어요.

핵심문형 -(으)ㄴ/는 척하다

표현 -다니

말하기 한국어로 말할 때 어려운 점 이야기하기

읽고 말하기 몸짓언어에 대한 글 읽고 다른 나라의 몸짓언어 소개하기

활동 언어 게임

상수
성수?
이해했어요?
네.

도 입

★ **다음 그림을 보고 이야기해 보십시오.**

★ **듣고 이야기해 보십시오.**

1. 여자와 남자는 한국어로 말할 때 어떤 실수를 했습니까?

2. 여러분은 한국어를 배우면서 무엇이 제일 어려웠습니까?

어 휘

★ **다음 표현의 의미를 생각해 보십시오.**

말을 놓다	말을 높이다	농담하다	함부로 말하다

학생 1 제가 동아리 모임에서 만난 친구에게 나이가 비슷하니까 서로 **말을 놓자고** 했는데, 그 친구 기분이 안 좋아 보였어요.

학생 2 혹시 그 사람 나이가 더 많았나요? 한국에서는 나이도 많고 만난 지 얼마 안 됐을 때는 **말을 높여야** 돼요.

학생 1 그렇군요. 그런데 한국 사람들은 **농담하는** 거 싫어해요? 저는 그냥 재미있게 해 주고 싶어서 이런 저런 얘기를 했는데…….

학생 2 아직 친하지도 않은데 너무 **함부로 말하면** 안 좋을 것 같아요. 오해할 수도 있잖아요.

★ **다음 표현의 의미를 생각해 보십시오.**

손짓하다	인상을 쓰다	눈을 맞추다

1. 어제 도서관에서 직원이 조용히 하라고 **손짓했는데** 친구와 계속 이야기했다. 그래서 직원이 **인상을 쓰면서** 나가라고 했다.

2. 내 친구는 대화할 때 항상 내 말을 잘 들어 주고, 내 **눈을 맞추면서** 이야기해 줘서 그 친구와 이야기하면 편하고 좋다.

★ 다음 그림을 보고 따라 해 보십시오.

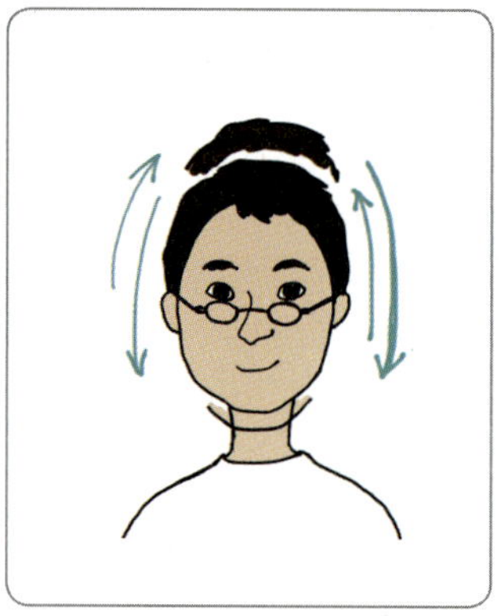

고개를 끄덕이다

고개를 젓다

턱을 괴다

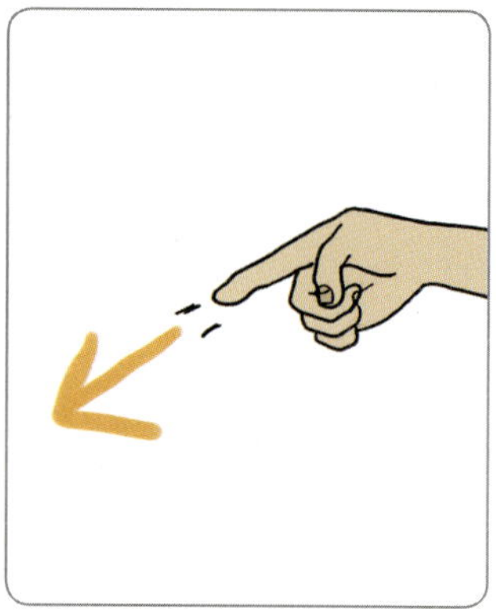

손으로 가리키다

★ 배운 표현을 사용해서 이야기해 보십시오.

한국에서는 언제 말을 높여야 돼요?
또 어떤 상황에서 말을 놓아요?

대화할 때 친구가
자주 하는 행동이 있어요?

01 한국어가 배우기 쉬울 줄 알았어요.

핵심문형 -(으)ㄴ/는 줄 알았다/몰랐다

친구 1 어? 오늘 경복궁이 안 여네. 오늘 문 여는 줄 알았는데.
친구 2 나도 평일에는 다 여는 줄 알았어. 다음에 다시 오자.

학생 1 어, 어떡하죠? 저는 김치찌개는 매워서 못 먹어요.
학생 2 지난번에 한국 음식을 좋아한다고 해서 김치찌개도 잘 먹을 줄 알았어요.

학생 1 새로 시작한 일은 어때요? 힘들지 않아요?
학생 2 이 일이 이렇게 힘들 줄 몰랐어요.

연습 1 보기 와 같이 이야기해 보십시오.

보기 케이크를 가지고 있는 친구에게

학생 1 유카 씨, 오늘이 생일인가 봐요.
학생 2 아니에요. 친구에게 주려고 샀어요.
학생 1 저는 유카 씨가 받은 줄 알았어요.

① 우유를 자주 마시는 친구에게	② 수업 시간에 늦게 온 친구에게
③ 얼굴이 안 좋아 보이는 친구에게	④ 날마다 수업이 끝나고 빨리 나가는 친구에게

연습 2 보기 와 같이 이야기해 보십시오.

보기 해외여행을 갔다 왔다.

학생 1 지난 방학에 베트남에 갔다 왔다면서요?
학생 2 네. 그런데 저는 베트남이 그렇게 더울 줄 몰랐어요.

① 해외여행을 갔다 왔다.	② 집들이에 갔다.
③ 연예인을 봤다.	④ 주말에 영화를 봤다.

연습 3 보기 와 같이 말해 보십시오.

보기 한국어

저는 한국에 오기 전에 고향에서 한국어를 조금 배웠어요. 그때는 한국어가 정말 쉬웠어요. 그래서 한국에서 한국어를 배우면 금방 한국 사람처럼 이야기할 수 있을 줄 알았어요. 그런데 한국에 와서 한국어를 배워 보니까 생각보다 어려워요.

한국어	한국 사람	음식	날씨	교통	동국대학교

표 현 -아다가/어다가

학생 1 수저는 왜 가져 왔어요?
학생 2 룸메이트가 이걸 갖다줬어요. 저는 숙제 좀 갖다 달라고 했는데…….
제 발음이 이상했나 봐요.

학생 1 지금 시장 갈 건데 뭐 필요한 거 있어요?
학생 2 네, 고마워요. 그럼 우유 좀 사다 주세요.

연습 1 보기 와 같이 이야기해 보십시오.

보기 책상에 화분을 놓고 싶다. / 사다 — 놓다

학생 1 책상에 화분이 있으면 좋겠어요.
학생 2 그럼 하나 사다가 놓을까요?

보기	책상에 화분을 놓고 싶다.	사다 — 놓다
①	주말에 집에서 책을 읽고 싶다.	빌리다 — 읽다
②	고향 음식을 파는 곳이 없다.	사다 — 만들다
③	순대를 먹고 싶다.	사다 — 먹다

수저

연습 2 보기 와 같이 이야기해 보십시오.

보기 숙제를 집에 놓고 왔다.

학생 1 제가 숙제를 집에 놓고 왔는데요. 좀 갖다줄 수 있어요?
학생 2 네, 제가 이따 갖다줄게요.

갖다주다 / 데려다주다 / 사다 주다 / 태워다 주다 / 들어다 주다 / 빌려다 주다 / 만들어다 주다

① 5층까지 짐을 옮겨야 된다.	② 책상 위에 필통을 놓고 왔다.
③ 너무 늦어서 집에 혼자 가기 무섭다.	④ 병원에 입원했는데 고향 음식을 먹고 싶다.
⑤ 집들이를 하려고 하는데 집에 마실 것이 없다.	⑥ 도서관에 가는 친구에게 읽고 싶은 책을 부탁하고 싶다.

말하기

★ 다음과 같이 말해 보십시오.
(발음 때문에 실수한 경험에 대해서 이야기한다.)

요즘 공부하는 건 어때요?

한국어가 배우기 쉬울 줄 알았는데 배울수록 어렵네요.

저도 그래요. 특히 한국어 발음이 어려워요.

발음 때문에 실수한 적이 있어요?

그럼요. 한번은 친구가 저를 고향까지 데려다준다고 한 적이 있는데요.

정말요? 그 친구도 중국에 같이 갔다고요?

아니요, 친구 차를 타고 출발했는데 저를 공항에 내려 줬어요.

아, '고향'이 아니고 '공항'요? 발음이 비슷하니까 잘못 들을 수도 있지요.

★ 다음과 같이 이야기해 보십시오.

학생 1 요즘 공부하는 건 어때요? 저는 3급이 되니까 공부할 게 많아져서 힘들어요.
학생 2 맞아요. 저도 처음에는 한국어가 배우기 쉬울 줄 알았는데 배울수록 어렵네요.
학생 1 저도 그래요. 특히 한국어 발음이 어려워요. 발음이 비슷한 표현은 아직도 많이 헷갈려요.
학생 2 발음 때문에 실수한 적이 있어요?
학생 1 그럼요. 아직도 실수를 많이 해요. 한번은 친구가 저를 고향까지 데려다준다고 한 적이 있는데요.
학생 2 정말요? 그 친구도 중국에 같이 갔다고요?
학생 1 아니요, 친구 차를 타고 출발했는데 저를 공항에 내려 줘서 당황했어요.
학생 2 아, '고향'이 아니고 '공항'요? 발음이 비슷하니까 잘못 들을 수도 있지요.

★ 한국어를 배우면서 실수한 경험에 대해서 더 이야기해 보십시오.

듣고 말하기

★ **여러분이 한 말을 친구가 이해하지 못한 적이 있습니까?**

★ **다음을 듣고 질문에 답하십시오.**

1. 들은 내용과 같은 것을 고르십시오.

① 여자는 한국 친구와 식사를 했다.
② 한국 친구는 벌써 친구와 점심을 먹었다.
③ 한국에서는 인사 대신에 같이 식사를 한다.
④ 한국에서 '식사하셨어요?'는 인사말로도 쓴다.

2. 여자는 왜 당황했습니까?

① 한국 친구가 점심을 먹자고 해서
② 한국 친구가 아직까지 점심을 안 먹었다고 해서
③ 한국 친구가 다른 사람과 점심 약속이 있다고 해서
④ 한국 친구가 같이 점심을 먹으려고 기다렸다고 해서

3. 한국에서 인사로 식사했는지 물어보는 이유는 무엇입니까?

★ 다음을 듣고 질문에 답하십시오.

4. 남자는 왜 오늘 약속에 늦었습니까?

5. 두 사람이 한국어로 말할 때 헷갈리거나 발음이 어려운 말이 무엇인지 정리해 보십시오.

남자	(1) 동대입구 / 건대입구
	(2)
	(3)
여자	(4)

★ 말실수를 한 적이 있습니까? 무슨 말실수를 했는지 친구와 함께 이야기해 보십시오.

□ 발음 □ 단어 □ 문법 □ 높임말 □

	언제	어디	무슨 일	그때 기분
나				
친구				

높임말

02 이해가 안 돼도 그냥 알아들은 척했어요.

핵심문형 -(으)ㄴ/는 척하다

학생 1 저는 누가 길을 물어보면 어떻게 말해야 될지 몰라서 모르는 척해요.
학생 2 저도 그런 적이 있어요.

친구 1 지난번에 싸운 에릭 씨하고 어제 명동에서 마주쳤다면서?
친구 2 응, 그래서 그냥 못 본 척했어.

마주치다

연습 1 보기 와 같이 말해 보십시오.

보기 기분이 나쁘지만 괜찮은 척하다

저는 저보다 친구가 다른 사람에게 더 인기가 있을 때 기분이 나쁘지만 자존심 때문에 괜찮은 척해요.

① 알지만 모르는 척하다	② 모르지만 아는 척하다
③ 있지만 없는 척하다	④ 봤지만 못 본 척하다
⑤ 없지만 있는 척하다	⑥ 먹었지만 안 먹은 척하다

연습 2 보기 와 같이 이야기해 보십시오.

보기 싫어하는 사람이 부탁을 하면

학생 1 싫어하는 사람이 부탁을 하면 어떻게 해요?
학생 2 싫은 사람 부탁은 들어주기 싫어요. 그래서 못 알아들은 척해요.

① 마음에 드는 사람 앞에서
② 사무실에 갑자기 사장님이 들어오면
③ 고향에 있는 가족한테 안부 전화가 오면
④ 사람이 많은 장소에서 넘어졌을 때
⑤ 헤어진 남자 / 여자 친구하고 우연히 길에서 마주치면

자존심 (부탁을) 들어주다 알아듣다

표 현 -다니

학생 1 알렉스 씨가 병원에 입원했대요.
학생 2 그래요? 그렇게 건강했는데 아프다니 믿을 수 없어요.

학생 1 저 두 사람은 형제래요.
학생 2 두 사람이 형제라니요. 외모도 성격도 전혀 다른데요.

연습 보기 와 같이 이야기해 보십시오.

보기 나 — 한국에 온 지 벌써 1년이 됐다.

학생 1 저는 한국에 온 지 벌써 1년이 됐어요.
학생 2 벌써 1년이나 되다니 시간이 정말 빠르네요.

① 4월 — 서울에 눈이 왔다.	놀랍다, 대단하다, 섭섭하다, 믿을 수 없다,
② 케이크 — 한 조각에 25,000원이다.	
③ 티엔 — 말도 없이 고향에 돌아갔다.	
④ 왕호 — 한 번 들은 것은 다 기억한다.	
⑤ 에릭 — 한국 사람처럼 한국어를 잘한다.	

놀랍다 조각

말하기

★ 다음과 같이 말해 보십시오.
(한국어로 말할 때 어려운 점에 대해서 이야기한다.)

한국 친구하고 만나서 이야기할 때 힘들지 않아요?

저는 이런저런 이야기를 그냥 편하게 해요.

저는 어제 한국 친구하고 2시간이나 이야기했는데 너무 긴장됐어요.

2시간이나 이야기하다니 대단하네요.

대단하기는요.
이해가 안 돼도 그냥 알아들은 척했어요.

저도 다 이해하기 어려워요.

그런데 저는 긴장되면 눈도 잘 못 맞추고, 발음도 더 엉망이 돼요.

계속 만나서 이야기하다 보면 잘하게 될 거예요.

★ 다음과 같이 이야기해 보십시오.

학생 1 한국 친구하고 만나서 이야기할 때 힘들지 않아요? 저는 한국어로 말하는 게 쉽지 않은 것 같아요.

학생 2 제 친구는 제 말을 잘 들어 주고, 제가 이해를 못하면 쉽게 설명해 주니까 저는 이런저런 이야기를 그냥 편하게 해요.

학생 1 그렇군요. 저는 어제 한국 친구하고 2시간이나 이야기했는데 너무 긴장됐어요.

학생 2 한국어로 2시간이나 이야기하다니 대단하네요. 그렇게 하면 한국어가 금방 늘겠네요.

학생 1 대단하기는요. 친구가 무슨 말을 했는지 이해가 안 돼도 그냥 알아들은 척했어요.

학생 2 저도 한국 친구 말을 다 이해하기 어려워요. 못 알아들었을 때는 다시 물어보면 되죠.

학생 1 그런데 저는 긴장되면 눈도 잘 못 맞추고, 발음도 더 엉망이 돼요.

학생 2 계속 만나서 이야기하다 보면 잘하게 될 거예요. 너무 걱정하지 마세요.

★ 한국어로 말할 때 어떤 점이 어려운지 더 이야기해 보십시오.

엉망

읽고 말하기

★ **여러분 나라에서는 사람을 부를 때 어떤 몸짓언어를 사용합니까?**

★ **다음을 읽고 질문에 답하십시오.**

몸짓언어

처음

언어에는 입으로 말하는 언어와 몸으로 말하는 언어가 있다. 우리는 보통 입으로 말하는 것만 언어라고 생각하지만 몸으로 말하는 언어, '몸짓언어'도 중요하다. 외국으로 여행을 가서 물건을 사거나 음식을 주문할 때 손짓 발짓으로 표현하는 것도 몸짓언어이다. 그러나 자기 나라에서 사용하는 몸짓언어를 그대로 사용하다가 곤란한 일을 경험하거나 오해를 받을 뻔한 적이 한 번쯤 있을 것이다.

중간 ①

몸짓언어는 나라마다 차이가 있고 그 차이를 모르면 실수를 하게 된다. 나는 예전에 불가리아로 여행 간 적이 있다. 한국에서는 고개를 위아래로 끄덕이면 '네'를 의미하지만 불가리아에서는 '아니요'를 의미한다고 한다. 또한 한국과 반대로 고개를 좌우로 젓는 것이 '네'를 의미한다고 한다. 나는 그때 이런 사실을 몰라서 오해를 했다. 그래서 그 다음부터 여행을 가기 전에 그 나라의 대표적인 몸짓언어를 확인해 보고 간다.

불가리아

몸짓언어　곤란하다

중간 ②

한국에서는 팔을 머리 위로 올려서 하트 모양을 만드는 것이 사랑을 의미한다. 그런데 일본에서는 그 동작이 원숭이를 의미한다고 한다. 한국의 연예인들이 일본에 가서 "여러분, 사랑합니다."라고 말하면서 머리 위로 하트 모양을 만드니까 모두 이상하게 생각했다고 한다.

중간 ③

그리고 한국에서는 사진을 찍을 때 손으로 브이(V)를 많이 한다. 하지만 호주나 영국에서는 함부로 쓰면 안 된다. 손등이 보이게 브이(V)를 하면 '나는 너와 싸워서 이길 수 있다.'라는 의미로 오해해서 싸울 수도 있다.

끝

지금은 국제화 시대이다. 외국인과 대화를 할 기회도 많다. 외국인들과 대화를 잘하기 위해서는 외국어를 잘하는 것도 중요하지만 상대방 나라의 몸짓언어를 아는 것도 중요하다. 모든 몸짓언어를 알 필요는 없지만 실수를 하지 않기 위해서 어느 정도의 몸짓언어는 배우는 것이 좋다.

1. '몸짓언어'가 무엇입니까?

2. 읽은 내용과 같은 것을 고르십시오.

① 입으로 말하는 언어보다 몸짓언어가 더 중요하다.

② 언어는 다르지만 몸짓언어는 어느 나라나 모두 똑같다.

③ 불가리아에서는 고개를 끄덕이는 것이 '네'를 의미한다.

④ 외국인과 이야기를 할 때 그 나라의 몸짓언어를 알면 서로 잘 이해할 수 있다.

동작 하트 손등 상대방 국제화

3. 읽은 내용을 정리해 보십시오.

제목: 몸짓언어	
처음	
중간 ①	나라마다 서로 다른 몸짓언어 예(1):
중간 ②	나라마다 서로 다른 몸짓언어 예(2):
중간 ③	나라마다 서로 다른 몸짓언어 예(3):
끝	

4. 여러분 나라에 한국과 다른 몸짓언어가 있으면 소개해 주십시오.

★ 다른 사람과 이야기할 때 몸짓언어 때문에 기분이 좋다고 느끼거나 나쁘다고 느낀 적이 있습니까? 보기 와 같이 말해 보십시오.

보기 지난번에 오랜만에 친구를 만났는데 친구가 턱을 괴고 제 이야기를 들어서 기분이 나빴어요. 제 이야기가 지루했나 봐요.

지루하다

활 동

★ 친구들과 언어 게임을 해 보십시오.

1. 보기 와 같이 끝말잇기를 해 보십시오.

보기 운동 — 동물 — 물고기 — 기차 — 차이나타운 — 운전 — 전세 — 세탁기 — 기대……

1. 실수	2. 소문
3. 역사	4. 택시

2. 보기 와 같이 단어를 만들어 보십시오.

보기 ㅇ ㅈ

➡ 의자 여자 어제 아주 ……

1. ㅅ ㄹ ➡	2. ㄱ ㅊ ➡
3. ㅈ ㅁ ➡	4. ㅇ ㅎ ➡
5. ㅎ ㄱ ➡	6. ㅅ ㄱ ➡

3. 보기 와 같이 3급에서 배운 관용표현을 맞혀 보십시오.

보기 ㄱ ㄹ ㅇ ㄸ

➡ 그림의 떡

1. ㅁ ㅇ ㅂ ㄷ ➡	2. ㅂ ㄱ ㅈ ㄹ ㅆ ㄷ ➡
3. ㄱ ㄱ ㅇ ㄷ ➡	4. ㅈ ㄴ ㅇ ㅇ ㄱ ➡
5. ㄴ ㅇ ㄱ ㄹ ㄷ ➡	6. ㅂ ㅌ ㅇ ㅇ ㄷ ➡
7. ㅌ ㅇ ㄴ ㄷ ➡	8. ㄴ ㄲ ㅍ ㅇ ㅁ ㄱ ㄷ ➡
9. ㄴ ㅇ ㄸ ㄷ ➡	10. ㅁ ㄹ ㄹ ㅅ ㅎ ㄷ ➡

M.E.M.O

종합과제 6

관용표현 가는 말이 고와야 오는 말이 곱다
낮말은 새가 듣고 밤말은 쥐가 듣는다
말 한마디에 천 냥 빚도 갚는다
말이 씨가 된다
발 없는 말이 천 리 간다

주제 활동 우리 반 신문 만들기

문화 한류의 원동력, 팬클럽 문화

개인 발표 ②: 자유 주제 발표

각자 자신이 발표하고 싶은 주제를 선택하여 발표하고
다른 학생들과 함께 의견 나누기

관용표현

★ **다음 그림을 보고 속담의 의미를 생각해 보십시오.**

가는 말이 고와야 오는 말이 곱다.

낮말은 새가 듣고 밤말은 쥐가 듣는다.

말 한마디에 천 냥 빚도 갚는다.

말이 씨가 된다.

발 없는 말이 천 리 간다.

★ 빈칸에 알맞은 속담을 쓰십시오.

1. **학생 1** 나는 저 사람이 거짓말을 자주 해서 마음에 안 들어요. 정말 싫어요.
   학생 2 쉿! 우리가 얘기하는 걸 누가 듣고 있을 수도 있어요. ____________ -(ㄴ/는)다고 하잖아요.

2. **학생 1** 유카가 취직한 것을 우리만 알자고 했는데 모르는 사람이 없네요.
   학생 2 그러게요. 소문이 금방 퍼졌네요. ____________ -(ㄴ/는)다고 하잖아요.

3. **학생 1** 어떻게 하죠? 에릭 씨한테 빌린 책을 잃어버렸어요.
   학생 2 ____________ -(ㄴ/는)다고 하잖아요. 에릭 씨한테 솔직하게 얘기하고 사과해 보세요. 에릭 씨도 이해해 줄 거예요.

4. **친구 1** 초등학생도 다 아는 건데 이것도 몰라?
   친구 2 너는 나보다 모르면서 왜 그래? 그리고 발음이 그게 뭐야? 네가 하는 말 하나도 못 알아듣겠어.
   친구 1 뭐라고? 너 무슨 말을 그렇게 해?
   친구 2 네가 먼저 기분 나쁘게 말했는데. ____________ -(ㄴ/는)다고 하잖아.

5. **학생 1** 소식 들었어요? 왕호 씨가 졸업하자마자 취직했대요.
   학생 2 ____________ -(ㄴ/는)다고 하잖아요. 항상 "잘될 거야."라고 했는데 정말 말한 대로 됐네요.

★ 보기 와 같이 말해 보십시오.

> **보기** 말 한마디에 천 냥 빚도 갚는다.
>
> 말 한마디에 천 냥 빚도 갚는다고 하잖아요. 말만 잘해도 문제를 쉽게 해결할 수 있는 것 같아요.
> 저는 며칠 전에 친구한테 실수를 한 적이 있는데요.
>
> ____________

솔직하다

주제 활동

★ 다음과 같이 우리 반 신문을 만들어 보십시오.

똑똑하고 멋있는 우리 반

우리 반 소식

✤ 이번 주 토요일에 우리 반 지니 씨가 동국대학교 근처로 이사를 한다. 시간이 있는 친구들이 와서 도와주면 좋겠다고 한다. ……

✤ 알렉스 씨는 항상 돈이 없는 척하면서 친구들에게 돈을 자주 빌린다. 하지만 알렉스 씨의 부모님은 고향에서 돈이 아주 많기로 유명하다고 한다. ……

고향 소식

✤ 중국 충칭시는 산이 많아서 기차역을 만들기 어렵다. 그래서 19층짜리 아파트의 6층부터 8층에 '리즈빠'기차역을 만들었다고 한다. 주민들은 기차역과 가까이 살고 있지만 생각보다 시끄럽지 않아서 더 좋다고 한다. ……

다른 나라 뉴스

✤ 미국에서는 햄을 너무 사랑하는 남자가 햄 박물관에서 결혼식을 했다고 한다. 이 남자는 햄의 상품명을 자기의 이름에 넣어 이름을 바꾸었다. ……

✤ 유럽 과학자들이 비닐을 먹는 벌레를 발견했다. 이 벌레로 비닐 때문에 생기는 환경문제를 해결할 수 있을 거라고 한다. ……

마셔 봐~

신 / 상 / 품

한 번 마시면 계속
마시고 싶은 이 맛!

마시면 마실수록
날씬해지고
건강해지는 마셔 봐~

※ 선착순 50명에게는 한 병 더!
※ 학생들에게 부담 없는 저렴한 가격!

햄 상품명 비닐 환경문제 선착순

우리 반에서 생긴 일	고향 뉴스
국제 뉴스	광고

1. 반 신문 제목 정하기
2. 반을 4팀으로 나누어서 작성할 주제 정하고 신문 만들기
3. 발표하기

문 화

★ 한류의 원동력, 팬클럽 문화

스타들이 있는 곳엔 언제나 함께하는 사람들이 있다. 이 사람들은 팬클럽 회원들인데, 공연장이나 이동할 때도 항상 스타의 옆에 있다. 팬클럽 회원들은 좋아하는 스타의 공연, 음악 프로그램, 예능 프로그램 등 다양한 방송 활동까지 따라다니면서 스타를 향한 사랑을 보여 주고 있다. 특히 공개 방송은 가까운 거리에서 스타를 볼 수 있고 방송하는 중간에 이야기도 할 수 있어 팬들에게는 중요한 기회다.

요즘은 공연이나 깜짝 팬미팅 등의 다양한 이벤트가 많아져서 스타와 팬들은 더욱 가까워지고 있다. 이렇게 관심만 있으면 스타를 만날 기회가 많아졌는데 왜 팬클럽 회원이 되어서 활동하는 걸까? 그 이유는 팬클럽에 가입하면 콘서트나 공개 방송 표를 쉽게 얻을 수 있기 때문이라고 한다. 최근 팬클럽 회원들은 스타의 이름으로 다양한 기부를 하거나 명동역과 강남역 등 여러 곳에서 자신이 좋아하는 스타를 위해 응원 메시지 광고도 한다.

팬클럽은 해외에서도 활발하게 활동 중이다. 지금의 한류는 이 해외 팬클럽들이 중심이 되었다. 2013년 기준 세계 78개국에 986개의 한류 동호회가 활동하는 것으로 조사되었다. 한류 동호회는 스타의 소식을 각 나라의 말로 전하면서 한국 문화도 세계에 알리려고 노력하고 있다.

- 아리랑 TV 국제방송 교류재단 -

팬클럽 스타 공개 방송 팬미팅 이벤트

1. 한류에 대해서 들어 본 적이 있습니까? 무엇에 대해서 들어 봤습니까?

드라마	영화	가수	공연	상품(화장품, 인삼 등)

공연장 이동하다 따라다니다 향하다 응원 기부 한류 기준

2. 만약에 팬클럽 활동을 한다면 스타를 위해서 무슨 활동을 해 보고 싶습니까? 왜 그렇습니까?

스타 응원	스타 만나기	방송국에 찾아가기
아픈 어린이 돕기	쌀이나 돈 기부	도서관 짓기

3. 여러분 나라의 팬클럽 문화는 어떻습니까?

개인 발표② 자유 주제 발표

개인 발표 ①	발표 안내, 발표 주제 정하기, 발표 개요 쓰기
개인 발표 ②	준비한 자료 정리하여 발표문 쓰기
개인 발표 ③	PPT 만들기, 발표 연습하기
개인 발표 ④	발표하기, 다른 발표자의 발표를 평가하기

★ 준비한 자료 정리하여 발표문 쓰기

- 조사한 자료를 정리하여 발표문을 쓰십시오.
- 어떻게 하면 학생들이 더 잘 이해할 수 있을지 생각하면서 발표문을 쓰십시오.
- 다 쓴 후 선생님께 제출하십시오.

1. 문장 연결하기

우선/먼저	다음으로	마지막으로	게다가	또한
그래서	그리고	그래도	그런데	그렇지만

2. 내용 연결하기

| 처음 | -에 대해서 발표하겠습니다.

| 중간 ① | -에 대해서 말씀드리겠습니다.

| 중간 ② | -에 대해서 소개해 드리겠습니다.

| 끝 | 이것으로 제 발표를 마치겠습니다.

보기

말실수한 경험

구분	내용	
처음	안녕하십니까? 저는 말실수한 경험에 대해서 발표할 왕호라고 합니다. 여러분은 말실수를 한 경험이 있으십니까? 아직 한국어가 서투르기 때문에 유학생이라면 거의 다 말실수한 경험이 있을 것입니다. 저는 1년 전에 한국에 왔습니다. 한국에 왔을 때 한국어를 하나도 몰라서 말실수를 많이 했습니다. 지금부터 제가 한국에 살면서 말실수한 경험에 대해서 발표하겠습니다.	
중간	1.	먼저 높임말 실수에 대해서 이야기해 드리겠습니다. 하루는 식당에 갔는데 직원이 뭘 드시겠냐고 해서 김치찌개를 드시겠다고 했습니다. ……
	2.	다음으로 발음 실수에 대해서 이야기해 드리겠습니다. 친구와 상수에서 만나기로 했는데 길을 잘 몰라서 택시를 탔습니다. 그런데 '상수'를 '성수'로 잘못 발음해서 택시기사님이 저를 성수에 내려 주셨습니다. ……
	3.	마지막으로 의미를 잘못 알아서 실수한 경험에 대해서 이야기해 드리겠습니다. 얼마 전에 친구의 집에서 저녁 식사를 했습니다. 그때 친구 아버지께서 찌개를 드시면서 시원하다고 하셔서 찌개가 시원한 줄 알았습니다. ……
끝	요즘도 말실수를 할 때가 많이 있습니다. 실수를 할 때마다 창피하고 속상합니다. 그래도 꾸준히 공부하면 한국 사람처럼 한국어를 잘할 수 있을 거라고 생각합니다. 이것으로 제 발표를 마치겠습니다. 잘 들어 주셔서 감사합니다.	

발표 제목		발표자 이름	

13과

생활 예절

도입 지하철 휴대폰 사용 예절에 대한 이야기

어휘 생활 예절 관련 어휘

01 그럼 이어폰을 끼고 듣지 그래요?

핵심문형 -지 그래요? / -지 그랬어요?

표현 -지 않으면 안 되다

말하기 기숙사 생활 예절에 대해 이야기하기

읽고 말하기 세계 여러 나라의 인사법에 대한 글 읽고 각 나라의 인사에 대해 이야기하기

02 친구가 지하철을 탈 때마다 힘들어해요.

핵심문형 -아하다 / 어하다

표현 -아 / 어 있다

말하기 지하철에서 생긴 불쾌한 경험에 대해 이야기하기

듣고 말하기 공공 예절을 지키지 않는 사람들에 대한 이야기 듣고 자신의 경험에 대해 이야기하기

활동 공공 예절 경험에 대한 글 쓰고 발표하기

노약자석
영화관

도 입

★ **다음 그림을 보고 휴대폰 사용 예절에 대해 이야기해 보십시오.**

★ **듣고 이야기해 보십시오.**

1. 두 사람은 무엇에 대해 이야기하고 있습니까?

2. 여자는 왜 기분이 나빴습니까?

3. 여러분도 공공장소에서 휴대폰 사용 예절을 지키지 않는 사람 때문에 기분 나쁜 적이 있었습니까?

공공장소

어 휘

★ **다음 표현의 의미를 생각해 보십시오.**

양보하다

줄을 서다

배려하다

매너가 있다

★ **빈칸에 알맞은 표현을 쓰십시오.**

불쾌하다	새치기를 하다	양심이 없다	예의가 없다

1. 영화표를 사려고 줄을 섰는데 어떤 사람이 줄을 서지 않고 ________ -아서/어서 정말 기분이 나빴다.

2. 식당에서 아이들이 직원에게 반말을 하고 시끄럽게 뛰어다녔다. ________ -는 아이들을 보면 나중에 어떤 사람이 될지 걱정이 된다.

3. 영화가 끝난 후에 콜라와 팝콘을 몰래 자리에 버리고 가는 사람들이 많다. 정말 ________ -(으)ㄴ/는 것 같다.

4. 내 앞에서 걸어가는 사람이 계속 담배를 피워서 담배 연기 때문에 목이 아팠다. 걸으면서 담배를 피우는 사람을 보면 ________ .

몰래

★ 배운 표현을 사용해서 이야기해 보십시오.

어떨 때
자리를 양보해요?

공공장소에서 새치기를 하는 사람을
본 적이 있어요?

어떤 행동을 하는 사람을 볼 때
불쾌해요?

어떤 사람이
매너가 있는 사람이라고 생각해요?

공공장소에서 다른 사람을
배려할 수 있는 일이 뭘까요?

01 그럼 이어폰을 끼고 듣지 그래요?

핵심문형 -지 그래요? / -지 그랬어요?

학생 1 이번 방학이 긴데 뭘 하면 좋을지 모르겠어요.
학생 2 바다를 보고 싶다고 했잖아요. 부산에 가지 그래요?

학생 1 친구한테 노트북을 빌려줬는데 친구가 떨어뜨려서 고장이 났어요.
학생 2 비싼 건데 빌려주지 말지 그랬어요?

연습 1 보기 와 같이 이야기해 보십시오.

보기 어제 셔츠를 샀는데 마음에 안 든다.

학생 1 어제 셔츠를 샀거든요. 그런데 집에 와서 보니까 색이 마음에 안 들어요.
학생 2 색이 마음에 안 들면 다른 색으로 바꾸지 그래요?

① 어제 잠을 못 자서 너무 피곤하다.	② 학교가 멀어서 너무 힘들다.
③ 감기에 자주 걸린다.	④ 고향 친구가 한국에 놀러 왔다.
⑤ 좋아하는 사람이 생겼다.	⑥ 한국어 실력이 좋아지지 않는다.

연습 2 보기 와 같이 이야기해 보십시오.

보기 배탈이 났다.

학생 1 배가 계속 아프네요. 배탈이 난 것 같아요.
학생 2 어제는 괜찮았잖아요. 왜 배탈이 났어요?
학생 1 어제 매운 음식을 많이 먹었거든요.
학생 2 조금만 먹지 그랬어요? 매운 음식을 많이 먹으면 배탈이 나요.
학생 1 다음부터 조금만 먹어야겠어요.

① 지각했다.	② 부모님께 혼났다.
③ 약속 시간에 늦었다.	④ 생활비를 다 썼다.
⑤ 건강이 안 좋아졌다.	⑥ 눈이 나빠졌다.

연습 3 보기 와 같이 이야기해 보십시오.

보기 면접

학생 1 얼굴이 안 좋아 보여요. 무슨 일 있어요?
학생 2 준비를 제대로 못해서 면접을 잘 못 봤거든요.
학생 1 중요한 면접인데 열심히 준비하지 그랬어요?
학생 2 수업이 끝나고 바로 아르바이트를 하니까 시간이 없었어요.
학생 1 그럼 아르바이트를 그만두지 그래요? 취직이 더 중요하잖아요.

공부	여행	건강	친구	데이트

표 현 -지 않으면 안 되다

직원 1 몸이 안 좋은데 아직 일을 다 못 끝내서 쉴 수 없어요.
직원 2 그럴 때는 쉬지 않으면 안 돼요. 제가 나중에 도와줄 테니까 빨리 들어가서 쉬세요.

학 생 갑자기 급한 일이 생겼는데 시험을 다른 날 볼 수 있어요?
선생님 시험이니까 다른 학생들과 같은 날 보지 않으면 안 됩니다.

연습 1 보기 와 같이 이야기해 보십시오.

보기

직원 자료 준비를 내일까지 해도 됩니까?
사장 내일 아침에 회의가 있으니까 오늘까지 하지 않으면 안 됩니다.

보기	**직원** 자료 준비를 내일까지 해도 됩니까?	사장
①	**학생** 다음 주에 장학금을 신청해도 됩니까?	직원
②	**환자** 꼭 수술해야 합니까?	의사
③	**손님** 주말에 가려고 하는데 예약하지 않아도 될까요?	직원

수술하다

연습 2 안내문을 쓰고 보기 와 같이 말해 보십시오.

보기 밤 11시까지 들어오지 않으면 안 됩니다.

줄을 서다	조용히 하다	깨끗하게 사용하다
재활용품은 분리수거함에 버리다	이어폰을 끼다	휴대폰을 진동으로 바꾸다

기숙사 이용 안내

1. 보기 밤 11시까지 들어와야 합니다.
2.
3.

영화관 이용 안내

1. 영화를 볼 때 조용히 하십시오.
2.
3.

도서관 이용 안내

1. 2주 안에 책을 반납해 주십시오.
2.

우리 반 규칙

1. 수업 시간에 한국어를 사용하세요.
2.

말하기

다음과 같이 말해 보십시오.
(기숙사 생활 예절에 대해서 이야기한다.)

기숙사에 사니까 불편한 점이 너무 많아요.

어떤 점이 불편한데요?

룸메이트가 일찍 자서
밤에 음악을 못 듣거든요.

그럼 이어폰을 끼고 듣지 그래요?

앞으로는 그래야겠어요. 그리고
밤에 불을 빨리 꺼야 하는 것도 불편해요.

기숙사에서는 다른 사람을
배려하지 않으면 안 돼요.

저도 알지만 서로 생활 습관이 너무 달라서
나가서 혼자 살까 고민하고 있어요.

급하게 결정하지 말고
룸메이트하고 한번 이야기해 보세요.

다음과 같이 이야기해 보십시오.

학생 1 기숙사에 사니까 불편한 점이 너무 많아요. 예전에 기숙사에 살 때 어땠어요?

학생 2 전 친구들과 같이 사니까 재미있었어요. 어떤 점이 불편한데요?

학생 1 편하게 음악을 못 듣는 게 제일 불편해요. 룸메이트가 일찍 자는 편이라서 밤에 음악을 못 듣거든요.

학생 2 그럼 이어폰을 끼고 듣지 그래요?

학생 1 앞으로는 그래야겠어요. 그리고 룸메이트 때문에 불도 빨리 꺼야 돼서 밤늦게까지 하고 싶은 일을 할 수 없어요.

학생 2 불편하겠지만 기숙사에서는 다른 사람을 배려하지 않으면 안 돼요. 룸메이트도 불편한 점이 있을 거예요.

학생 1 저도 알지만 룸메이트하고 생활 습관이 너무 달라서 힘드네요. 그래서 그냥 나가서 혼자 살까 고민하고 있어요.

학생 2 혼자 사는 것도 안 좋은 점이 있어요. 급하게 결정하지 말고 룸메이트하고 이 일에 대해서 한번 이야기해 보세요.

룸메이트와 같이 살 때 어떤 점이 불편한지 더 이야기해 보십시오.

읽고 말하기

★ **여러분 나라에서는 처음 만났을 때 어떻게 인사합니까? 한국에서는 어떻게 인사해야 합니까?**

★ **다음을 읽고 질문에 답하십시오.**

사람들은 다양한 문화를 경험하기 위해서 여행을 한다. 나도 세계 여러 나라를 여행하면서 다양한 문화를 경험하고 배우게 되었다. 그 나라 문화를 경험할 수 있는 가장 쉬운 방법은 바로 인사다. 새로운 사람을 만날 때마다 인사를 해야 하는데 나라마다 인사하는 방법이 다르기 때문에 여행을 가기 전에 그 나라에서 어떻게 인사를 하는지 알아야 한다.

한국에서는 어른들께는 손을 앞으로 모으고 허리를 굽혀서 인사를 하고 친구들에게는 손을 흔들면서 인사를 한다. 그런데 프랑스, 이탈리아, 스페인에서는 양쪽 뺨을 서로 가볍게 대면서 인사를 한다. 영화에서 많이 봤기 때문에 어렵지 않을 거라고 생각했는데 처음에는 친하지 않은 사람과 얼굴을 대는 게 쉽지 않아서 당황할 때가 많았다.

아프리카에서도 인사 때문에 당황한 적이 있다. 한번은 아프리카의 마사이족을 만난 적이 있었다. 거기에서 나는 한국에서 한 것처럼 허리를 굽혀서 인사를 했다. 그런데 갑자기 그 사람이 침을 뱉어서 깜짝 놀란 적이 있다. 그때는 아주 많이 당황하고 불쾌했다. 나중에 알아보니까 그곳은 물이 부족하기 때문에 아주 반가울 때 그렇게 인사를 한다고 한다.

한국에서는 어른 앞에서 팔짱을 끼면 예의가 없다고 생각한다. 미얀마에 갔을 때 거기에서 만난 아이들에게 인사를 했는데 아이들이 나에게 팔짱을 끼고 인사를 해서 예의가 없다고 생각했다. 그런데 많은 아이들이 그렇게 인사를 해서 미얀마 친구에게 물어보니까 미얀마에서는 존경하는 사람에게 팔짱을 끼고 인사를 한다고 했다. 태국에서는 인사로 존경하는 마음을 표현할 때 두 손을 모은다. 평소에는 가슴 앞으로 두 손을 모아서 인사하는데 높은 사람을 만났을 때는 손을 더 높게 올린다고 한다.

처음에는 어색하고 이해하기 힘든 인사도 있을 것이다. 그 나라의 인사를 이해하지 못하면 서로 불쾌하게 생각할 수도 있다. 방법은 다르지만 인사로 반가운 마음을 표현하는 것은 어느 나라든지 같다. 다른 나라 여행을 계획하고 있다면 그 나라 인사부터 알아보는 게 좋겠다.

마사이족

굽히다　침을 뱉다　존경하다　뺨　어색하다

1. 이 글의 중심내용을 고르십시오.

① 인사는 그 나라의 문화를 보여 준다.

② 나라마다 인사 방법과 의미가 다르다.

③ 어느 나라든지 인사는 꼭 두 손을 모으고 한다.

④ 여러 나라를 여행하면 다양한 경험을 할 수 있다.

2. 세계 여러 나라에서 어떻게 인사하는지 써 보십시오.

프랑스, 이탈리아, 스페인	
아프리카 마사이족	
미얀마	
태국	

★ 다음을 보고 따라해 보십시오.

- 두 손을 앞으로 모으고 허리를 굽혀서 인사한다.
- 코를 서로 비비면서 인사한다.
- 손끝을 입에 대었다가 떼면서 인사한다.
- 엄지손가락과 새끼손가락만 펴고 흔들면서 인사한다.

떼다　엄지손가락　새끼손가락

★ 친구와 둘만의 인사를 만들어 보고 어떻게 하는지 말해 보십시오.

보기 서로 손바닥을 친 다음에 주먹을 위아래로 치고 어깨를 두드려요.

잡다	모으다	대다	떼다	비비다	치다	두드리다

손바닥 치다 주먹 두드리다

02 친구가 지하철을 탈 때마다 힘들어해요.

핵심문형	-아하다/어하다

학생 1 지난주에 친구와 같이 본 영화 어땠어요?
학생 2 저는 재미없었지만 친구는 좋아하는 배우가 나와서 그런지 아주 재미있어했어요.

학생 1 친구가 이번에 장학금을 받았는데 정말 부러워요.
학생 2 너무 부러워하지 마세요. 지니 씨도 열심히 공부하면 받을 수 있을 거예요.

연습 1 보기 와 같이 이야기해 보십시오.

힘들다	슬프다	재미있다	무섭다	부럽다
외롭다	부끄럽다	지루하다	좋다	싫다

보기

운동하는 것을 제일 싫어할 것 같은 사람 — 상미

학생 1 우리 반에서 운동하는 것을 제일 싫어할 것 같은 사람이 누구예요?
학생 2 상미 씨요. 2층에 올라갈 때도 꼭 엘리베이터를 타요.

1. ______ 영화를 보면서 제일 ______ -(으)ㄹ 것 같은 사람	
2. 공부하는 것을 제일 ______ -(으)ㄹ 것 같은 사람	
3. 찜질방에 가자고 하면 제일 ______ -(으)ㄹ 것 같은 사람	
4. ______ -을/를 먹자고 하면 제일 ______ -(으)ㄹ 것 같은 사람	
5. ______ -는 것을 제일 ______ -(으)ㄹ 것 같은 사람	

연습 2 보기 와 같이 이야기해 보십시오.

보기

에릭 장위 씨 친구들이 장위 씨의 어떤 점을 부러워하는 것 같아요?
장위 저는 꼼꼼한 편이라서 평소에 실수를 별로 하지 않아요. 그래서 친구들이 저의 꼼꼼한 성격을 부러워하는 것 같아요.

① 유학생들이 한국에 와서 제일 힘들어하는 게 뭐예요?	② 유학생들이 언제 외로워한다고 생각해요?
③ 한국에서 외국인들이 제일 가고 싶어 하는 곳이 어디일까요?	④ 남자/여자가 기분 나빠하는 말이 뭐라고 생각해요?
⑤ 어떤 일을 했을 때 부모님이 제일 기뻐하셨어요?	

외롭다

표 현 -아/어 있다

학생 1 누가 왕호 씨예요?
학생 2 저기 창문 옆에 앉아 있는 사람이 왕호 씨예요.

룸메이트 1 허리가 너무 아파서 못 일어나겠어요.
룸메이트 2 오늘은 집에서 쉬지 그래요? 허리가 안 좋을 때는 누워 있어야 돼요.

연습 1 다음을 보고 알맞게 말해 보십시오.

쓰이다	쌓이다	놓이다	들다	잠기다	앉다	눕다

① 

도서관 앞에 '휴대폰 사용 금지'라고 ______________.

노약자 금지

② 

책상 위에 책이 __________ -고 컵이 __________ __________.

③ 

잔디 위에 __________ -는 학생도 있고 __________ -는 학생도 있다.

④ 

친구가 준 선물 상자를 열어 보니까 안에 예쁜 인형이 __________ __________.

⑤ 

교실 문이 __________ -아서 / 어서 선생님께서 오실 때까지 기다렸다.

연습 2 보기 와 같이 말해 보십시오.

보기 들어 있다

학교에 가다가 길에서 지갑을 주웠어요. 지갑에는 10만 원이 들어 있었어요. 그 돈으로 맛있는 음식을 사 먹을까 주인을 찾아줄까 잠깐 망설였는데 주인을 찾아 주기로 했어요.

앉아 있다	누워 있다	서 있다	쌓여 있다
놓여 있다	들어 있다	잠겨 있다	쓰여 있다

잔디

말하기

★ 다음과 같이 말해 보십시오.
(지하철에서 생긴 불쾌한 일에 대해서 이야기한다.)

기분이 안 좋아 보이네요.
무슨 일이 있었어요?

지하철에서 기분 나쁜 일이 있었거든요.

기분 나쁜 일요? 무슨 일인데 그래요?

제 옆에 앉은 아저씨가 다리를 벌리고
앉아 있어서 너무 불쾌했어요.

제 친구도 지하철 탈 때마다 힘들어해요.

무슨 일이 있었는데요?

한번은 지하철 문이 열리자마자
사람들이 밀어서 넘어질 뻔했대요.

사람이 많을 때는
줄을 서서 타지 않으면 안 돼요.

★ 다음과 같이 이야기해 보십시오.

학생 1 오늘 기분이 안 좋아 보이네요. 무슨 일이 있었어요?
학생 2 네. 오늘 아침 지하철에서 기분 나쁜 일이 있었거든요.
학생 1 기분 나쁜 일요? 무슨 일인데 그래요?
학생 2 제 옆에 앉은 아저씨가 다리를 벌리고 앉아 있어서 너무 불쾌했어요. 그래서 학교에 도착할 때까지 서 있었어요.
학생 1 정말 기분 나빴겠어요. 제 친구도 지하철 탈 때마다 힘들어해요.
학생 2 그래요? 무슨 일이 있었는데요?
학생 1 출퇴근할 때마다 사람이 많아서 힘들대요. 한번은 줄을 서서 지하철을 기다리고 있는데 지하철 문이 열리자마자 사람들이 밀어서 넘어질 뻔했대요.
학생 2 사람들이 많을 때는 줄을 서서 천천히 타지 않으면 안 돼요. 큰 사고가 날 수도 있거든요.

★ 지하철에서 생긴 불쾌한 일에 대해서 친구와 더 이야기해 보십시오.

다리를 벌리다

듣고 말하기

★ **공공 예절을 지키지 않는 사람을 보면 어떻게 합니까?**

★ **다음을 듣고 질문에 답하십시오.**

1. 들은 내용과 같은 것을 고르십시오.

① 영화관 앞에 휴대폰을 끄라고 쓰여 있다.

② 걸으면서 휴대폰을 보다가 다친 적이 있다.

③ 요즘 아이들을 데리고 갈 수 없는 식당도 있다.

④ 아이들보다 어른들이 공공 예절을 더 잘 지킨다.

2. 여자와 남자는 각각 공공 예절을 지키지 않는 사람을 보면 어떻게 합니까?

- 여자:
- 남자:

소리를 지르다　　차다　　기본

3. 공공장소에서 어떻게 해야 하는지 써 보십시오.

(1) 화장실에 사람이 많을 때는 ____________________.

(2) 식당에서는 ____________________.

(3) 지하철에서 드라마를 볼 때는 ____________________.

(4) 영화관에서는 ____________________.

★ 공공 예절을 지키지 못한 적이 있습니까? 어떤 상황에서 공공 예절을 지키기 힘든지 이야기해 보십시오.

보기

활 동

★ 여러분의 공공 예절 점수는 몇 점일까요? 잘 지키고 있는 것에 ♥ 하고 이야기해 보십시오.

1	쓰레기를 길에 버리지 않는다.	□
2	몸이 불편한 사람에게 자리를 양보한다.	□
3	지하철에서는 통화할 때 작은 소리로 말한다.	□
4	사람이 많은 곳에서는 냄새 나는 음식을 먹지 않는다.	□
5	문을 닫기 전에 뒤에 사람이 있는지 확인한다.	□
6	길을 걸을 때 오른쪽으로 다닌다.	□
7	사람들이 모두 내린 후에 지하철을 탄다.	□
8	미술관이나 박물관에서 전시물을 만지지 않는다.	□
9	공원의 꽃을 꺾거나 잔디를 밟지 않는다.	□
10	공공장소에 있는 물건을 깨끗하게 사용한다.	□
11	에스컬레이터를 이용할 때 걸어서 올라가지 않는다.	□
12	엘리베이터 안에서 큰 소리로 말하지 않는다.	□
13	신호등이 없는 곳에서는 길을 건너지 않는다.	□
14	표를 사거나 공연장에 들어갈 때는 줄을 선다.	□
15	지하철에서 다리를 벌리고 앉지 않는다.	□

12~15개		예절을 아주 잘 지키는 멋진 사람입니다.
6~11개		좀 더 노력해 보세요.
1~5개		가는 곳마다 사람들이 불편해하겠네요.

전시물　꺾다　밟다　에스컬레이터　신호등

★ **다음 공공장소 중에서 하나를 선택해서 공공 예절에 대한 경험을 쓰십시오.**

지하철	공원	도서관
박물관/미술관	화장실	식당

언제	어디에서	무슨 일	그때 기분

누구나 공공장소에서 예절을 지키지 않는 사람 때문에 화가 난 경험이 있을 것이다. 나도 그런 경험이 있다.

M.E.M.O

14과

실수와 변명

도입 사람을 잘못 본 실수에 대한 이야기

어휘 실수, 변명, 사과 관련 어휘

01 요즘 발표 준비하느라고 정신이 없어요.

핵심문형 -느라고

표현 -(으)ㄴ/는 대신에

말하기 약속을 착각해서 실수한 경험에 대해 이야기하기

Tip -에다가 ②

듣고 쓰기 실수한 경험에 대한 이야기 듣고 들은 내용 요약해서 쓰기

02 미리 전화할걸 그랬네요.

핵심문형 -(으)ㄹ걸 그랬다

표현 -(으)ㄹ 수밖에 없다

말하기 집들이에 못 간 일에 대해 변명하기

읽고 말하기 실수에 대한 글 읽고 자신의 경험에 대해 이야기하기

활동 다양한 실수 상황에서 변명하고 사과하는 대화를 만들어 역할극 하기

도 입

★ **헷갈려서 실수할 수 있는 일에 대해 이야기해 보십시오.**

★ **듣고 이야기해 보십시오.**

1. 남자는 어떤 실수를 했습니까?

2. 여러분도 모르는 사람에게 실수한 적이 있습니까? 친구와 이야기해 보십시오.

어 휘

★ 다음 표현의 의미를 생각해 보십시오.

착각하다	깜빡하다	화해하다	일부러

1. **친구 1** 너 어제 모임에 왜 안 왔어?
   친구 2 어? 어제였어? 오늘인 줄 알았어. 날짜를 **착각했네**.
2. **학생 1** 지금 어디예요? 전 30분 전에 도착했어요.
   학생 2 아, 맞다! **깜빡했어요**. 정말 미안해요. 지금 바로 갈게요.
3. **학생 1** 며칠 전에 룸메이트하고 싸웠다고 들었는데 **화해했어요**?
   학생 2 네, 어제 룸메이트가 사과해서 저도 미안하다고 했어요.
4. **친구 1** 어제 동생하고 싸웠는데 화가 나서 동생 전화를 **일부러** 안 받았어.
   친구 2 그래도 전화는 받아야지. 무슨 일이 있는지 모르니까 얼른 전화해 봐.

★ 알맞은 표현을 연결하십시오.

1. 친구 1 요즘 할 일이 많아서 그런지 자꾸 실수를 해. 어제도 발표에 필요한 자료를 검색하다가 버스를 잘못 타서 학교에 늦었어. •
   친구 2 바쁠 때는 누구나 그럴 수 있어.
2. 선생님 왜 아직 발표문을 못 썼어요?
   학 생 자료를 늦게 찾아서 발표를 아직 준비하지 못했어요. 죄송합니다. •
3. 친구 1 영화를 보는데 자꾸 내 휴대폰에서 소리가 나서 정말 당황했어. •
   친구 2 영화 볼 때는 진동으로 바꿔야지. 주변 사람들이 싫어했겠다.
4. 학생 1 와, 이 표를 어떻게 구했어요? 정말 고마워요.
   학생 2 고맙기는요. 저 때문에 공연 예약을 못 했으니까 제가 구하는 게 당연하지요. •

• 피해를 주다
• 잘못을 인정하다
• 책임을 지다
• 정신이 없다

★ 배운 표현을 사용해서 이야기해 보십시오.

약속을 착각하거나 깜빡해서 실수한 적이 있어요?	알면서 일부러 모르는 척한 경험이 있어요?	실수해서 다른 사람에게 피해를 줬을 때 어떻게 해요?	친구와 싸웠을 때 어떻게 화해했어요?

01 요즘 발표 준비하느라고 정신이 없어요.

핵심문형 -느라고

학생 1 어제 축구 경기 봤어요?
학생 2 보고 싶었는데 숙제하느라고 못 봤어요.

친구 1 요즘 어떻게 지내?
친구 2 면접 준비하느라 정신없이 바빠.

연습 1 보기 와 같이 이야기해 보십시오.

보기

학생 1 오늘 좀 피곤해 보여요.
학생 2 네. 시험공부를 하느라고 두 시간밖에 못 잤거든요.

① 왜 늦었어요?	② 오늘 많이 바빠 보이네요.
③ 왜 아까 전화를 안 받았어요?	④ 왜 동아리 모임에 안 왔어요?
⑤ 계속 불렀는데 제가 부르는 소리 못 들었어요?	⑥ 왜 아직도 점심을 안 먹었어요?

연습 2 보기 와 같이 이야기해 보십시오.

보기

한국에 유학을 왔다. 한국에 도착하자마자 부모님께 전화를 하기로 했는데 깜빡했다. 그리고 매일 전화하기로 약속했는데 너무 바빠서 일주일 동안 전화를 못 했다.

학생 여보세요? 엄마, 저예요.
엄마 왜 그동안 전화 안 했어? 걱정했잖아.
학생 죄송해요. 학교에 등록하고 방 구하느라고 바빴어요.
엄마 그래도 연락을 해야지. 걱정되니까 앞으로 자주 전화해.
학생 알겠어요. 앞으로 연락 자주 드릴게요.

① 친구와 영화를 보기로 약속했는데 약속 시간보다 30분이나 늦었다. 게다가 내가 영화표를 사기로 했는데 영화표를 예매하지 못했다.

② 어제 남자/여자 친구의 생일이었는데 다음 주로 착각했다. 그래서 어제 남자/여자 친구에게 연락도 하지 않고 다른 친구의 생일파티에 가서 밤늦게까지 놀았다.

③ 2주 전에 친구와 함께 쇼핑하기로 약속했는데 너무 바빠서 계속 약속을 미뤘다. 그런데 이번 주에 급한 일이 생겨서 또 약속을 미뤄야 한다.

표 현 -(으)ㄴ/는 대신에

학생 1 면접 볼 때 입을 정장 샀어요?
학생 2 자주 안 입을 것 같아서 사는 대신에 친구한테 빌리려고요.

학생 1 와, 휴대폰 바꿨네요. 그런데 이 휴대폰은 너무 비싸지 않아요?
학생 2 비싼 대신에 기능이 많아요.

연습 1 보기 와 같이 이야기해 보십시오.

보기

학생 1 어제 친구하고 영화 재밌게 봤어요?
학생 2 아니요, 친구가 시간이 없다고 해서 영화 보는 대신에 같이 밥을 먹었어요.

보기	어제 친구하고 영화 재미있게 봤어요?	친구가 시간이 없다고 해서
①	밥 먹고 산책할까요?	날씨가 추우니까
②	친구 결혼식에 축의금을 얼마나 내야 해요?	아직 학생이니까
③	어머니 생신 때 여행 가기로 했다면서요?	어머니가 몸이 안 좋으셔서
④	집들이 때 무슨 음식을 만들 거예요?	맛이 없을 것 같아서

정장 축의금

연습 2 보기 와 같이 이야기해 보십시오.

보기 새로 이사한 집 — 교통이 편하다 / 시끄럽다

학생 1 새로 이사한 집은 어때요?
학생 2 교통이 편한 대신에 집 주변이 좀 시끄러워요.

①	학교 앞 식당	비싸다 / 음식이 맛있다
②	저 가수	노래를 못하다 / 춤을 잘 추다
③	새로 산 옷	디자인이 예쁘다 / 불편하다
④	새로 구한 아르바이트	힘들다 / 돈을 많이 받다

말하기

★ 다음과 같이 말해 보십시오
(약속 장소에 오지 않은 친구와 전화를 한다.)

여보세요? 지금 어디예요?

도서관에서 공부하고 있는데요.

도서관요? 오늘 영화 보기로 했잖아요.

어떡하죠? 내일 만나는 줄 알았어요.

전 내일은 시간이 없어요.

미안해요. 요즘 발표 준비하느라고
정신이 없었어요. 지금 빨리 갈게요.

오늘은 늦었으니까
영화 보는 대신에 맥주 한잔하는 건 어때요?

좋아요.
약속 시간을 착각해서 정말 미안해요.

★ 다음과 같이 이야기해 보십시오.

학생 1 여보세요? 저 30분 전부터 기다리고 있는데 지금 어디예요?
학생 2 저를 기다리고 있다고요? 저는 지금 도서관에서 공부하고 있는데요.
학생 1 도서관요? 오늘 같이 영화 보기로 했잖아요. 지난주에 약속했는데 기억 안 나요?
학생 2 어떡하죠? 제가 약속 날짜를 착각했어요. 내일 만나는 줄 알았어요.
학생 1 전 내일은 시간이 없어요. 내일은 다른 약속이 있으니까 오늘 만나자고 했잖아요.
학생 2 아, 맞다. 정말 미안해요. 제가 요즘 발표에다가 면접시험까지 준비하느라고 정신이 없었어요.
학생 1 오늘은 늦었으니까 영화 보는 대신에 맥주 한잔하는 건 어때요?
학생 2 좋아요. 약속 시간을 착각해서 정말 미안해요. 다음엔 잊지 않고 꼭 기억할게요.

TIP

● **-에다가 ②**
어떤 것에 또 다른 것을 더해서 표현할 때 사용한다.

• 점심에 라면에다가 김밥까지 먹어서 너무 배불러요.

★ 약속을 했는데 지키지 못하게 된 상황으로 더 이야기해 보십시오.

듣고 쓰기

★ 약속을 잊어버린 적이 있습니까? 그때 어떻게 했습니까?

★ 다음을 듣고 질문에 답하십시오.

1. 들은 내용과 같으면 O, 다르면 X 하십시오.

(1) 여자는 요즘 발표를 준비하느라고 바쁘다. ( )

(2) 여자는 진우를 만나서 솔직하게 이야기를 했다. ( )

(3) 진우는 2시간 동안 여자의 전화를 받지 않았다. ( )

(4) 여자는 진우가 화를 낼까 봐서 전화하지 못했다. ( )

2. 남자가 마지막에 한 말에 이어서 할 수 있는 말을 생각해서 말해 보십시오.

음, 그럼 이렇게 해 보는 건 어때? ____________________

____

통

3. 들은 내용을 생각하면서 여자의 일기를 써 보십시오.

영화 약속
↓
잠
↓
전화 스무 통
↓
전화 대신 문자

7월 5일

오늘 진우한테 실수를 한 것 같다. 진우와 영화를 보기로 약속했는데

____

____

____

____

____

아직도 진우에게서 연락이 없다. 어떻게 하면 진우의 화를 풀 수 있을까?

진우 얼굴
↓
거짓말
↓
더 화가 난 진우

7월 10일

갑자기 진우가 만나자고 해서 약속 장소에 나갔다. 나는 오랜만에 진우를 만나서 반가웠는데 진우는 ______________________________

____

____

____

____

진우는 나에게 거짓말하지 말라고 했다. 전에 내가 진우에게 팀 발표가 끝났으니까 영화 보러 가자고 했는데 진우가 그걸 기억하고 있었다. 진우는 화를 내면서 다시는 연락하지 말라고 했다. 진우와 사이가 멀어질까 봐서 무섭다.

02 미리 전화할걸 그랬네요.

핵심문형 -(으)ㄹ 걸 그랬다

학생 1 이번 시험이 어려웠다면서요?
학생 2 네. 그래서 지난 시험보다 점수가 많이 떨어졌어요. 열심히 공부할걸 그랬어요.

학생 1 오늘 왜 이렇게 늦었어요?
학생 2 택시를 탔는데 길이 너무 막혔어요. 택시를 타지 말걸 그랬어요.

연습 1 보기 와 같이 말해 보십시오.

보기

우산을 안 가지고 왔는데 밖에 비가 쏟아진다.

우산을 안 가지고 왔는데 밖에 비가 쏟아지네요. 우산을 가져올걸 그랬어요.

① 운동을 안 해서 그런지 건강이 안 좋아졌다.	② 비빔냉면을 시켰는데 너무 맵다.
③ 커피를 많이 마셔서 잠이 안 온다.	④ 아이스크림을 많이 먹어서 배탈이 났다.
⑤ 옷을 샀는데 집에 비슷한 옷이 많다.	⑥ 배가 고파서 많이 주문했는데 다 못 먹었다.
⑦ 비싼 화장품을 사서 발랐는데 얼굴에 뭐가 많이 났다.	⑧ 등산을 하러 왔는데 비가 온다.

연습 2 보기 와 같이 이야기해 보십시오.

보기

학생 1 많이 늦었네요. 저는 오늘 늦을까 봐서 지하철을 타고 왔어요.
학생 2 저는 늦을까 봐서 택시를 탔는데 길이 막혀서 더 늦었어요.
저도 지하철을 탈걸 그랬어요.

보기	평소에는 버스를 타는데 시험에 늦을까 봐서 지하철을 타고 학교에 왔다.	택시를 탔는데 길이 막혀서 평소보다 더 늦었다.
①	인사동에 갔다가 드라마 촬영하는 것도 보고 유명한 배우도 많이 봤다.	친구가 인사동에 가자고 했는데 피곤해서 그냥 집에 갔다.
②	어제 백화점에 갔는데 50% 세일을 해서 코트를 싸게 샀다.	지난주에 백화점에서 친구와 똑같은 코트를 비싸게 샀다.
③	가수 'Y' 콘서트에 꼭 가고 싶었는데 표가 매진돼서 못 갔다.	가수 'Y' 콘서트 표가 생겨서 콘서트에 갔는데 피곤해서 콘서트가 끝날 때까지 잤다.

촬영하다

연습 3 보기 와 같이 말해 보십시오.

보기 시험

공부를 안 해서 시험을 잘 못 봤어요.
공부를 열심히 할걸 그랬어요.
앞으로는 열심히 해야겠어요.

시험	지각	쇼핑	건강
한국에 유학 오기 전		고향에 돌아가기 전	

표 현 -(으)ㄹ 수밖에 없다

학생 1 왜 현금을 내요? 카드가 편하지 않아요?
학생 2 이 가게에서는 카드를 안 받아서 현금으로 낼 수밖에 없어요.

학생 1 유카 씨가 부탁했는데 안 된다고 했다면서요? 유카 씨가 섭섭해하는 것 같아요.
학생 2 저도 도와주고 싶었는데 너무 바빠서 거절할 수밖에 없었어요.

연습 보기 와 같이 말해 보십시오.

보기 이번 달 용돈을 다 썼다.

이번 달 용돈을 다 써서 아르바이트를 구하려고 했어요. 그런데 아르바이트를 구할 수 없었어요. 그래서 친구한테 돈을 빌릴 수밖에 없었어요.

① 화장실에 휴지가 없었다.
② 집이 먼데 버스비가 없었다.
③ 내일이 시험인데 공부를 못 했다.
④ 돈을 내려고 하는데 지갑이 없었다.
⑤ 친구의 생일파티에 가야 하는데 아직 생일 선물을 준비하지 못했다.

거절하다

말하기

★ 다음과 같이 말해 보십시오.
(왜 집들이에 못 갔는지 이야기한다.)

어제 집들이 잘했어요?
못 가서 미안해요.

그런데 어제 왜 안 왔어요?

동생이 교통사고가 나서
병원에 데리고 가느라고 못 갔어요.

연락이 안 돼서 걱정했어요.

미리 전화할걸 그랬네요.

그런데 동생은 좀 어때요?

많이 안 다쳤는데 아직 조심해야 돼서
며칠 동안 병원에 있을 수밖에 없어요.

빨리 나으면 좋겠어요.

★ 다음과 같이 이야기해 보십시오.

학생 1 어제 집들이 잘했어요? 못 가서 정말 미안해요.
학생 2 잘 끝났어요. 친구들이 많이 와서 재미있었어요. 그런데 왜 안 왔어요? 연락도 없이…….
학생 1 미안해요. 동생이 교통사고가 나서 병원에 데리고 가느라고 못 갔어요.
학생 2 아, 그랬어요? 연락이 안 돼서 걱정 많이 했어요.
학생 1 미리 전화할걸 그랬네요. 너무 정신이 없어서 연락할 수 없었어요.
학생 2 정말 정신이 없었겠어요. 그런데 동생은 좀 어때요?
학생 1 다행히 많이 안 다쳤어요. 그런데 의사 선생님이 아직은 조심해야 된다고 하셔서 며칠 동안은 병원에 있을 수밖에 없어요.
학생 2 그렇군요. 빨리 나으면 좋겠어요.

★ 어쩔 수 없이 약속을 못 지킨 일에 대해서 더 이야기해 보십시오.

읽고 말하기

★ **실수했을 때 먼저 잘못을 인정합니까? 아니면 변명을 합니까?**

★ **다음을 읽고 질문에 답하십시오.**

실수와 태도

실수를 하지 않으려고 노력하지만 사람은 누구나 실수를 한다. 그런데 실수를 한 후의 태도는 사람마다 다른 것 같다. 실수했을 때 어떤 사람은 바로 자신의 잘못을 (㉮) 사과하지만 어떤 사람은 (㉯) 그 상황을 피하려고 한다.

먼저 실수를 했을 때 바로 잘못을 인정하고 사과하는 사람이 있다. 그런데 이때 사과만 하는 것이 아니라 자기가 뭘 잘못했는지 알고 잘못을 인정해야 한다. 자신의 잘못이 무엇인지 모르고 하는 사과는 그 상황을 빨리 피하기 위해서 하는 사과이기 때문에 나중에 같은 실수를 반복하게 된다. 자기가 뭘 잘못했는지 알고 사과하는 사람은 다시 이런 실수를 반복하지 않는다. 이렇게 하면 다른 사람들도 실수한 사람을 이해하고 다음에는 실수하지 않을 거라고 생각하게 될 것이다.

반대로 실수를 했는데 자신의 잘못을 인정하지 않고 여러 가지 이유로 변명만 하면서 피하려고 하는 사람이 있다. 이런 사람들은 책임을 지지 않으려고 여러 가지 변명을 한다. 예를 들어서 '많이 아파서', '갑자기 고향에서 부모님이 오셔서', '여러 가지 일을 하느라고 바빠서', '잘못 이해해서', '날짜를 착각해서', '약속을 깜빡해서' 등이다. 이렇게 실수할 때마다 계속 변명만 하는 사람은 나중에는 정말 그 일이 자신의 잘못이 아니라고 생각하게 된다. 이런 일이 반복되면 아무도 그 사람을 좋아하지 않을 것이고 그 사람과 어떤 일도 같이 하려고 하지 않을 것이다.

사람이기 때문에 실수를 할 수 있지만 같은 실수를 반복하지 않는 것이 중요하다. 먼저 자신의 잘못을 인정하려고 노력해야 한다.

1. 이 글의 주제로 알맞은 것을 고르십시오.

① 실수를 인정하는 것이 중요하다.
② 실수를 하지 않도록 노력해야 한다.
③ 실수를 했을 때는 변명부터 해야 한다.
④ 실수를 인정하면 사람들이 그 사람을 믿지 못한다.

변명하다　태도

2. ㉮와 ㉯에 들어갈 말로 알맞은 것을 고르십시오.

① 이해하고 — 변명하면서　　② 인정하고 — 사과하면서

③ 인정하고 — 변명하면서　　④ 이해하고 — 사과하면서

3. 실수에 대한 두 가지 태도입니다. 각각 어떤 결과가 나오는지 쓰십시오.

실수한 후의 태도	결과
잘못을 인정한다.	
변명한다.	

★ 실수를 했을 때 어떻게 행동합니까? 이야기해 보십시오.

보기

예전에 친구의 책을 잃어버린 적이 있어요. 그래서 친구에게 사과한 다음에 잘 챙기지 못해서 잃어버렸다고 하면서 제 잘못을 인정했어요. 친구는 일부러 잃어버린 게 아니니까 괜찮다고 했지만 미안해서 친구한테 새 책을 사 줬어요.

예전에 제가 친구의 휴대폰을 떨어뜨려서 친구의 휴대폰이 깨졌어요. 나는 친구에게 책상이 너무 좁아서 어쩔 수 없었다고 변명을 했어요. 친구는 괜찮다고 했지만 화가 난 것 같았어요. 그 친구와 만나면 아직도 어색하고 불편해요.

친구의 물건을 잃어버렸을 때 | 친구와 한 약속을 잊어버렸을 때 | 나 때문에 친구의 물건이 고장 났을 때

어쩔 수 없다

활 동

★ **보기** 와 같이 이야기해 보십시오.

보기

선생님	학생
평소에 자주 지각을 하는 학생이 연락도 하지 않고 지각을 했다.	오늘은 지각하지 않으려고 했는데 지하철이 고장 나서 또 지각을 했다.

선생님 **학생**

1. 잘못한 것에 대해 말하기

타쿠야 씨, 오늘도 늦었네요.

2. 사과하기

선생님, 늦어서 죄송합니다.

3. 잘못한 것에 대해 자세히 말하기 ①

늦으면 연락을 해야지요.
아무 연락도 없어서 걱정했어요.

4. 변명하기 ①

일찍 오려고 했는데 지하철이
고장 나서 빨리 올 수 없었어요.

5. 잘못한 것에 대해 자세히 말하기 ②

지금 벌써 11시잖아요.
일찍 나오지 그랬어요?

6. 변명하기 ②

일찍 나왔는데 몸이 안 좋아서
병원에 다녀오느라고 늦었어요.

7. 용서하기

알겠어요. 다음부터는 늦지 마세요.

8. 인정하고 약속하기

늦게 와서 정말 죄송합니다.
다음부터는 늦지 않겠습니다.

용서하다

	친구 1	친구 2
①	화장실에 가려고 친구 2에게 휴대폰을 맡겼다.	지나가는 사람이 쳐서 친구 1이 맡긴 휴대폰을 떨어뜨렸다.

	사장	직원
②	새로 들어온 직원이 다른 직원들에게 준비해야 되는 서류를 잘못 알려 줬다.	회사에 들어온 지 얼마 안 돼서 잘 모른다.

	엄마 / 아빠	딸 / 아들
③	딸 / 아들이 평소에 연락을 자주 하지 않는데 생일에도 연락을 하지 않았다.	엄마 / 아빠 생신이었는데 깜빡하고 연락도 못 드렸다.

	선생님	학생
④	평소에 숙제를 잘 안 하는 학생이 또 숙제를 안 했다.	친구가 숙제를 잘못 알려 줘서 숙제를 잘못했다.

종합과제 7

관용표현	눈을 피하다 눈이 많다 시치미를 떼다 얼굴이 두껍다 Tip 의성어
주제 활동	공익광고 만들기
문화	김 씨와 김지현 씨

개인 발표 ③: 자유 주제 발표

각자 자신이 발표하고 싶은 주제를 선택하여 발표하고 다른 학생들과 함께 의견 나누기

관용표현

★ 다음 표현의 의미를 생각해 보십시오.

눈을 피하다	눈이 많다	시치미를 떼다	얼굴이 두껍다

1. 선생님의 **눈을 피해서** 몰래 친구의 시험지를 보다가 선생님께 혼이 났다.
2. 공공장소에서는 보는 **눈이 많으니까** 행동을 더 조심해야 한다.
3. 동생이 항상 내 옷을 몰래 입는데 안 입었다고 하면서 **시치미를 뗀다**.
4. 음주운전을 한 연예인이 사과도 하지 않고 텔레비전에 나온다. 정말 **얼굴이 두꺼운** 것 같다.

★ 빈칸에 알맞은 표현을 쓰십시오.

1. 며칠 전부터 계속 우리 집 앞에 쓰레기가 놓여 있었다. 누가 밤늦게 몰래 버리고 가는 것 같았다. 학교에 가다가 옆집에 사는 아주머니를 만났는데 편의점 옆에 사는 사람이 우리 집 앞에 쓰레기를 버리고 가는 걸 봤다고 한다. CCTV를 확인해 보니까 아주머니 말씀이 맞았다. 요즘에는 보는 ________________ -(으)니까 양심을 지키면서 살아야 한다.

2. 뉴스에 의하면 연예인 A 씨와 B 씨가 다음 달에 결혼한다고 합니다. 연예인 A 씨와 B 씨는 드라마를 촬영하다가 사랑에 빠졌다고 합니다. 주변에서는 두 사람이 사귀는 것을 전혀 몰랐다고 합니다. 사람들의 ________________ -아서/어서 데이트를 했기 때문에 가까운 사람들도 이 소식을 듣고 놀랐다고 합니다.

3. 얼마 전에 대학교 때 친구가 나를 찾아왔다. 5년 동안 못 만나서 정말 반가웠다. 우리 회사 앞이라서 저녁도 사 주고 술도 사 주었는데 친구가 갑자기 천만 원을 빌려 달라고 했다. 사실 5년 전에 친구가 나에게 돈을 빌리고 아직 주지 않았는데 큰돈이 아니라서 받을 생각을 하지 않고 있었다. 예전에 빌린 돈도 돌려주지 않고 이런 말을 하다니 정말 ________________ -(으)ㄴ/는 것 같다.

음주운전

4. 며칠 전에 집에서 텔레비전을 보고 있는데 내 방에서 '쿵' 소리가 났다. 방으로 가 보니까 동생이 당황한 얼굴로 서 있었다. 바닥에는 내 노트북이 떨어져 있었다. 노트북을 확인해 보니까 화면이 깨져서 보이지 않았다. 동생에게 화를 내니까 동생이 지나가는데 갑자기 노트북이 떨어졌다고 했다. 며칠이 지났는데 동생은 아직도 잘못을 인정하지 않고 __________.

TIP

의성어

소리를 말로 표현한 것을 의성어라고 한다. '엉엉', '똑똑', '쩝쩝', '쿵', '쾅', '콜록콜록' 등이 있다.

- 수박이 '쿵' 하고 바닥에 떨어졌다.
- 사무실에 들어가기 전에 사무실 문을 '똑똑' 두드렸다.
- 동생이 감기에 걸려서 '콜록콜록' 기침을 한다.

★ 배운 표현을 사용해서 이야기해 보십시오.

어떤 행동을 하는 사람을 볼 때
얼굴이 두껍다고 생각해요?

사람들의 눈을 피해서
어떤 일을 몰래 한 적이 있어요?

잘못한 사람이
계속 시치미를 떼면
어떻게 할 거예요?

주제 활동

★ **공공 예절에 대한 공익광고를 만들어 보십시오.**

공공 예절

1. 3~4명이 한 팀을 만들어 공공장소에서 하면 안 되는 것 생각해 보기

도서관	• •	지하철	• •
화장실	• •	영화관	• •

2. 광고 문구 만들기

여러분의 공공 예절 점수는 몇 점입니까?
이곳은 집이 아닙니다.
공공 예절을 지키면 모두 행복해집니다.
……

3. 발표하기

문 화

김 씨와 김지현 씨

한국에 온 지 벌써 5년이 됐다. 지금은 한국어도 잘하고 한국 생활에 적응했지만 처음 한국에 왔을 때는 한국어를 못해서 실수를 많이 했다. 지금도 생각하면 웃음이 나는 이야기가 몇 개 있다.

한국 친구와 한국어로 이야기할 수 있게 되면서 한국 친구도 점점 많아졌다. 한국에 와서 처음 사귄 친구 이름은 김지현이었다. 하루는 도서관에 가는데 지현이가 걸어가고 있었다. 그래서 지현이를 부르려고 했는데 갑자기 지현이의 이름이 생각나지 않았다. 그래서 "김 씨!"라고 부르면서 지현이에게 갔다. 그런데 지현이가 못 듣고 그냥 가서 더 큰 소리로 "김 씨! 김 씨!"라고 외쳤다. 그런데 주변에 있는 사람들이 모두 나를 보고 웃으면서 지나갔다. 지현이는 자기를 부르는 것을 알고 얼굴이 빨개졌다. 지현이가 한국에서는 성만 부르면 무시하는 느낌을 주기 때문에 친구 사이에서는 그렇게 부르면 안 된다고 설명해 줬다.

며칠 후에 학교에서 또 지현이를 만났다. 그래서 이번에는 실수하지 않으려고 "김지현 씨!"라고 불렀다. 지현이는 조금 당황한 것 같았지만 나를 보고 반갑게 인사해 줬다. 지현이와 그냥 헤어지기 아쉬워서 근처에 있는 커피숍에 갔다. 나는 커피를 사 주고 싶어서 지현이에게 "김지현 씨, 뭐 마실래요?"라고 말했다. 이번에도 지현이가 당황하면서 "아메리카노요."라고 말했다.

커피를 마시면서 지현이와 이야기를 했다. 한국어가 서툴러서 손짓으로 이야기하다가 내가 컵을 쳐서 커피를 흘렸다. 그래서 지현이에게 "김지현 씨, 휴지 있어요?"라고 말하니까 지현이가 나에게 "계속 그렇게 부를 거예요?"라고 말했다. 지현이는 한국에서 성과 이름을 같이 부르면 가깝지 않은 느낌이 든다고 이야기해 줬다. 지현이는 나와 친하다고 생각했는데 내가 계속 성과 이름을 같이 불러서 섭섭했다고 하면서 나이도 같으니까 말을 놓자고 했다. 그래서 그때부터 지현이와 말을 놓게 됐다.

지금도 내가 말실수를 할 때마다 지현이가 잘 설명해 준다. 지현이 덕분에 지금은 실수를 별로 하지 않게 되었다. 한국 생활에 도움을 주는 지현이에게 항상 고맙다.

1. 읽은 내용과 같은 것을 고르십시오.

① 지현이와 나는 요즘 서로 반말을 한다.

② 지현이는 내가 자기를 무시한다고 생각했다.

③ 한국에서는 가까운 사이는 성과 이름을 같이 부른다.

④ 요즘에는 지현이 덕분에 말실수를 전혀 하지 않는다.

웃음 외치다 무시하다 아쉽다 느낌이 들다

2. 지현이는 왜 나에게 섭섭해했습니까?

____

★ 어울리는 말을 골라서 보기 와 같이 말해 보십시오.

김지현 선생님	김 선생님	김지현 씨	지현 씨	김지현	지현아

보기

김 선생님 , 사무실 앞에서 어떤 학생이 기다리고 있어요.

1. ________, 진료실로 들어오세요.
2. ________, 내일 뭐 하고 놀까?
3. ________, 안녕하세요? 식사하셨어요?
4. ________, 네가 어떻게 나한테 그렇게 할 수 있어?
5. ________, 이 서류 좀 오늘 오후까지 해서 나한테 갖다줘.

진료실

개인 발표③ 자유 주제 발표

개인 발표 ①	발표 안내, 발표 주제 정하기, 발표 개요 쓰기
개인 발표 ②	준비한 자료 정리하여 발표문 쓰기
개인 발표 ③	PPT 만들기, 발표 연습하기
개인 발표 ④	발표하기, 다른 발표자의 발표를 평가하기

★ PPT 만들기

- PPT를 만드십시오.
- 발표할 내용에 대한 사진을 넣어 PPT를 만듭니다.

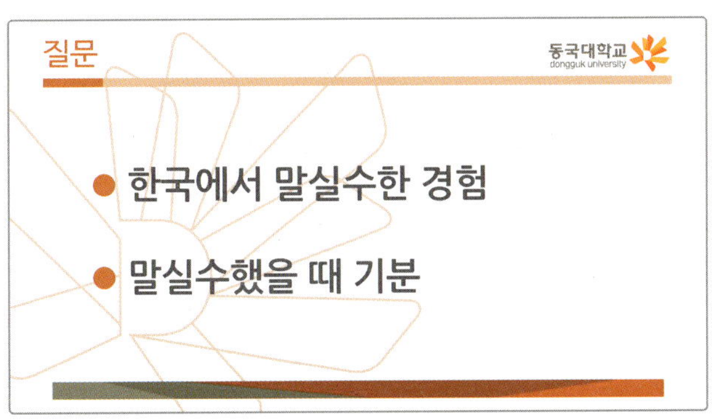

★ 발표 연습하기

- 실제 발표하는 것처럼 연습해 보십시오.
- 듣는 사람이 잘 이해할 수 있도록 연결하는 말을 적절히 사용하여 연습합니다.

★ 질문 만들기

- 학생들에게 할 질문을 만드십시오.
- 듣는 사람이 발표 주제에 대해 생각해 볼 수 있는 질문을 만드십시오.

예 한국에서 살면서 말실수를 한 적이 있습니까? 어떤 말실수를 했습니까?
말실수를 했을 때 기분이 어땠습니까?

M.E.M.O

15과

특별한 날

도입 한국과 다른 나라의 축제에 대한 이야기

어휘 축제, 명절 관련 어휘

01 외국인들도 많이 가던데 한번 가 보세요.

핵심문형	-던데
표현	-(으)ㄹ 뿐만 아니라
말하기	갈 만한 축제 소개하기
	Tip -(으)ㄹ래요
읽고 쓰기	한국의 축제를 소개하는 글 읽고 자기 나라의 축제를 소개하는 글 쓰기

02 정월대보름이라는 명절을 아세요?

핵심문형	-(ㄴ/는)다는
표현	-(으)ㄹ 정도
말하기	정월대보름에 대해 소개히기
듣고 말하기	달라진 한복 문화에 대한 방송 듣고 이야기하기
	Tip -(으)ㄴ/는 모양이다

활동 재미있는 축제 만들어 소개하기

도 입

★ 어떤 이야기를 하고 있는지 그림을 보고 이야기해 보십시오.

★ 듣고 이야기해 보십시오.

1. 여자는 지난달에 무슨 일이 있었습니까?

2. 여러분은 '축제' 하면 어떤 생각이 듭니까?

3. 세계의 유명한 축제에 대해 이야기해 보십시오.

어 휘

다음 표현의 의미를 생각해 보십시오.

발 디딜 틈이 없다	붐비다	한산하다	시끌벅적하다

학생 1 매년 봄에 우리 집 근처에서 봄꽃 축제가 열리거든요. 지난주에 그 축제에 다녀왔어요.

학생 2 요즘 날씨도 좋아서 좋았겠어요. 어땠어요?

학생 1 사람이 너무 많아서 **발 디딜 틈도 없었어요**. 정신이 없기는 했지만 날씨도 좋고 꽃도 너무 예뻐서 괜찮았어요.

학생 2 어느 축제든지 **붐비는** 건 마찬가지인 것 같아요. 그래도 축제는 **한산한** 것보다 **시끌벅적한** 게 더 재미있지 않아요?

시간 가는 줄 모르다	볼거리	먹을거리	분위기를 띄우다

학생 1 봄꽃 축제에서 뭘 할 수 있어요?

학생 2 꽃과 함께 예쁜 사진 찍기 대회도 있었고 꽃 이름 맞히기 대회도 있었어요. 그리고 다양한 종류의 봄꽃들이 많이 있어서 구경할 만했어요. 부모님과 같이 갔는데 남녀노소 모두 즐길 수 있는 게 많아서 **시간 가는 줄 몰랐어요**.

학생 1 **볼거리**가 정말 많은 것 같아요. 축제에서 맛있는 것도 많이 먹었어요?

학생 2 거리에서 음식을 파는 사람들이 많아서 **먹을거리**도 많았어요. 축제 **분위기를 띄우려면** 음식이 꼭 있어야죠.

배운 표현을 사용해서 이야기해 보십시오.

발 디딜 틈 없이 붐비는 곳에 가 본 적이 있어요?	어디에서 시끌벅적한 분위기를 느낄 수 있어요?	축제에 꼭 필요한 게 뭐라고 생각해요?	너무 재미있어서 시간 가는 줄 모르고 하는 일이 있어요?

마찬가지 남녀노소

01 외국인들도 많이 가던데 한번 가 보세요.

핵심문형 -던데

학생 1 오다가 보니까 지하철역 앞에 사람이 많던데 무슨 일인지 알아요?
학생 2 오늘 지하철역 앞에서 영화를 찍는대요.

친구 1 고향 친구들하고 모임을 해야 하는데 어디에서 하는 게 좋을까?
친구 2 학교 앞에 새로 생긴 커피숍이 커피도 맛있고 분위기도 좋던데 한번 가 봐.

연습 1 보기 와 같이 이야기해 보십시오.

보기

학생 1 아까 보니까 호세 씨가 피곤해 보이던데 호세 씨한테 요즘 무슨 일 있어요?
학생 2 요즘 밤늦게까지 아르바이트를 한대요.

연습 2 보기 와 같이 이야기해 보십시오.

보기

학생 1 오늘 저녁에 친구하고 저녁을 먹으려고 하는데 혹시 괜찮은 식당 아세요?
학생 2 네, 얼마 전에 명동에 있는 명동국수집에 갔어요. 음식이 싸고 맛있던데 한번 가 보세요. 식당이 깨끗하고 종업원들도 친절해서 가 볼 만해요.

갈 만한 식당	식당 분위기, 음식 맛, 가격 등
볼 만한 영화	배우, 내용, 기억에 남는 장면 등
들을 만한 노래	가수, 노래 분위기 등
가 볼 만한 여행지	장소, 경치, 체험, 음식 등

장면

표 현 -(으)ㄹ 뿐만 아니라

기자 이천 쌀문화축제에서는 어떤 체험을 할 수 있습니까?
직원 떡을 만들어 볼 수 있을 뿐만 아니라 전통 놀이도 해 볼 수 있습니다.

기자 이 축제에는 주로 어떤 사람들이 옵니까?
직원 재미있는 체험 활동이 많아서 어른뿐만 아니라 아이도 많이 옵니다.

연습 1 보기 와 같이 말해 보십시오.

보기
인사동
인사동에서는 전통 공연을 볼 수 있을 뿐만 아니라 기념품도 살 수 있습니다.

인사동	이태원	광화문	홍대입구	한강공원

연습 2 보기 와 같이 말해 보십시오.

보기
운동
운동을 하면 건강해질 뿐만 아니라 스트레스도 풀 수 있습니다.

동아리 활동	여행	스마트폰	흡연	야식	컴퓨터 게임

흡연

말하기

다음과 같이 말해 보십시오.
(한국에서 갈 만한 축제에 대해서 이야기한다.)

부모님하고 같이 가려고 하는데
한국에서 무슨 축제가 유명한지 아세요?

산천어 축제에
외국인들도 많이 가던데 한번 가 보세요.

어떤 축제인데요?

유명한 겨울 축제인데 인기가 많다고
들었어요. 얼음낚시를 할 수 있을 뿐만
아니라 썰매도 탈 수 있대요.

인기가 많으면 너무 붐비지 않을까요?

사람이 많기는 하지만 볼거리가 많아서
가 볼 만할 것 같아요.

한번 가 봐야겠어요. 시간 있으면 같이 갈래요?

저는 안 갈래요. 가족끼리 좋은 시간 보내세요.

다음과 같이 이야기해 보십시오.

학생 1 이번 방학에 부모님께서 한국에 놀러 오기로 하셨는데 어디에 가면 좋을지 모르겠어요. 혹시 한국에서 무슨 축제가 유명한지 아세요?
학생 2 요즘 산천어 축제에 외국인들도 많이 가던데 한번 가 보세요.
학생 1 산천어 축제요? 어떤 축제인데요?
학생 2 유명한 겨울 축제인데 어른들과 아이들 모두한테 인기가 많다고 들었어요. 얼음낚시를 할 수 있을 뿐만 아니라 썰매도 탈 수 있대요.
학생 1 그런데 인기가 많은 축제면 너무 붐비지 않을까요?
학생 2 사람이 많기는 하지만 볼거리도 많고 먹을거리도 많아서 한번 가 볼 만할 것 같아요.
학생 1 재밌겠네요. 한번 가봐야겠어요. 시간 있으면 같이 갈래요?
학생 2 저는 안 갈래요. 가족끼리 좋은 시간 보내세요.

산천어

추천할 만한 축제에 대해 더 이야기해 보십시오.

얼음 썰매

TIP
● -(으)ㄹ래요
어떤 일을 하겠다고 하는 의지를 표현할 때 사용한다.

• **친구 1** 너 떡볶이 먹을래?
친구 2 아니. 별로 배가 안 고프니까 음료수만 마실래.

읽고 쓰기

★ **한국에는 계절마다 다양한 축제가 있습니다. 한국의 유명한 축제에 가 본 적이 있습니까?**

★ **다음을 읽고 이야기해 보십시오.**

봄

'봄' 하면 무엇이 생각나십니까? 이 질문에 많은 사람들이 '벚꽃'이라고 대답할 겁니다. 벚꽃이 피는 4월에 '여의도 봄꽃축제'에 오시면 높은 건물들 사이에 피어 있는 아름다운 벚꽃을 만날 수 있습니다.

여의도 봄꽃축제에서는 아름다운 벚꽃 아래에서 다양한 체험도 할 수 있습니다. 노래 대회, 거리 공연 등의 행사가 축제의 분위기를 띄워줍니다. 또한 여의도 봄꽃축제에서는 벚꽃뿐만 아니라 진달래, 개나리 등 다양한 봄꽃도 만날 수 있습니다. 아름다운 봄꽃을 만날 수 있는 기회를 놓치지 마세요.

여름

뜨거운 여름, 보령에서 시원하게 보내세요!

한국의 대표 여름 축제라고 할 수 있는 '보령 머드축제'는 세계적으로 인기가 높아져서 많은 관광객들이 찾아오고 있습니다. 보령의 머드(mud)는 깨끗하고 품질이 좋아서 남녀노소 모두에게 좋습니다. 보령 머드축제에서는 머드 체험뿐만 아니라 축제를 찾은 많은 사람들과 재미있는 게임도 할 수 있습니다. 시끌벅적한 분위기에서 웃고 놀다 보면 스트레스가 다 사라질 것입니다. 망설이지 말고 보령으로 오세요.

가을

가을밤을 아름다운 등불과 함께 보내 보는 건 어떠세요?

청계천에서 열리는 '서울 빛초롱축제'는 역사가 길지는 않지만 많은 사람들에게 사랑을 받는 서울의 대표 축제가 되었습니다. 물 위에 다양한 이야기를 빛으로 표현하는 이 축제는 서울의 야경을 더욱 아름답게 만들어 줍니다.

이 축제에서는 전통 등불뿐만 아니라 만화 캐릭터 등 요즘에 유행하는 것들도 등불로 표현해서 외국인들에게 많은 볼거리를 제공합니다. 가을밤에 특별한 기억을 만들어 보고 싶으시다면 청계천으로 오세요.

겨울 깨끗한 물에서만 사는 산천어를 아십니까? 산 좋고 물 좋은 강원도에 오시면 산천어를 만날 수 있습니다! '화천 산천어축제'는 얼음낚시로 유명한데 직접 잡은 산천어로 다양한 산천어 요리를 즐길 수도 있습니다. 게다가 얼음 썰매, 얼음 축구 등 신나게 뛰어놀 수 있는 다양한 체험도 준비되어 있어서 가족이 함께 즐길 수 있습니다. 겨울에 집 안에만 있지 말고 산천어 축제에 오셔서 특별한 겨울 추억을 만들어 보세요.

벚꽃　등불　캐릭터

1. 읽은 내용과 같으면 O, 다르면 X 하십시오.

(1) 여의도 봄꽃축제에서는 다양한 행사가 분위기를 즐겁게 해 준다. (　　)

(2) 보령의 머드는 깨끗하고 품질이 좋아서 아이들에게도 좋다. (　　)

(3) 서울 빛초롱축제는 전통 등불을 외국인에게 소개하는 축제이다. (　　)

(4) 화천 산천어축제에서는 다양한 종류의 낚시를 해 볼 수 있다. (　　)

2. 읽은 내용을 정리해 보십시오.

	봄	여름	가을	겨울
축제 이름				
볼거리				
즐길 거리				

3. 무슨 축제에 가면 좋을지 이야기해 보십시오.

외국인 친구와 함께	아이들과 함께	부모님과 함께	남자 / 여자 친구와 함께

신나다　뛰어놀다

★ 여러분 나라의 유명한 축제를 소개하는 글을 쓰십시오.

축제 이름	
축제를 하는 시기	
볼거리	
먹을거리	
즐길 거리	

시기

02 정월대보름이라는 명절을 아세요?

핵심문형 -(ㄴ/는)다는

정월대보름 오곡밥

학생 1 한국에 오기 전에 한국에 대해서 무슨 얘기를 들었어요?
학생 2 한국 사람들이 친절하다는 말을 많이 들었어요.

학생 1 한국에 와서 무슨 질문을 가장 많이 받았어요?
학생 2 왜 한국어를 배우냐는 질문을 가장 많이 받았어요.

명절

연습 1 보기 와 같이 이야기해 보십시오.

보기 룸메이트가 남긴 메모

학생 1 룸메이트가 메모를 남겼나 봐요. 무슨 메모를 남겼어요?
학생 2 늦으니까 먼저 저녁 먹으라는 메모를 남겼어요.

친구한테서 온 문자

평소에 부모님이 자주 하시는 말씀

한국에 오기 전에 한국에 대해서 들은 말

요즘 알게 된 재미있는 소식

연습 2 보기 와 같이 말해 보십시오.

보기 전통 옷

이건 아오자이라는 베트남 전통 옷이에요.
긴 옷이라는 뜻인데 여자들이 입는 옷이에요.
예전에는 특별한 날에만 입었는데
요즘에는 평소에도 자주 입어요. ……

전통 옷	전통 음식	유명한 장소	유명한 배우

표 현 -(으)ㄹ 정도

학생 1 요즘 바쁜가 봐요. 피곤해 보이네요.
학생 2 해야 할 일이 많아서 밥 먹을 시간도 없을 정도로 바빠요.

학생 1 비가 많이 와서 운전하기 힘들었죠?
학생 2 네, 비가 너무 많이 와서 앞이 안 보일 정도였어요.

연습 1 보기 와 같이 이야기해 보십시오.

보기 모르는 사람이 없다

학생 1 이 식당에는 항상 사람이 많네요.
학생 2 이 식당은 유명해서 모르는 사람이 없을 정도예요.

눈물이 나다	입에서 불이 나다	발 디딜 틈이 없다
시간 가는 줄 모르다	둘이 먹다가 하나가 죽어도 모르다	

1. **학생 1** 학교 앞에 새로 생긴 분식집 떡볶이가 많이 매워요?
   학생 2 네, 너무 매워서 ______________ .

다녀오다 분식집 휴가철

2. **학생 1** 어제 모임은 재미있었어요?

학생 2 그럼요. ＿＿＿＿＿＿＿＿ 재미있었어요.

3. **친구 1** 요즘은 날씨가 더우니까 놀이공원에 사람이 별로 없겠지?

친구 2 날씨가 더워도 휴가철이어서 ＿＿＿＿＿＿＿＿ 사람이 많대.

4. **친구 1** 어제 본 영화 재미있었어? 무슨 내용이야?

친구 2 한 남자가 병 때문에 사랑하는 사람과 헤어지는 내용인데 ＿＿＿＿＿＿＿＿ 슬펐어.

5. **친구 1** 진수 어머니가 음식을 정말 맛있게 만드신다고 들었어.

친구 2 맞아. 지난번에 불고기를 해 주셨는데 ＿＿＿＿＿＿＿＿.

연습 2 보기 와 같이 이야기해 보십시오.

> **보기**
>
> **학생 1** 좋아하는 음식이 뭐예요?
>
> **학생 2** 저는 떡볶이를 좋아해요. 매일 먹을 정도로 좋아해요.

좋아하는 음식이 있어요? (장소, 연예인, ……)	유학 생활이 어때요?

말하기

★ 다음과 같이 말해 보십시오.
(한국의 명절인 정월대보름에 대해서 이야기한다.)

정월대보름이라는 명절에 대해 아세요?

그럼요. 정월대보름에 대해 알고 싶은 게 있어요?

정월대보름에 왜 호두를 먹는지 궁금해요.

그건 호두나 땅콩을 먹고
피부 건강을 지키라는 의미예요.

그런데 왜 정월대보름에 그렇게 해요?

옛날에는 겨울에 먹을 것이 부족해서 밥을
못 먹을 정도였대요. 그래서 피부가 안 좋았대요.

그렇군요. 정월대보름에 또 뭘 해요?

오곡밥도 먹고 보름달을 보면서 소원도 빌어요.

★ 다음과 같이 이야기해 보십시오.

학생 1 혹시 정월대보름이라는 명절에 대해 아세요?

학생 2 그럼요. 정월대보름은 한국의 대표적인 명절 중의 하나잖아요. 정월대보름에 대해 알고 싶은 게 있어요?

학생 1 얼마 전에 친구가 정월대보름이라고 하면서 호두를 먹으라고 했거든요. 정월대보름에 왜 호두를 먹는지 궁금해서요.

학생 2 아, 그건 호두나 땅콩을 먹고 피부 건강을 지키라는 의미예요.

학생 1 그런데 왜 정월대보름에 호두나 땅콩을 먹으라고 해요?

학생 2 옛날에는 겨울에 먹을 것이 부족해서 밥을 못 먹을 정도였대요. 그래서 겨울이 지나고 정월대보름이 될 때쯤에는 사람들 피부가 많이 안 좋았대요.

학생 1 그렇군요. 정월대보름에 하는 게 또 뭐가 있어요?

학생 2 다섯 가지 곡식으로 만든 오곡밥도 먹고 밤에는 보름달을 보면서 소원도 빌어요.

★ 다른 명절에 대해 더 이야기해 보십시오.

땅콩　곡식　보름달　소원을 빌다

듣고 말하기

★ 여러분 나라에서는 언제 전통 옷을 입습니까?

★ 다음을 듣고 질문에 답하십시오.

TIP

● -(으)ㄴ/는 모양이다

어떤 일을 보고 다른 상황을 추측해서 말할 때 사용한다.

- 매일 커피를 마시네요. 커피를 좋아하는 모양이에요.
- 유카 씨가 요즘 모임에 안 나와요. 바쁜 모양이에요.

1. 예전에는 어떤 날에 한복을 입었습니까?

2. 들은 내용과 같으면 O, 다르면 X 하십시오.

(1) 한복에 대한 관심이 남녀노소 모두에게 높아지고 있다. ( )

(2) 외국인 관광객들에게는 한복을 무료로 빌려준다. ( )

(3) 다양한 디자인의 한복으로 개성을 표현할 수 있다. ( )

젊은이 개성 뿌듯하다

3. 사람들은 한복에 대해 어떻게 생각하고 있습니까? 들은 내용을 정리해 보십시오.

첫 번째 사람	
두 번째 사람	
세 번째 사람	

★ 한복을 입어 본 적이 있습니까? 한복과 여러분 나라의 전통 옷은 어떤 점이 비슷하고 어떤 점이 다릅니까?

	한복	자기 나라의 전통 옷
색		
디자인		
입는 방법		
입는 때		

활 동

★ 보기 와 같이 재미있는 축제를 만들어서 소개해 보십시오.

보기

축제 이름	수박 축제
축제를 하는 시기	7월 20일~8월 10일
볼거리	• 다양한 수박의 종류 전시 • 노래 대회 • 수박 예쁘게 자르기 대회
먹을거리	• 수박 주스, 수박 아이스크림 • 수박 콩국수 • 한국의 여름 음식
즐길 거리	• 수박 들고 달리기 대회 • 수박 빨리 먹기 대회 • 수박 주스 만들기
특징	• 수박을 직접 따 볼 수 있다. • 수박을 50% 싼 가격에 살 수 있다.

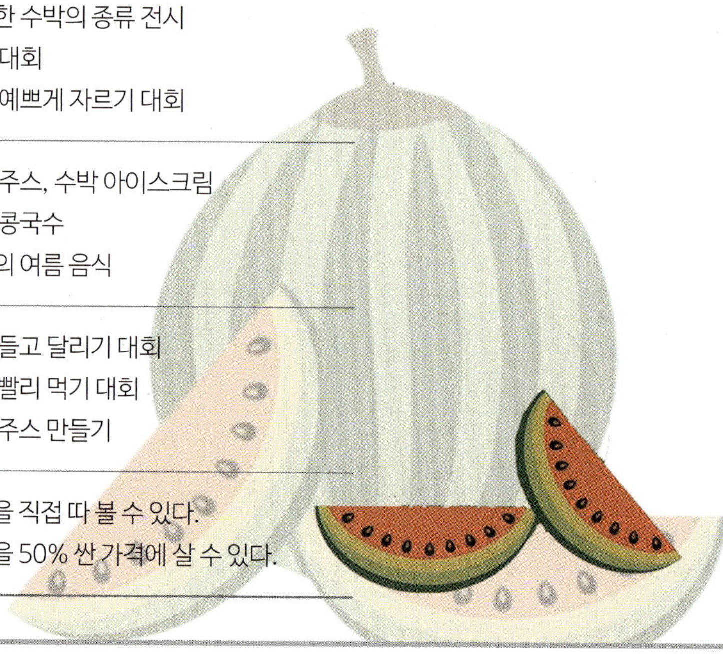

__________ 축제

M.E.M.O

16과

추억

도입 요즘 아이들의 놀이 문화에 대한 이야기

어휘 추억, 회상 관련 어휘

01 우리 부모님은 제가 어렸을 때 뭐든지 스스로 하게 하셨어요.

핵심문형	-게 하다
표현	-는 길에
말하기	부모님과의 추억에 대해 이야기하기
듣고 말하기	어렸을 때 사진을 보면서 하는 대화 듣고 추억에 대해 이야기하기

02 어렸을 때 봤던 영화인데 아직도 기억에 남아요.

핵심문형	-았던 / 었던
표현	-도록 ②
말하기	어렸을 때 본 영화와 추억에 대해 이야기하기
읽고 쓰기	친구에 대한 글 읽고 만나고 싶은 친구에 대한 글 쓰기

활동 직접 찍은 사진을 보고 떠오르는 대로 글 쓰기

도 입

★ 어렸을 때 무엇을 하고 놀았습니까? 그림을 보고 이야기해 보십시오.

★ 듣고 이야기해 보십시오.

1. 여자가 뉴스에서 들은 내용은 무엇입니까?

2. 여러분은 아이들이 혼자 컴퓨터를 하면서 노는 것에 대해 어떻게 생각합니까? 왜 그렇게 생각합니까?

어 휘

★ 다음 표현의 의미를 생각해 보십시오.

1.

생생하다	간직하다	떠오르다

학생 1 어렸을 때 정말 귀여웠네요. 울고 있는 모습도 정말 귀여워요.

학생 2 재밌죠? 오빠가 제 인형을 빼앗아서 우는 사진이에요.

학생 1 어렸을 때 일인데 그게 아직도 생각나요?

학생 2 아직도 **생생하게** 기억나요. 제가 정말 좋아하는 인형이었거든요.

학생 1 그럼 그 인형을 아직도 **간직하고** 있겠네요.

학생 2 그럼요. 그래서 그 인형을 볼 때마다 그때 일이 **떠올라요**.

2.

되살아나다	돌아보다	소중하다	그립다

이 사진을 보면 어렸을 때의 추억이 **되살아난다**. 엄마의 미소, 따뜻한 아빠의 손, 귀여운 동생의 목소리…….

돌아보면 모두 잊을 수 없는 **소중한** 추억이다. 지금도 사랑하는 가족들은 내 옆에 있지만 가끔 다시 돌아갈 수 없는 그때가 **그립다**.

★ 배운 표현을 사용해서 이야기해 보십시오.

아직도 생생하게 생각나는 어렸을 때의 추억이 있어요?	어렸을 때 사용한 물건 중에서 아직도 간직하고 있는 것이 있어요?	지나간 시간 중에서 언제가 가장 그리워요?

빼앗다　미소　추억

01 우리 부모님은 제가 어렸을 때 뭐든지 스스로 하게 하셨어요.

핵심문형 -게 하다

친구 1 내 동생이 요즘 밤에 잠을 잘 못 자서 걱정이야.

친구 2 자기 전에 따뜻한 우유를 마시게 해 봐. 나도 해 봤는데 효과가 좋아.

학생 1 화장실에 갔다 온다고 했잖아요. 왜 이렇게 오래 걸렸어요?

학생 2 화장실을 청소하고 있었어요. 못 들어가게 해서 밖에서 좀 기다렸거든요.

연습 1 보기 와 같이 이야기해 보십시오.

보기

학생 1 수업 시간에 모르는 것이 있을 때 친구에게 자기 나라 말로 물어봐도 돼요?
학생 2 아니요. 선생님께서 항상 한국어만 사용하게 하세요.

1. **학생 1** 제 동생은 집에서 컴퓨터 게임을 너무 많이 해서 걱정이에요.
   학생 2 그럼 친구들과 ______________________.
2. **학생 1** 어떻게 그렇게 단어를 많이 알아요?
   학생 2 지난 학기에 선생님께서 매일 단어를 10개씩 ______________________.
3. **아주머니 1** 우리 아이는 몸이 약해서 걱정이에요.
   아주머니 2 ______________________ 건강해질 거예요.
4. **선생님 1** 우리 반 학생들이 발음이 안 좋은데 어떻게 하는 게 좋을까요?
   선생님 2 ______________________.
5. **친구 1** 너 매운 음식 좋아하잖아. 그런데 왜 요즘 안 먹어?
   친구 2 의사 선생님이 ______________________.

연습 2 어렸을 때 부모님께서 어떤 일을 하게 하고 어떤 일을 못 하게 하셨습니까? 아래에 간단히 쓰고 보기 와 같이 이야기해 보십시오.

보기

학생 1 어렸을 때 부모님께서 어떤 일을 하게 하셨어요?
학생 2 우리 부모님은 제가 어렸을 때도 혼자 방을 정리하게 하셨어요.

학생 1 어렸을 때 부모님께서 어떤 일을 못 하게 하셨어요?
학생 2 우리 부모님은 저녁에 밖에 못 나가게 하셨어요. 지금도 혼자 여행을 간다고 하면 안 된다고 하세요.

	하게 하신 일	못 하게 하신 일
음식		
장소		
행동		

표 현 -는 길에

학생 1 다음 주에 고향에 간다면서요? 가족들 선물 샀어요?
학생 2 아직요. 고향에 돌아가는 길에 면세점에서 사려고요.

학생 1 여보세요? 저 지니예요. 지금 뭐 해요?
학생 2 친구 만나러 홍대에 가는 길이에요. 지니 씨는요?

연습 보기 와 같이 이야기해 보십시오.

보기 아침을 안 먹어서 배고프다. / 학교에 가다

학생 1 여보세요? 지금 어디예요?
학생 2 저 지금 학교 가는 길이에요. 무슨 일이에요?
학생 1 저는 학교에 도착했는데 배가 고파서요. 혹시 오는 길에 김밥 좀 사 올 수 있어요?
학생 2 네, 그럼 제가 학교에 가는 길에 편의점에서 김밥 사 갈게요.

①	피곤해서 커피를 마시고 싶다.	도서관에 가다
②	손님이 오는데 집에 먹을 것이 하나도 없다.	집에 가다
③	저녁을 준비해야 하는데 음식 재료가 없다.	집에 들어가다
④	학교에 도착했는데 머리가 아프다.	학교에 가다

면세점

말하기

★ 다음과 같이 말해 보십시오.
(부모님과의 추억에 대해 이야기한다.)

요즘 힘든 일이 많아서 그런지
부모님 생각이 많이 나네요.

저도요. 고향에서는 힘들 때마다 부모님께서
이것저것 다 챙겨 주셨는데…….

우리 부모님은 제가 어렸을 때 뭐든지
스스로 하게 하셨어요.

그래서 유학 생활을 이렇게 잘하나 봐요.

그때는 섭섭하고 힘들었지만
지금은 감사하게 생각해요.

부모님 얘기를 하니까
어렸을 때 생각이 많이 나네요.

아버지께서 퇴근하시는 길에
맛있는 것도 많이 사다 주셨는데…….

이따가 부모님께
안부 전화라도 드려야겠어요.

★ 다음과 같이 이야기해 보십시오.

유카 요즘 공부도 잘 안 되고 힘든 일이 많아서 그런지 부모님 생각이 많이 나네요.
왕호 저도 그래요. 고향에서는 힘들 때마다 부모님께서 이것저것 다 챙겨 주셨는데…….
유카 그랬어요? 우리 부모님은 제가 어렸을 때 뭐든지 스스로 하게 하셨어요.
왕호 아, 그래서 유카 씨가 유학 생활을 이렇게 잘하나 봐요.
유카 그때는 부모님이 도와주시지 않아서 섭섭하고 힘들었지만 지금은 감사하게 생각해요.
왕호 이렇게 부모님 얘기를 하니까 어렸을 때 생각이 많이 나네요.
유카 저도요. 아버지께서 퇴근하시는 길에 맛있는 것도 많이 사다 주셨는데…….
왕호 이따가 부모님께 안부 전화라도 드려야겠어요.

★ 부모님과의 추억에 대해 더 이야기해 보십시오.

듣고 말하기

★ 어렸을 때 사진 중에서 소중하게 간직하고 있는 사진이 있습니까?

★ 다음을 듣고 질문에 답하십시오.

1. 준수는 왜 엄마 몰래 요리를 했습니까?

2. 들은 내용에 맞게 다시 써 보십시오.

(1) 준수는 엄마가 요리를 하고 있을 때 사진을 찍었다.

▶▶ ______________________________

(2) 준수는 어렸을 때 친구들과 함께 특별한 장난감을 가지고 놀았다.

▶▶ ______________________________

딱지치기 공기놀이 구슬치기 소꿉놀이

장난감

(3) 준수는 어렸을 때 친구들과 지금도 연락을 하면서 지낸다.

▶▶ ______________________________

(4) 준수는 어렸을 때 기억이 되살아나서 사진을 찾아보았다.

▶▶ ______________________________

★ **어렸을 때 친구들과 어떤 놀이를 했습니까? 어떤 추억이 있는지 이야기해 보십시오.**

02 어렸을 때 봤던 영화인데 아직도 기억에 남아요.

핵심문형 -았던/었던

학생 1 무슨 책을 보고 있어요?
학생 2 어렸을 때 읽었던 책인데 내용이 기억이 안 나서 다시 보려고요.

학생 1 마이클 씨 기억나요? 마이클 씨가 이번 학기에 장학금을 받았대요.
학생 2 지난 학기에 우리 반 반장이었던 마이클 씨요? 정말 잘됐네요.

연습 1 보기 와 같이 이야기해 보십시오.

보기 한국에서 처음 먹은 음식

학생 1 한국에서 제일 처음 먹었던 음식이 뭐예요?
학생 2 제가 제일 처음 먹었던 음식은 비빔밥인데 정말 맛있었어요.

한국에서 처음 먹은 음식	한국에서 친구들과 처음 놀러간 장소
한국으로 오기 전날 먹은 음식	유학 올 때 부모님께서 하신 말씀

연습 2 보기 와 같이 이야기해 보십시오.

보기 재미있다

학생 1 지금까지 살면서 언제 가장 재미있었어요? 재미있었던 일을 이야기해 주세요.
학생 2 가장 재미있었던 때는 작년 제 생일이에요. 그때 친한 친구들이 모두 모여서 파티를 했는데 정말 재미있었어요.

재미있다	슬프다	행복하다	기분이 좋다	기분이 나쁘다

표 현 -도록 ②

학생 1 저는 한국에 온 지 세 달이 되도록 한국 친구를 한 명도 못 사귀었어요.
학생 2 그래요? 제가 소개해 줄까요?

학생 1 어디 아파요? 많이 피곤해 보이네요.
학생 2 고향에서 친구가 와서 어제 밤새도록 얘기하느라고 잠을 못 잤어요.

연습 1 보기 와 같이 말해 보십시오.

보기 9시가 넘다 / 친구가 안 오다

시험 보는 날인데 친구가 9시가 넘도록 안 와서 선생님께서 걱정하셨어요.

① 한 시간이 넘다 / 배달시킨 음식이 안 오다	② 한 달이 되다 / 시험 결과가 안 나오다
③ 스무 살이 되다 / 요리를 안 해 보다	④ 두 달이 지나다 / 반 친구 이름을 모르다

연습 2 보기 와 같이 말해 보십시오.

보기 동생이 세 시간이 넘도록 계속 게임을 하고 있어요.

세 시간이 넘다	회의를 하다
다섯 시간이 되다	게임을 하다
밤 12시가 넘다	친구를 기다리다
일주일이 되다	병원에 입원해 있다
한 달이 지나다	같은 옷을 입고 다니다
1년이 넘다	아르바이트를 하다
밤늦도록	전화를 하다
밤새도록	노래 연습을 하다

연습 3 보기 와 같이 말해 보십시오.

보기 저는 한국에 온 지 1년이 넘도록 한국에서 여행을 못 해 봤어요.

한국에 온 지 ______ -이/가 되도록/넘도록/지나도록 ______.

말하기

★ 다음과 같이 말해 보십시오.
(어렸을 때 본 영화와 추억에 대해서 이야기한다.)

이 영화 같이 볼래요? 재미있대요.

이거 어렸을 때 봤던 영화인데 이 영화만 생각하면 떠오르는 일이 있어요.

뭐가 떠오르는데요?

친구들하고 영화를 보고 주인공을 따라 하면서 놀다가 10시가 넘도록 집에 안 들어갔거든요.

부모님이 많이 걱정하셨겠네요.

그날 친구들 모두 집에 가서 많이 혼났어요.

저도 어렸을 때 친구들과 노느라고 늦게 들어간 적이 많았어요.

추억을 얘기하다 보니까 친구들이 그립네요.

★ 다음과 같이 이야기해 보십시오.

학생 1 시간 있으면 이 영화 같이 볼래요? 좀 오래된 영화이기는 하지만 재미있대요.

학생 2 아, 이거 제가 어렸을 때 봤던 영화인데 아직도 기억에 남아요. 이 영화만 생각하면 떠오르는 일이 있거든요.

학생 1 뭐가 떠오르는데요? 궁금하네요. 추억이 있나 봐요.

학생 2 친구들하고 영화를 보고 나서 주인공을 따라 하면서 노느라 시간 가는 줄 몰랐어요. 그래서 10시가 넘도록 집에 안 들어갔거든요. 연락도 안 하고요.

학생 1 밤늦도록 연락이 없었으면 부모님이 많이 걱정하셨겠네요.

학생 2 그렇죠. 그날 친구들 모두 집에 가서 많이 혼났어요.

학생 1 저도 어렸을 때 친구들과 노느라고 늦게 들어가서 부모님이 자주 걱정하셨어요.

학생 2 이렇게 어렸을 때의 추억을 얘기하다 보니까 친구들이 그립네요.

★ 어렸을 때의 추억에 대해서 더 이야기해 보십시오.

읽고 쓰기

★ **다시 만나고 싶은 친구가 있습니까? 어떤 친구였습니까?**

★ **다음을 읽고 질문에 답하십시오.**

내 친구 혜영이

누구나 아름다운 추억이 하나쯤 있을 것이다. 나는 어렸을 때 친구들과의 추억을 잊을 수 없다. 아직도 눈을 감으면 그때의 기억이 생생하게 떠오른다. 그중에서 '혜영'이라는 친구가 가장 생각난다.

키가 작았던 혜영이는 항상 제일 앞자리에 앉았다. 혜영이는 마음이 따뜻해서 언제나 친구들의 고민을 들어 주고 함께 걱정해 주는 친구였다. 그렇지만 나는 조용하고 내성적인 혜영이에게는 별로 관심이 없었다.

한번은 내가 인형을 잃어버린 적이 있었다. 정말 아끼는 인형인데 아무리 찾아도 없어서 학교에서 하루 종일 울었다. 아침에 학교에 오는 길에 잃어버린 것 같았다. 친구들은 인형은 또 사면 되는데 왜 우냐고 하면서 그냥 다 집에 갔다. 그런데 혜영이가 조용히 나에게 와서 같이 찾아보자고 말했다. 혜영이 집은 우리 집과 반대 방향이었는데 나와 같이 우리 집까지 와 주었다. 집 앞에 와서 보니까 문 앞에 인형이 있었다. 급하게 나오면서 떨어뜨린 것 같았다. 혜영이는 다행이라고 하면서 집으로 돌아갔다.

다음 날 혜영이는 평소대로 다정하게 웃으면서 나에게 인사해 주었다. 그런데 그때는 부끄럽고 미안한 마음에 혜영이에게 고맙다는 인사도 제대로 못 했다.

너무 늦었지만 만약에 그 친구를 다시 만날 수 있다면 꼭 고맙다는 말을 전하고 싶다.
혜영아, 잘 지내고 있지? 보고 싶다.

1. 혜영이는 어떤 친구였습니까?

외모	
성격	

2. 내가 인형을 잃어버렸을 때 혜영이와 친구들은 어떻게 했습니까?

친구들	
혜영	

(눈을) 감다　　아끼다

★ 위의 글처럼 '친구'에 대한 글을 써 보십시오.

처음		누구나 아름다운 추억이 하나쯤 있을 것이다. 나는 어렸을 때 친구들과의 추억을 잊을 수 없다. 아직도 눈을 감으면 그때의 기억이 생생하게 떠오른다. 그중에서 ________ -(이)라는 친구가 가장 생각난다.
중간	그 친구는 어떤 친구였는지	
	그 친구와 무슨 일이 있었는지	
끝		너무 늦었지만 만약에 ________ -을/를 다시 만날 수 있다면 ________ -(ㄴ/는)다는 말을 전하고 싶다. ________ -아/야, 잘 지내고 있지? 보고 싶다.

활 동

★ 다음을 읽고 이야기해 보십시오.

가을 그리고 겨울

같은 곳에

다른 시간과 다른 사람과 다른 생각을 담는다.

시간이 지나면서

사람들이 변하는 모습에

나도 변한다.

1. 이 사진의 장소는 글을 쓴 사람에게 어떤 추억이 있는 장소인 것 같습니까?

2. 예전에 찍은 사진 중에서 많은 것을 생각하게 하는 사진이 있습니까? 어떤 사진입니까?

담다

★ 간직하고 있는 사진 중에서 하나를 골라 떠오르는 대로 글을 써 보십시오.

★ 친구의 글을 읽고 느낀 점을 댓글로 달아 보십시오.

↳ ________ 님의 댓글입니다.

좋아요 팬이에요 슬퍼요 화났어요 놀랐어요

↳ ________ 님의 댓글입니다.

좋아요 팬이에요 슬퍼요 화났어요 놀랐어요

↳ ________ 님의 댓글입니다.

좋아요 팬이에요 슬퍼요 화났어요 놀랐어요

M.E.M.O

종합과제 8

관용표현	너 나 할 것 없이 마음에 두다 말할 것도 없다 발 벗고 나서다
주제 활동	윷놀이
문화	사진으로 보는 추억의 행사

개인 발표 ④: 자유 주제 발표

각자 자신이 발표하고 싶은 주제를 선택하여 발표하고
다른 학생들과 함께 의견 나누기

관용표현

★ 다음 표현의 의미를 생각해 보십시오.

발 벗고 나서다	말할 것도 없다	너 나 할 것 없이	마음에 두다

지금도 생생하게 생각나는 할머니와의 추억이 있다.

십 년 전 초등학교 운동회 때 있었던 일이다. 운동회는 어린이면 누구나 기다리는 날이었지만 나는 전혀 신나지 않았다. 왜냐하면 다른 아이들은 부모님과 함께 손을 잡고 운동회에 왔는데 나는 맞벌이 부부였던 부모님 대신에 할머니가 오셨기 때문이다. 할머니는 내 일에 항상 **발 벗고 나서는** 분이셨다. 하지만 나는 머리가 하얗고 주름이 많은 할머니가 창피했다. 점심시간에도 부모님과 같이 있는 친구들을 보고 속상해서 할머니가 싸 주신 김밥도 먹지 않았다.

운동회의 마지막 순서는 부모님 중 한 분과 함께 달리기를 하는 경기였다. 선생님께서 하고 싶은 사람은 나오라고 하셨다. 그때 갑자기 할머니가 오셔서 같이 해 보자고 하셨다. 너무 하기 싫었지만 선생님이 하라고 하셔서 어쩔 수 없이 달리기를 하게 되었다.

출발 신호가 울렸다. 할머니와 손을 잡고 뛰는 경기였는데 나는 할머니의 손을 놓고 먼저 뛰어갔다. 그런데 먼저 뛰어가다가 돌에 걸려서 넘어졌다. 울면서 자리로 돌아가려고 하는데 갑자기 할머니가 나를 업으셨다. 할머니는 나를 업고 끝까지 뛰셨다. **말할 것도 없이** 할머니와 나는 꼴찌였다. 하지만 사람들은 **너 나 할 것 없이** 우리에게 박수를 쳐 주었다.

그 일 이후로 할머니께 너무 죄송해서 할머니의 얼굴을 쳐다볼 수 없었다. 하지만 할머니는 그 일을 조금도 **마음에 두지** 않으셨다. 지금은 이 세상에 안 계시지만 할머니께 꼭 감사 인사를 드리고 싶다.

할머니, 감사합니다. 그리고 사랑해요.

맞벌이　주름　걸리다　업다　꼴찌　박수를 치다

★ 빈칸에 알맞은 표현을 쓰십시오.

1. 지난주에 친구와 싸웠는데 나하고 얘기를 안 하려고 하는 걸 보니까 아직도 그 일을 ________ -고 있는 것 같다.

2. 나에게 가장 소중한 것은 ________ -이 사랑하는 나의 가족이다.

3. 나에게 어려운 일이 있을 때 ________ -는 친구가 진짜 친구라고 할 수 있다.

4. 가고 싶었던 회사에 취직했을 때 주위 사람들이 ________ 모두 나를 축하해 주었다.

★ 배운 표현을 사용해서 이야기해 보십시오.

나에게 어려운 일이 생기면 발 벗고 나서는 사람	아직까지 마음에 두고 있는 일	너 나 할 것 없이 나를 걱정해 준 / 축하해 준 / 도와준 일

주제 활동

★ 한국의 전통놀이인 윷놀이를 배워 보십시오.

| 윷놀이 방법 |

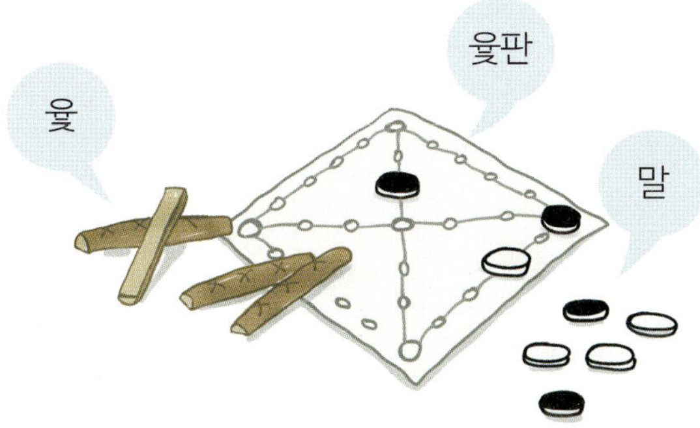

① 윷, 윷판, 말을 준비합니다.

② 두 팀으로 나눈 후 한 사람씩 순서대로 윷을 던집니다.

③ 뒤집힌 윷의 수대로 앞으로 갑니다.

도	개	걸	윷	모
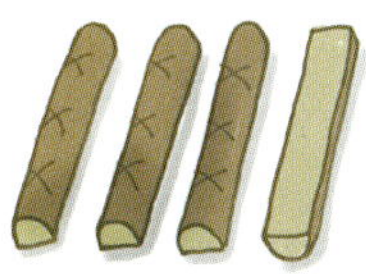	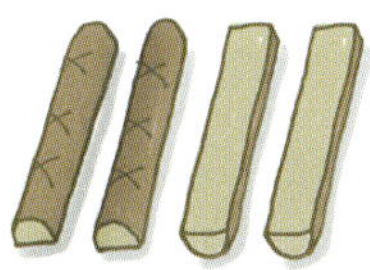	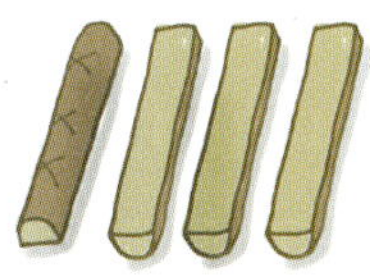	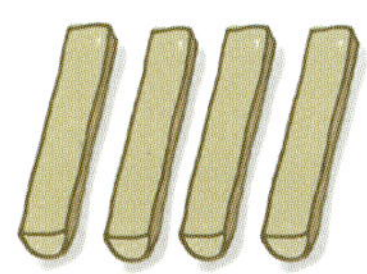	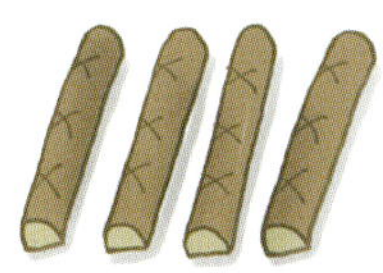
한 칸 앞으로	두 칸 앞으로	세 칸 앞으로	네 칸 앞으로	다섯 칸 앞으로
			윷을 한 번 더 던질 수 있습니다.	

④ 말이 시작한 곳으로 다시 돌아오면 이깁니다.

말이 갈 수 있는 길

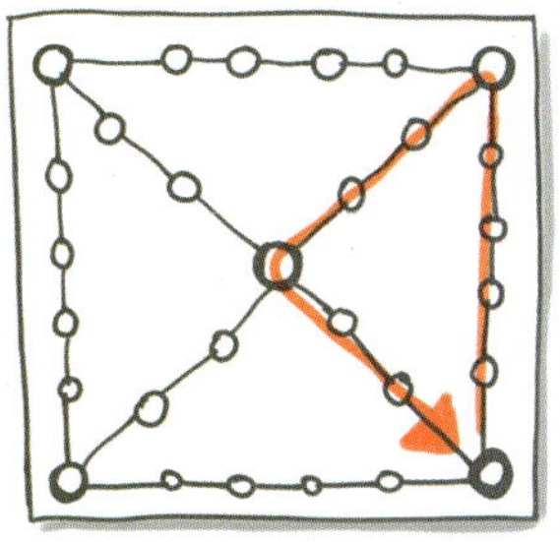
방법 1

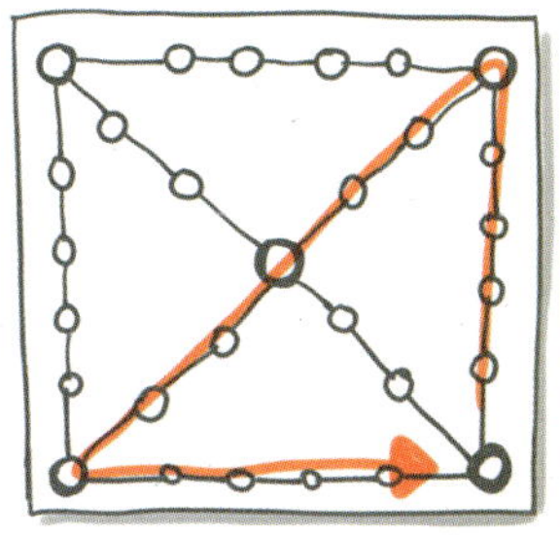
방법 2

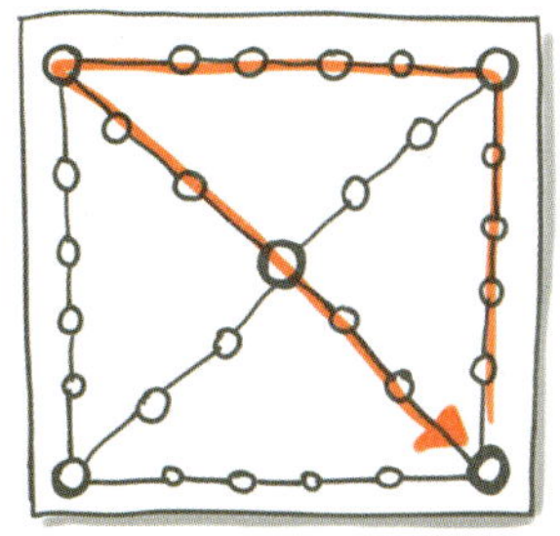
방법 3

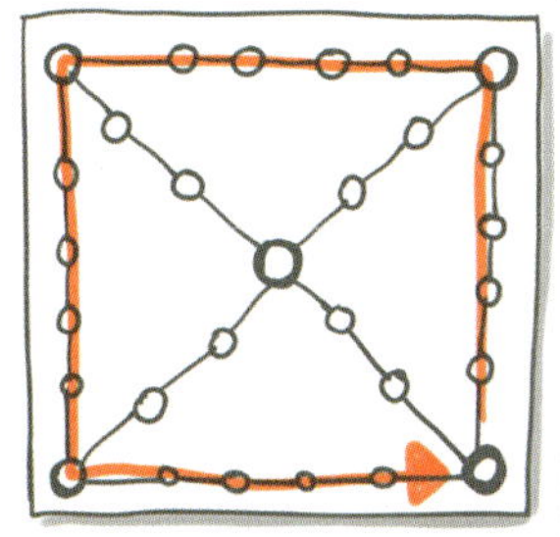
방법 4

뒤집히다

| 윷놀이 규칙 |

① 잡기

- 다른 팀의 말을 잡을 수 있습니다.
- 다른 팀의 말을 잡은 팀은 한 번 더 윷을 던질 수 있습니다.
- 다른 팀에게 잡힌 말은 처음부터 다시 시작해야 합니다.

② 업기

- 같은 팀의 말이 같은 칸에 도착하면 여러 말이 같이 갈 수 있습니다.
- 빨리 갈 수 있지만 다른 팀에게 잡히면 모든 말이 처음부터 다시 시작해야 합니다.

③ 뒷도

- 뒷도가 나오면 뒤로 한 칸 가야 합니다.

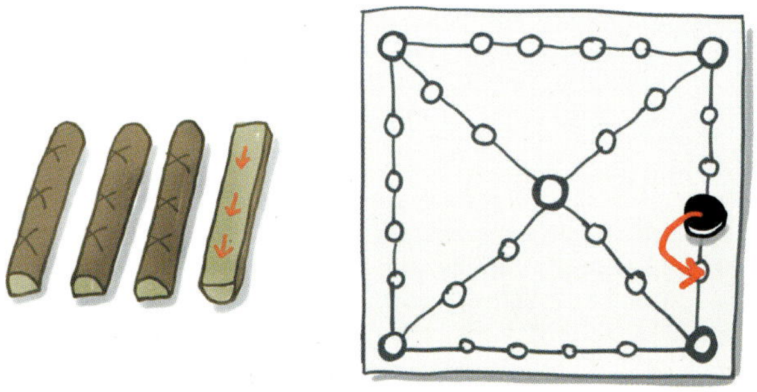

★ 함께 윷놀이를 해 보십시오.

잡히다

문 화

★ 사진으로 보는 추억의 행사

어린이 축제

아이들이 눈이 빠지게 기다리는 날! 바로 운동회입니다. 예전에는 동네 사람들 모두 운동회에 참여했기 때문에 운동회는 동네의 큰 행사였습니다. 운동회가 열리는 날에는 아이들을 위해 동네 사람들이 모두 학교에 모여 운동 경기도 하고 맛있는 음식도 같이 먹었습니다. 그때의 운동회는 아이부터 할머니, 할아버지까지 모두 즐기는 축제였습니다.

그런데 요즘에는 이런 모습을 찾아보기 힘듭니다. 요즘에는 바쁜 엄마 아빠는 운동회에 참여하지 않고 아이들만 운동회에 참여합니다. 아이들은 부모님이 준비해 주는 도시락 대신에 학교 급식을 먹고 운동회를 합니다. 그리고 예전처럼 운동장이 넓지 않아서 전교생이 함께 운동회를 하지 않고 같은 학년끼리 작은 운동회를 합니다.

요즘 아이들은 뛰어놀 시간이 많이 부족하다고 합니다. 예전 운동회처럼 아이들이 마음껏 즐길 수 있는 축제가 있으면 좋겠습니다.

운동회 도시락 급식 전교생

1. 요즘 운동회와 예전 운동회의 차이점을 말해 보십시오.

2. 운동회의 모습이 왜 달라졌습니까?

동네 끼리 마음껏

대학 축제

요즘 연예인에 관심이 많은 사람들이 늘면서 음악, 연기 등 다양한 오디션 프로그램이 생겼습니다. 지금은 사라지고 없지만 예전에는 음악을 사랑하는 대학생들을 위한 가요제가 있었습니다. 대학생들의 건전한 문화를 위해 시작된 대학 가요제는 놀이 문화가 없었던 그때의 젊은 사람들에게 많은 사랑을 받았습니다.

대학 가요제에서 상을 받은 사람들은 가수가 돼서 큰 인기를 얻을 수 있었습니다. 대학 가요제에 나왔던 노래들은 지금도 많은 사람들에게 사랑을 받고 있습니다. 인기를 위해서 가요제에 나온 것이 아니라 음악을 사랑하는 마음으로 가요제에 나왔기 때문에 꾸준히 대중들에게 사랑을 받을 수 있었습니다. 그래서 대학 가요제는 대학생뿐만 아니라 전 국민이 사랑하는 축제가 되었습니다.

요즘에는 모든 것이 빨리 나오고 빨리 사라집니다. 오랫동안 많은 사람들에게 사랑을 받을 수 있는 축제가 있으면 좋겠습니다.

오디션 가요제

1. 대학 가요제는 왜 시작하게 되었습니까?

2. 대학 가요제가 사랑을 받았던 이유는 무엇입니까?

★ 여러분 나라에도 달라지거나 사라진 축제가 있습니까? 어떤 축제가 많은 사람에게 오랫동안 사랑을 받을 수 있을지 이야기해 보십시오.

건전하다 대중 국민

개인 발표 ④ 자유 주제 발표

개인 발표 ①	발표 안내, 발표 주제 정하기, 발표 개요 쓰기
개인 발표 ②	준비한 자료 정리하여 발표문 쓰기
개인 발표 ③	PPT 만들기, 발표 연습하기
개인 발표 ④	발표하기, 다른 발표자의 발표를 평가하기

★ 발표하기

준비하고 연습한 대로 발표를 하십시오.

★ 다른 발표자의 발표를 평가하기

1. 다른 발표자의 발표를 평가해 보십시오.
2. 발표를 보고 잘한 점은 ‘ ’에, 조금 부족한 점은 ‘ ’에 씁니다.

발표자	평가	

M.E.M.O

부록

듣기 지문

9과 연애와 결혼

도입

여자 에릭 씨, 여자 친구하고 밸런타인데이 잘 보냈어요?
남자 네, 여자 친구가 직접 만든 초콜릿도 주고, 가방도 선물해 줬어요. 평소에도 이것저것 잘 챙겨 줘요. 유카 씨는 요즘 만나는 사람 있어요?
여자 아니요, 그동안 혼자 있는 게 편하다고 생각했는데, 에릭 씨 이야기를 들으니까 저도 좋은 사람을 만나고 싶네요.
남자 유카 씨는 어떤 사람을 만나고 싶은데요?
여자 저를 잘 이해해 주고 마음이 따뜻한 사람이면 좋겠어요.

01 듣고 말하기

진행자 오늘 이 시간에는 세 명의 대학생들과 함께 이성 문제에 대해 이야기해 보겠습니다. 지금 라디오를 듣고 계신 여러분도 이 학생들에게 해 주고 싶은 말을 저희 방송 홈페이지에 남겨 주십시오. 그럼 먼저 첫 번째 학생의 이야기를 들어 보겠습니다. 안녕하세요?
학생 1 안녕하세요? 저는 사귄 지 3년 정도 된 남자 친구가 있는데요. 아직도 남자 친구를 만날 때마다 설레고, 남자 친구가 유머 감각도 있어서 만나면 너무 재미있어요. 그런데 저 혼자만의 시간이 없는 것 같아요. 저는 배우고 싶은 것도 많고 하고 싶은 것도 많은데 남자 친구는 틈만 나면 만나자고 하거든요. 또 지금 제가 4학년이라서 취직 준비도 해야 되는데……. 요즘 취직하기가 어렵잖아요.
진행자 그렇군요. 너무 자주 만나는 게 부담이 될 것 같네요. 두 번째 학생은 어떤 고민이 있으신가요?
학생 2 안녕하세요? 저는 한국어 공부하다가 지금 여자 친구를 만났는데요. 첫눈에 반해서 먼저 사귀자고 고백했습니다. 여자 친구는 일본 사람이고, 저는 중국 사람인데요, 서로 마음도 잘 맞아서 함께 있으면 너무 좋습니다. 그런데 가끔 여자 친구의 기분을 맞춰 주는 게 힘들 때가 있습니다. 어제도 여자 친구가 갑자기 말도 별로 안 하고 기분도 안 좋아 보였거든요. 저는 사실 만나면 만날수록 여자 친구가 너무 좋은데 언어가 달라서 그런지 제 마음을 잘 전하지 못하는 것 같습니다.
진행자 네, 여자 친구를 정말 좋아하시는 것 같네요. 아마 여자 친구도 그 마음을 알고 있지 않을까요? 자, 다음은 마지막 학생의 고민입니다. 안녕하세요?
학생 3 네, 안녕하세요? 저는 남자 친구가 없는 게 더 편한 것 같아요. 저도 남자 친구를 사귄 적이 있는데요. 연애를 하다 보면 밸런타인데이, 생일 등 신경 써야 할 게 너무 많잖아요. 그리고 여자 친구들하고 이야기할 때 말도 더 잘 통하고 재미있는 것 같아요. 그런데 친구들이 자꾸 왜 남자 친구 안 사귀냐고 하면서 이상하게 보는 것 같아요. 꼭 남자 친구를 사귀어야 되나요?
진행자 네, 여기까지 모두 세 분의 고민을 들어 봤습니다. 여러분도 비슷한 고민을 해 보셨나요? 지금 여러분의 생각을 저희 라디오 방송 홈페이지에 남겨 주십시오.

10과 꿈

도입

여자 한국어 선생님이 되고 싶어서 한국에 왔는데, 한국어 공부가 생각보다 쉽지 않아서 걱정이에요. 에릭 씨는 꿈이 뭐예요?
남자 저는 그냥 여기저기 여행을 다니는 게 제 꿈이에요.
여자 그럼 한국에서도 여행을 많이 다녔어요?
남자 네, 그리고 지금은 가까운 나라밖에 못 가 봤지만 기회가 있으면 더 많은 나라에 가 보고 싶어요.

02 듣고 말하기

여자 여보세요? 왕호 씨, 요즘 어떻게 지내요?
남자 루이 씨, 오랜만이에요. 잘 지내죠?
여자 네, 그럼요. 왕호 씨가 유학 간 지 벌써 1년이 됐네요. 낯선 나라로 유학까지 가고, 왕호 씨 정말 대단한 것 같아요.
남자 대단하기는요. 저도 처음에는 친구도 없고 말도 안 통해서 그냥 포기하고 돌아갈까 생각도 했어요. 지금은 많이 적응하게 된 것 같아요. 한국 친구들도 많이 생기고요.
여자 다행이네요. 왕호 씨, 저도 유학을 갈까 말까 고민 중이라서 연락했어요. 빨리 돈을 벌고 싶어서 대학교 졸업하자마자 회사에 취직하기는 했는데 지금 하는 일이 제 적성에 안 맞는 것 같아요. 그리고 자꾸 포기한 꿈이 생각나서요.
남자 아, 어렸을 때부터 영화감독이 꿈이었다고 했지요?
여자 네, 부모님이 반대하셔서 포기하기는 했지만 회사에서 힘들 때마다 내가 영화감독이 됐다면 어땠을까 하는 생각을 자주 하게 돼요. 지금이라도 늦지 않았다면 다시 해 보고 싶은데…….
남자 늦기는요. 포기하지 말고 한번 도전해 보세요.
여자 그런데 한국에 유학 가고 싶다고 하면 부모님께서 허락해 주시지 않을 것 같아요. 그리고 등록금하고 생활비도 걱정이고요.
남자 걱정되는 건 당연해요. 사실 유학 생활이 정말 힘들 수도 있지만 루이 씨는 이루고 싶은 꿈도 있고, 뭐든 최선을 다하는 사람이니까 잘해 낼 수 있을 거예요.
여자 고마워요. 좀 더 고민해 보고 부모님께도 말씀드려야겠어요.
남자 루이 씨가 한국에 오면 제가 이것저것 많이 도와 드릴게요. 또 준비하다가 모르는 게 있으면 언제든지 물어보세요.
여자 네, 고마워요. 또 연락할게요.

11과 소식과 소문

도입

남자 유카 씨, 그 얘기 들었어요? 가수 케이비가 어떤 배우하고 사귄대요.
여자 저도 그 얘기 하려던 참이었어요. 아침에 뉴스 보고 깜짝 놀랐어요.
남자 오늘 그 기사가 인터넷 검색 1위예요. 그런데 그 배우가 누굴까요?
여자 유명한 배우라고 하는데 누군지 모르겠어요.

01 듣고 말하기

윤수 지니 씨, 남자 친구 생겼다면서요? 축하해요.
지니 윤수 씨도 들었어요? 안 그래도 어제 동아리 모임에 갔는데 친구들이 보자마자 남자 친구 생겼냐고 물어봤어요.
윤수 반 친구들한테도 소문이 다 난 것 같아요. 오늘 학교에서 지니 씨가 요즘 어떤 남자하고 데이트를 하는데 둘이 아주 잘 어울린다고 들었어요.
지니 반 친구들한테도 소문이 났다고요? 아이 참, 그 사람은 남자 친구가 아니라 우리 오빠예요. 제가 방학에도 아르바이트 때문에 고향에 못 가서 지난주에 부모님하고 오빠가 한국에 놀러 왔어요.
윤수 그래요? 친구들이 다들 오해를 했네요.
지니 어제도 친구들이 제 말을 안 믿어서 가족사진까지 보여 줬어요. 저녁에는 부모님이 쉬고 싶다고 하셔서 오빠하고 여기저기 다녔는데 둘만 다니는 걸 보고 친구들이 그렇게 생각한 것 같아요.
윤수 이런 걸로 오해를 받아서 당황스러웠겠어요.
지니 네, 정말 그래요. 아, 그런데 우리 반 카이 씨가 고향에 돌아간다면서요?
윤수 카이 씨요? 아닐걸요. 며칠 전에 저한테 방학에 할 만한 아르바이트 좀 소개해 달라고 했거든요.
지니 아르바이트를 하려고 했는데, 면접을 본 회사에서 연락이 왔대요. 그래서 갑자기 고향으로 가게 됐다고 들었어요.
윤수 아, 그렇군요. 고향에 돌아간다고 하니까 섭섭하네요. 그래도 취직해서 가는 거니까 축하해 줘야겠어요.
지니 아직 우리 반 친구들은 다 모르는 것 같은데……. 카이 씨는 지금 고향에 돌아갈 준비를 해야 해서 학교에 못 온대요. 카이 씨 가기 전에 다 같이 모여서 밥 먹는 거 어때요? 한국을 떠나도 서로 연락하고 지내면 좋겠어요.
윤수 그럼, 제가 내일 학교에서 카이 씨 이야기 전하면서 약속도 잡아 볼게요.
지니 고마워요.

12과 언어와 문화 ①

도입

남자 한국에 오래 살아서 이제는 한국말을 잘하겠어요.
여자 잘하기는요. 어제도 쇼핑하러 갔는데 가격을 잘못 들어서 창피했어요. 저는 숫자 1하고 2가 너무 헷갈려요.
남자 저도요. 저는 집주인 아저씨한테 '안녕'이라고 인사한 적이 있어요. 드라마에서 보고 그랬는데……. 제가 외국 사람이라서 아저씨가 화내지 않고 그냥 이해해 주신 것 같아요.
여자 다행이네요.

01 듣고 말하기 (1)

여자 오늘 학교에서 오랜만에 한국 친구를 만났는데요. 그 친구가 식사했냐고 물어봐서 당연히 같이 점심 먹자고 하는 줄 알았어요. 그래서 같이 먹자고 했는데 친구가 따로 점심 약속이 있다고 해서 좀 당황했어요.
남자 한국에서는 인사로 식사를 했냐고 물어볼 때도 있어요.
여자 인사라고요? 그런 얘기는 처음 들어요. 그런데 같이 밥 먹을 것도 아닌데 왜 식사했냐고 물어봐요?
남자 옛날에는 생활이 어려워서 밥을 챙겨 먹는 것도 힘들었거든요. 그래서 지금도 식사 시간 때쯤에 누구를 만나면 식사했는지 물어봐요.
여자 그렇군요. 그런 의미가 있는 줄 몰랐어요. 재미있네요. 인사말에도 그 나라의 문화가 있는 것 같아요.

01 듣고 말하기 (2)

남자 늦어서 미안해요.
여자 왜 이렇게 늦었어요?
남자 택시 타고 왔는데 아저씨가 평소와 다른 길로 가셨어요. 그래서 그냥 그 길이 빠른 길인 줄 알았는데 아저씨가 건대 입구로 가셔서 당황했어요.
여자 건대 입구요? 동대 입구를 잘못 들으신 거예요?
남자 네, 저는 동대 입구로 가 달라고 했는데 제 발음이 이상했나 봐요.
여자 그럼 거기서는 여기까지 어떻게 왔어요?
남자 아저씨가 태워다 주셨어요. 택시비도 반만 내라고 하시고요.
여자 고생했네요.
남자 아, 그런데 택시비 낼 때도 만 삼천 원을 만 사천 원으로 듣고 잘못 낼 뻔했어요.
여자 저도 아직 헷갈리는 게 많은 것 같아요. 며칠 전에는 배 아프다고 말하려고 했는데 배고프다고 했어요. 수업을 듣다가 갑자기 배가 너무 아팠거든요. 그런데 제가 그렇게 말씀드리니까 선생님께서 너무 당황하셨어요. 나중에 무슨 말을 하려고 했는지 알고 다들 웃었지만 너무 창피했어요.
남자 저도 1급 때 '맛있다'하고 '멋있다'가 항상 헷갈렸어요. 저도 발음 연습 좀 해야겠어요.

13과 생활과 예절

도입

여자 요즘 휴대폰 때문에 불편한 일이 너무 많이 생겨요.
남자 왜요? 무슨 일 있었어요?
여자 네. 오늘 아침에 지하철을 타려고 하는데 앞에 있는 사람이 휴대폰을 보면서 천천히 타서 지하철을 못 탈 뻔했어요.
남자 맞아요. 요즘에 그런 사람이 많은 것 같아요. 앞을 보지 않고 휴대폰을 보면서 다니는 사람들 때문에 사고도 많이 생긴대요.

02 듣고 말하기

남자 왜 이렇게 늦게 왔어? 화장실에 사람이 많았어?
여자 미안. 사람들이 계속 새치기를 해서 오래 걸렸어. 사람이 많을수록 줄을 잘 서야 하는데…….
남자 요즘 공공 예절을 안 지키는 사람이 너무 많은 것 같아.
여자 아까 식당에서 밥 먹을 때도 아이들이 시끄럽게 소리를 지르면서 뛰어다녔잖아. 식사하는 사람들을 배려해야 하는데…….
남자 그래서 요즘에는 아이들이 들어올 수 없는 식당도 있대.

여자 아이들만 그러는 게 아니야. 지하철이나 버스에서 공공 예절을 안 지키는 어른들도 많아.
남자 맞아. 오늘 아침에도 지하철에서 시끄럽게 전화하는 사람들이 있어서 정말 불쾌했어. 이어폰을 끼지 않고 드라마를 보는 사람도 있고.
여자 드라마를 보면서 걸어 다니는 사람도 있어. 어떤 사람이 드라마를 보면서 걸어가다가 내 어깨를 친 적이 있었는데 미안해하지도 않고 그냥 갔어. 어, 저기 좀 봐. 저 사람들이 의자에 쓰레기를 그냥 놓고 가네.
남자 정말 양심이 없는 사람들이네. 아이들이 보고 배울까 봐 걱정이다.
여자 이따가 영화 볼 때는 그런 사람들이 없겠지? 지난번에 영화 볼 때 뒤에 앉은 사람이 의자를 자꾸 발로 차서 정말 화가 난 적이 있었거든.
남자 난 그럴 때는 그 사람한테 조심해 달라고 얘기해. 내가 말하지 않으면 나중에 다른 사람들도 불편해지니까.
여자 나는 다른 사람들 생각은 못 하고 그냥 참았는데 앞으로는 나도 그런 일이 생기면 너처럼 해야겠어.
남자 어, 영화 시간이 다 됐네. 휴대폰은 진동으로 바꿨지?
여자 그럼. 그건 기본이지. 영화 볼 때는 휴대폰을 진동으로 하라고 영화관 앞에 쓰여 있잖아.

14과 실수와 변명

도입

남자 야, 오랜만이야!
여자 네? 누구신데요?
남자 어, 소연이 아니야? 아……. 소연 씨 아닌가요?
여자 아닙니다. 사람 잘못 보셨어요.
남자 아, 죄송해요. 제 초등학교 때 친구와 얼굴이 비슷해서 잘못 봤어요.

01 듣고 쓰기

남자 요즘 진우 왜 안 만나? 항상 같이 다녔잖아.
여자 요즘 연락도 안 해. 내가 진우한테 잘못한 게 있거든.
남자 무슨 일인데?
여자 지난주에 같이 영화 보기로 했는데 내가 자느라고 약속을 못 지켰어.
남자 그거 때문에 연락을 안 한다고? 약속을 못 지킬 수도 있지.
여자 진우가 2시간이나 밖에서 기다렸거든. 일어나서 휴대폰을 확인해 보니까 전화가 스무 통이나 와 있었어. 나하고 연락이 안 돼서 더 답답했을 거야.
남자 그럼 일어나서 바로 전화를 해 줬어?
여자 화를 낼까 봐서 전화하는 대신에 문자를 보냈어.
남자 그럴 때는 전화를 해야지. 2시간이나 기다렸는데 문자만 오면 더 화가 날 것 같아. 그 후에 진우를 만난 적 있어?
여자 응, 며칠 동안 연락이 없었는데 갑자기 만나자고 문자가 와서 만났어.
남자 그런데 왜 아직 화가 안 풀렸어?
여자 사실 내가 거짓말을 했어. 그래서 더 화가 난 것 같아.
남자 왜 거짓말을 했어? 솔직하게 얘기하지 그랬어?
여자 진우가 나를 보고 반가워하지도 않고 인사도 안 해서 솔직하게 말할 용기가 안 났어. 그래서 팀 발표 준비하느라 정신이 없었다고 거짓말을 했어.
남자 나도 누가 나한테 거짓말을 하면 더 화가 날 것 같아. 그런데 진우는 거짓말인 줄 어떻게 알았대?
여자 내가 팀 발표 끝났으니까 영화 보러 가자고 말한 적이 있거든. 너무 당황해서 그걸 깜빡하고 거짓말을 했어. 진우 덕분에 한국 생활에 잘 적응할 수 있었는데 진우하고 사이가 멀어지면 어떡하지?
남자 음……. 그럼 이렇게 해 보는 건 어때?

15과 특별한 날

도입

여자 지난달에 태국에 다녀왔거든. 내가 갔을 때 마침 물 축제가 있었는데 너무 재미있었어.
남자 나도 텔레비전에서 본 적이 있어. 복을 받으라고 하면서 서로에게 물을 뿌리는 축제지?
여자 응, 맞아. 그 나라 문화도 경험하고 모르는 사람들하고도 친해져서 정말 재미있었어. 한국에도 이런 축제가 있으면 좋겠어.
남자 한국에도 재미있는 축제가 많아. 나하고 같이 한번 검색해 볼까?

02 듣고 말하기

기 자 여러분은 한복을 자주 입으십니까? 그동안 한복은 주로 명절과 결혼식 같은 특별한 날에만 입었는데요. 최근 거리에서 한복을 입고 다니는 20 · 30대 젊은이들을 쉽게 찾아볼 수 있습니다. 오늘은 거리에 나가서 달라진 한복 문화에 대해 이야기를 들어보겠습니다.

대학생 한복을 입으면 특별해지는 기분이 들어요. 지나가는 사람들한테서 예쁘다는 말을 많이 듣게 되거든요. 그리고 사진도 예쁘게 나와서 가끔 친구들하고 한복을 입고 만나요.

기 자 요즘 SNS에서도 한복을 입고 여행을 하거나 일상생활을 하는 젊은이들의 모습을 쉽게 찾아볼 수 있는데요. 회사에 갈 때도 한복을 입는 사람이 있다고 하는 걸 보니 한복이 생각처럼 불편하지는 않은 모양입니다.

회사원 정장보다 훨씬 편해요. 그리고 요즘에는 한복 디자인도 아주 다양하게 나와서 개성 있게 입을 수 있어요. 전에는 한복이 다 똑같은 옷이고 입고 다니기 불편하다고 생각했는데 한복을 입고 다니면서 생각이 완전히 바뀌었어요.

기 자 요즘에는 한복을 입고 관광을 하는 외국인들도 많아졌는데요. 한복을 입어 보고 싶어 하는 외국인이 많아져서 관광지마다 한복을 빌려주는 가게가 생길 정도입니다.

외국인 색이 정말 아름다워요. 옷이 편해서 한복을 입고 있으면 마음까지 편안해지는 것 같아요.

기 자 한복을 입으면 할인을 해 주거나 무료로 이용할 수 있는 장소도 많아졌습니다. 우리의 한복이 다시 사람들에게 사랑을 받고 있다고 하니까 정말 뿌듯합니다. 여러분도 이번 주말에 한복을 입고 나들이를 한번 가 보시는 건 어떨까요?

16과 추억

도입

여자 얼마 전에 뉴스에서 봤는데 요즘 초등학생들은 주말에도 집에서 컴퓨터 게임만 한대.

남자 그래서 그런지 요즘에는 놀이터에서도 아이들을 보기 힘든 것 같아. 우리 어릴 때는 엄마가 부르실 때까지 밖에서 친구들하고 신나게 놀았잖아.

여자 맞아. 컴퓨터가 없어도 그때가 더 재미있었어. 그땐 아무 걱정도 없었는데…….

남자 아, 그때로 돌아가고 싶다.

01 듣고 말하기

엄마 준수야, 이 사진 좀 봐. 이때 기억나? 네가 요리를 한다고 하면서 부엌을 엉망으로 만들었잖아.

준수 네, 기억나요. 엄마 몰래 요리를 하고 있는데 엄마가 갑자기 와서 사진을 찍으셨잖아요.

엄마 위험해서 못 하게 했는데 사실 그 모습이 너무 귀여웠거든. 아, 너 이 친구들도 기억나? 수업 끝나고 집에 오는 길에 항상 이 친구들하고 놀이터에서 놀았잖아.

준수 그럼요. 이 친구들과 같이 있으면 뭘 해도 다 재밌었어요.

엄마 맞아. 특별한 장난감이 없어도 잘 놀았지. 어떤 놀이를 했는지 생각나?

준수 그럼요. 딱지치기, 공기놀이, 구슬치기……. 정말 재미있었는데. 요즘 아이들은 그런 놀이를 잘 모르는 것 같아요.

엄마 맞아. 요즘은 컴퓨터 게임 때문에 친구들과 뛰어노는 아이들을 찾아보기 힘들어. 어, 여기 승연이 사진도 있네.

준수 승연이가 누구예요?

엄마 우리 옆집에 살았는데, 기억 안 나?

준수 아, 이제 생각나요. 승연이하고 소꿉놀이를 자주 했어요. 제가 아빠고 승연이는 엄마를 했어요.

엄마 그래, 우리 집에도 자주 놀러왔잖아. 얘들은 지금 뭘 하고 있을까?

준수 글쎄요. 아직도 저를 기억하고 있을까요? 그때가 그립네요.

엄마 아마 가끔씩 사진을 보면서 네 얘기를 할 거야.

준수 오랜만에 사진을 보니까 재미있네요. 어렸을 때 기억이 되살아나는 것 같아요.

엄마 사진을 간직하면 추억도 간직할 수 있어. 엄마 어렸을 때 사진도 있는데 같이 볼래?

준수 좋아요. 엄마 어렸을 때 얘기도 해 주세요.

모범 답안

9과 연애와 결혼

01 첫눈에 반하기는 어렵잖아요.

듣고 말하기

1. ①
2. ②
3. ④
4. 생략

02 커피도 좋기는 하지만 산책하는 게 어때요?

읽고 쓰기

1. (1) 외모, 가치관
   (2) 경제력, 직업
2. ②
3. 여자 47.5%, 남자 56.3%

10과 꿈

01 기회가 생긴다면 세계 여행을 가고 싶어요.

읽고 말하기

1. ③
2.

나	□ 어렸을 때 꿈: 피아니스트 □ 그 꿈을 가지게 된 이유: 피아노 치는 걸 좋아해서 □ 꿈을 포기한 이유: 재능이 없는 것 같고 부모님이 반대하셔서
룸메이트	□ 룸메이트의 꿈: 한국어 통역사 □ 그 꿈을 가지게 된 이유: 한국 문화를 좋아해서 □ 꿈을 이루기 위해서 지금 하고 있는 노력: 한국어 공부도 열심히 하고, 한국 문화를 알기 위해서 여기저기 여행도 하고 있다.

02 면접도 잘 봐야 합격할 수 있어요.

듣고 말하기

1.

(1) 여자가 지금 하는 일	회사원
(2) 여자의 꿈	영화감독
(3) 언제부터 그 꿈을 가지게 됐는지	어렸을 때부터
(4) 그 꿈을 포기한 이유	부모님이 반대하셔서

2. ①　　3. ③

11과 소식과 소문

01 이번 시험 잘 봤다면서요?

듣고 말하기

1.

(1) 오해받은 일	남자 친구가 생겼다고 오해를 받았다.
(2) 사실	남자 친구가 아니라 오빠이다.
(3) 오해를 푼 방법	가족사진을 보여 줬다.
(4) 그때 지니의 기분	당황스러웠다.

2. (1) X　(2) O　(3) X　(4) X

02 커피 맛이 좋은가 봐요.

읽고 쓰기

가

1. 뉴스 내용 요약	한 남자가 물에 빠진 대학생 두 명을 구했다고 한다.
2. 뉴스 내용	• 언제: 지난 7월 30일 오후 2시쯤 • 어디: 부산 송정 해수욕장 • 누가: 김상진 씨 • 무슨 일: 물에 빠진 대학생 두 명을 구했다.
3. 이 소식을 전하고 있는 사람의 생각	다른 사람이 위험할 때 도와주는 사람이 많아지면 좋겠다.

나

1. 뉴스 내용 요약	미국 텍사스에 비가 많이 내렸는데 사람들이 애완동물을 데리고 피했다고 한다.
2. 뉴스 내용	• 언제: 지난 2017년 여름 • 어디: 미국 텍사스 • 누가: 애완동물을 키우는 사람들 • 무슨 일: 위험한 상황에서 애완동물과 함께 피했다.
3. 이 소식을 전하고 있는 사람의 생각	어려운 상황에서 애완동물을 끝까지 포기하지 않는 모습이 감동을 준다.

12과 언어와 문화 ①

01 한국어가 배우기 쉬울 줄 알았어요.

듣고 말하기

1. ④ 2. ③
3. 옛날에는 생활이 어려워서 밥을 챙겨 먹는 것이 힘들었기 때문에
4. 택시 기사가 동대입구를 잘못 듣고 다른 곳으로 가서
5.

남자	(1) 동대입구 / 건대입구
	(2) 13,000원 / 14,000원
	(3) 맛있다 / 멋있다
여자	(4) 배 아프다 / 배고프다

02 이해가 안 돼도 그냥 알아들은 척했어요.

읽고 말하기

1. 몸으로 말하는 언어
2. ④
3.

제목: 몸짓언어	
처음	몸짓언어의 의미
중간 ①	나라마다 서로 다른 몸짓언어 예(1): 한국과 불가리아 - 네/아니요
중간 ②	나라마다 서로 다른 몸짓언어 예(2): 한국과 일본 - 하트 모양
중간 ③	나라마다 서로 다른 몸짓언어 예(3): 한국과 호주/영국 - 브이
끝	외국인과 대화할 때 상대방 나라의 몸짓언어를 아는 것도 중요하다.

4. 생략

13과 생활 예절

01 그럼 이어폰을 끼고 듣지 그래요?

읽고 말하기

1. ①
2.

프랑스, 이탈리아, 스페인	양쪽 빰을 가볍게 대면서 인사를 한다.
아프리카 마사이족	침을 뱉으면서 인사한다.
미얀마	팔짱을 끼고 인사를 한다.
태국	손을 가슴 앞으로 모아서 인사한다.

02 친구가 지하철을 탈 때마다 힘들어해요.

듣고 말하기

1. ③
2. • 여자: 그냥 참는다.
   • 남자: 조심해 달라고 얘기한다.
3.

(1) 줄을 서야 한다.
(2) 식사하는 사람을 배려해야 한다.
(3) 이어폰을 껴야 한다.
(4) 휴대폰을 진동으로 바꿔야 한다.

14과 실수와 변명

01 요즘 발표 준비하느라고 정신이 없어요.

듣고 쓰기

1. (1) X (2) X (3) X (4) O
2. 생략
3. 생략

02 미리 전화할걸 그랬네요.

읽고 말하기

1. ①
2. ③
3.

실수한 후의 태도	결과
잘못을 인정한다.	• 같은 실수를 반복하지 않는다. • 다른 사람들이 실수를 이해해 준다.
변명한다.	• 자신의 잘못이 아니라고 생각하게 된다. • 아무도 같이 일하려고 하지 않는다.

15과 특별한 날

01 외국인들도 많이 가던데 한번 가 보세요.

읽고 쓰기

1. (1) O (2) O (3) X (4) X
2.

	봄	여름	가을	겨울
축제 이름	여의도 봄꽃축제	보령 머드축제	서울 빛초롱축제	화천 산천어축제
볼거리 / 즐길 거리	다양한 봄꽃 노래 대회 거리 공연	머드 체험 재미있는 게임	전통 등불 캐릭터등불	얼음낚시 얼음 썰매 얼음 축구

02 정월대보름이라는 명절을 아세요?

듣고 말하기

1. 명절이나 결혼식 같은 특별한 날
2. (1) X (2) X (3) O

3.

첫 번째 사람	한복을 입으면 특별해지는 기분이 든다.
두 번째 사람	정장보다 편하고 디자인이 다양해서 개성 있게 입을 수 있다.
세 번째 사람	색이 아름답고 옷이 편해서 마음까지 편안해진다.

16과 추억

01 우리 부모님은 제가 어렸을 때 뭐든지 스스로 하게 하셨어요.

듣고 말하기

1. 위험해서 엄마가 못 하게 했기 때문에
2. (1) 준수가 요리를 하고 있을 때 엄마가 사진을 찍었다.
   (2) 준수는 어렸을 때 특별한 장난감이 없어도 친구들과 잘 놀았다.
   (3) 준수는 어렸을 때 친구들과 연락이 끊겼다.
   (4) 준수는 사진을 보고 어렸을 때 기억이 되살아났다.

02 어렸을 때 봤던 영화인데 아직도 기억에 남아요.

읽고 쓰기

1.

외모	키가 작았다.
성격	마음이 따뜻하고 조용하고 내성적이었다.

2.

친구들	인형은 또 사면 되는데 왜 우냐고 하면서 그냥 다 집에 갔다.
혜영	우리 집까지 같이 오면서 찾아 주었다.

찾아보기

M.E.M.O

M.E.M.O